地域再生の社会学

三浦典子
横田尚俊【編著】
速水聖子

学文社

はじめに

1．社会学からみた地域再生

　わが国の人口の地域的分布は，1960年代から始まる経済の急成長に伴う都市部へ向けての人口移動によって，一方には過密，他方には過疎というアンバランスな状況を生みだした。これまで多様な地域政策によるてこ入れがなされてきたにもかかわらず，その基本的な趨勢は変わらず，特に首都圏への人口集中は継続されながら，今日に至っている。

　地方に目を向けてみると，人口流出が，伝統的な地域共同体を衰退させてきたことに始まり，年齢構成にみる高齢化は，地域社会そのものの維持を困難にしてきており，「限界集落」と表現されたり，将来的に自治体が消滅するなどと予測され，危機感があおりたてられている。

　たしかに出生率の減少から，2015年の国勢調査において，わが国全体の人口は初めて減少傾向に転じた。生産年齢人口の減少は経済活動を低迷させることから，高齢者，女性をはじめ，多様な働き方を受け入れたダイバーシティ経営に期待が寄せられている。

　ところで高齢化問題は，高齢者の比率が地方において高いことから，地方の問題であると考えられがちであるが，高齢者の数の多さは，高度経済成長期に移動人口を受け入れた都市部においてより深刻な問題である。とりわけベビーブーム世代の高齢化は，大都市において高齢者の問題を危機的状況におとしいれることは目に見えている。

　多数の高齢者を受け入れる高齢者施設の不足から，高齢者施設に余裕のある地方都市が公表されたり，人口減少が続いている地方都市の側においても，この事実を地域活性化への起爆剤として活かす施策も考えられてきている。

　このような人口現象に伴う地域課題の解決のために，2014年に政府は，「ま

ち・ひと・しごと創生法」を制定した。その趣旨は「少子高齢化の進展に的確に対応し，人口の減少に歯止めをかけるとともに，東京圏への人口の過度の集中を是正し，それぞれの地域で住みよい環境を確保して，将来にわたって活力ある日本社会を維持していくため」とある。すなわち，地方が魅力ある地域となれば，過密人口は地方へ分散し，逆に，人口減少が進んでいる地方も再生され，双方の問題が解決されるとの期待が込められている。

若者にとって魅力ある仕事が地方にあれば，若者は都市から地方へ移住し，子育て環境が整えば，結婚後も彼らが定住することによって，活力ある地域が形成されると想定し，目標として，「地域の特性を活かした」「魅力ある就業の機会」などがうたわれる。そのため，政府が一体となって取り組むよう，まち・ひと・しごと創生本部が設置された。

たしかに，生活環境の整備や子育て支援サービスの充実が促進されることは地方にとってありがたいことではある。しかし，地方で地域の特性を活かした独自の創生プログラムを考えていくことは，果たして現実的に可能なことであろうか。かつて竹下内閣が行った1億円の「ふるさと創生事業」が，単なるばらまきに終わったことを思い出してしまう。

そもそも言葉の意味から考えてみると，「地方」は，中央からみた周辺という意味での「地方」で，「創生」はこれまでなかったものを生み出すという意味である。いかに地域主義や地方分権が叫ばれても，交付金や補助金などのお金の流れが，中央から地方に流れる制度が変わらない限りは，それぞれの地域は，中央の眼鏡にかなったプログラムを策定せざるをえない。まち・ひと・しごとの創生も，これまでの地域政策と同じように，中央で音頭をとって，地方で踊るようにいわれている感が強く，地域の特性を活かした期待通りの地域づくりの成果が得られるかどうかは疑問である。

昨今，官民協働の地域づくりが必要とされ，さまざまな取り組みが模索されている状況がせめてもの救いであるが，官が主導ではなく，住民や民間事業所が官と協働で取り組む創生プログラムがみいだされない限りは，地域の再生も

一時的なスローガンに終わってしまうおそれがある。

　まち・ひと・しごとの創生の必要性の背後にある、人口減少、高齢化、衰退化は事実で、それぞれの地域においてさまざまな地域課題を露呈している。したがって、中央からみた、中央のための「地方」の創生ではなく、現実的な「地域」の実態からみた「地域」の再生を考えていくことは、まさに社会学に課せられた課題である。

2．あるがままの地域の現状分析

　社会学が現状分析の学であることを疑う者はいないであろう。人口の都市への移動、人口減少、年齢構成の高齢化、合計特殊出生率の低下などは、まぎれもない日本社会の現実である。加えて、2011年の東日本大震災及び福島の原子力発電所の爆発事故、その後の度重なる自然災害による地域の被災も、日本社会が経験した事実である。

　こうした現実に対応するために、行財政をどのように維持するか、立て直すかは、社会の存立のために重要なことではある。しかし、社会学にとってさらに重要なことは、その現実の中で生活している人びとに注目することである。行財政改革のために進められた度重なる市町村合併は、行政組織としての自治体の制度的体面を整えることはできたにしても、とりわけ周辺地域の住民においては、合併してできた自治体との距離は大きくなり、結果的に、住民の地域への主体的参加意欲を削いだといえる。

　中山間地域の人口減少地域は、高齢化率は都市に比べてはるかに高いにしても、農業など仕事を継続している限りは、高齢者は日々の生活にはりあいをもち、高齢者同士の支えあいのネットワークもあり、地域において安心できる自立した生活は、高齢者施設への入所時期を遅らせることを可能にする。さらに、地元の施設に入所した高齢者に対しては、家族以外のなじみのある訪問者も期待できる。

　高齢者施設に余裕があるので、都市から高齢移住者を迎えることは人口増加

にはなる．また，福祉サービスに従事する職場の開拓も可能である．しかし問題は，仕事のない地域の若者に福祉サービスの職場を提供することができるというのではなく，都市の若者も，このような高齢者施設で夢をもって働きたくなるような気運が出てきて，若者の移住が始まるか，ということである．

地域統合のシンボルであった地域の祭りや伝統芸能は，地域の個性を生み出す源の一つであったが，人口減少や高齢化によって，それらの担い手は次第に失われつつある．祭りを持続するために，祭りを伝統的な規則に則って行うことを緩和し，担い手を地域に立地した事業所や地域外の者にまで広げることも，つとに進んでいる．

地域に対する愛着心や，地域にかかわりたいという意識は，地域居住者に関しては薄れてきているにしても，祭りなどの地域のシンボルを媒介にした，地域外居住者のその地に対する関心は拡大している．

近年の情報手段の著しい発展は，人や物や情報の流通を，地域を越え，国境を越えてグローバルなものへと突き動かしてきており，情報ネットワークを活用して，地方にいても新たな仕事を創出する可能性はある．

すなわち，人とともに物や情報も地域の範域を越えて流動化しており，再生すべき地域は流動状況の中でとらえざるをえない．地域の現実は，地域に居住する「定住人口」以外の，流動人口やバーチャルな人口を含み込んでおり，したがって再生すべき地域も，居住者に限定した地域の共同性から，地域を拠点にして，限りなく拡大するネットワークを介しての共同性として再生を考えていくことになる．

3．地域再生の試み

現時点で，地域再生の方向性を示唆する2つの試みを示してみたい．

第1は，伝統的な地域資源を活かして，地域住民が主体となって，インターネットを駆使して地域経済の活性化に成功した，徳島県上勝町の「株式会社いろどり」の例である．

徳島県勝浦郡上勝町は，2016年1月1日現在，人口は1,699人，世帯数は834，高齢者比率が42.64％という，日本の中山間地域にはどこにでもみられる，過疎と高齢化が進んだ町である。
　1981年の寒波による主要産物の温州ミカンが大被害をうけたことを契機に，作物を軽量野菜や椎茸に転換を図るとともに，高齢者でも栽培，出荷できる，日本料理をかざる「つまもの」に注目し，「葉っぱビジネス」を成功させた町として全国的にも有名である。
　その成功の秘訣は，女性や高齢者でも扱いが可能な葉っぱや小枝に注目したことと，パソコンやタブレットを使って，「上勝情報ネットワーク」から入ってくる全国の市場情報をみながら，生産者自らがマーケティングを行い，採集した商品をJA東とくしま上勝支所が窓口となって，全国に向けて販売する仕組みである。
　現在の「株式会社いろどり」を1986年に立ち上げたのは，農協職員であった横石知二である。会社の主な出資者は上勝町であるので，公立民営の，まさに官民協働の組織である。実際の活動は，地域住民と農協という地域組織が連携して行う。過疎の山村であっても，最新の物流と情報ネットを活用して生産，流通を行い，なかには1千万円の収入を得ている高齢者もいるなど，経済的活性化に成功した例である。
　葉っぱビジネス以外にも，会社は，町から委託を受けてインターンシップ事業を行い，町外の人々に農業や企業の体験の場を提供し，ボランティア活動を行うなど人びとを受け入れて交流人口を増やしている。インターンシップやボランティア活動は若者も町に引き寄せ，地元の高齢者と若者との交流は，高齢者をさらに元気づけるなど，社会的にも再生に成功しているといえる。
　多くの農山漁村地域で，6次産業化の試みがなされているが，「土着型社会」を基盤としながらも，IT技術や物流システムを用いて先進的な取り組みを展開した「株式会社いろどり」は，ひとつのモデルとなることはいうまでもない。
　第2の例は，1993年に福岡市で女性が起業した「株式会社フラウ　主婦生活

総合研究所」である。創設者の濱砂圭子は，広告業界での仕事の経験をもち，子育てを契機に子育て環境を改善するために，まず子育てサークルを立ち上げ，地方都市における子育て情報の不足をカバーするために，サークルで子育て情報誌を出版した。その実績から，子育て情報誌『子づれ DE CHA・CHA・CHA!』を創刊するに至った。

　現在では，情報誌の発行のみならず，子育て環境の改善，子育て環境からみえる地域社会の課題，男性の子育て支援，女性の社会進出など，幅広い活動を展開してきている。会社本体の従業員は20名足らずではあるが，背後には5,000人の主婦層の携帯電話会員がおり，このネットワークが多様な形で会社を支えている。主婦層からの情報は，雑誌そのものの編集に役立つことはいうまでもなく，企業と主婦をつなぐマーケティング調査の仕事も可能にしている。

　近年，社会的な課題や地域の課題を解決するために，ソーシャルビジネスやコミュニティビジネスへの期待が大きくなっている。「株式会社フラウ」の試みは，子育て中の女性が家庭の外に出やすい環境を作るための情報提供から出発したビジネスであるが，男女がともに子育てしやすい環境の創出という，新しい価値観を志向しながら，地域生活を再生しているといえる。

　ベビーカーで外出しやすいバリアフリーのまちは，シルバーカーでも外出しやすいまちであり，高齢者と子育て世代の交流も期待できる。

　これら2つの事例は，人口減少が進み空間的には閉鎖された地域と，グローバルなネットワークで周縁が拡大してきている大都市での試みである。2つは，両極の地域における再生の可能性を提示したものであるが，いずれも地域で生活している生活者の課題解決に向けた，発想の転換が功を奏しているといえる。

　今日，各地で地域再生に向けた，行政，事業所，住民，市民活動団体，専門職集団によるさまざまな取り組みが行われている。たとえば，アートによる地域活性化や環境問題への取り組みをはかる市民活動団体の成熟にはめざましいものがある。多くの団体はNPO法の成立によって，法人格を取得し，行政や企業からの助成金や補助金を得て活動を行っている。

地域再生は，基本的には自治体が地域再生の方向性を示す計画を立てることになるが，計画策定のプロセスに，地域住民や地域の事業所，さらには地域課題解決にかかわる専門家が参与することが重要となる。すなわち，地域再生は，地域に関与する多様な主体が，それぞれの役割を分担しながら連携することによって初めて可能となるのである。

　今日，企業は，地域社会はじめさまざまなステークホルダーと対話しながら経済活動を行い，企業の責任を果たし，社会への貢献活動を行おうとしてきている。企業がどのような経営理念をもつかによって，主に対話すべきステークホルダーは限定されてくるが，企業の社会貢献活動の多くは，市民活動団体と連携して行われるようになってきている。

　地域住民の主体的な活動は成熟し，行政サービスや企業サービスによっては届かない，きめ細かい課題解決にむけた活動を展開してきている。NPO法人格をもつ団体も増加してきている。それらの活動を支援する行政や企業の資金は，市民活動が活性化すればするほど不足することから，団体活動が事業的にも自立していくことが必要である。ソーシャルビジネスやコミュニティビジネスへの期待が大きくなる所以でもある。

　以上みてきたように，地域再生を考えるにあたって，まず，それぞれの地域において，地域再生にかかわるどのような主体があり，どれだけの地域再生力をもっているのか，さらに，どのような主体を核として，どのような主体が連携しているのかを実証的に明らかにすることが不可欠である。このような現状分析によって，地域の個性を活かした地域再生の途を解明することができよう。

2017年1月

三浦　典子

目　次

はじめに　i
1．社会学からみた地域再生　i
2．あるがままの地域の現状分析　iii
3．地域再生の試み　iv

第1部　企業家と産業都市の地域再生

1章　企業の社会貢献と地域再生―アートがつなぐ官民の力―――2
　1．はじめに　2
　2．産業都市宇部の誕生　4
　3．産業公害の克服とグローバル500賞　9
　4．花と緑と彫刻のあるまちへ　11
　5．企業メセナとアートによる地域再生　16
　6．被災地の地域再生支援　20

2章　企業における家族経営と地域―――24
　1．家族と地域　24
　2．中小企業と家族経営　25
　3．大企業と家族経営　30
　4．家族経営と地域　36

3章　過疎地のアートプロジェクトと地域活性化―――40
　1．農村の衰退とツーリズム　40
　2．過疎地のアートプロジェクト　41
　3．住民の事業評価とその規定因　45

4．まとめにかえて　54

第2部　地域再生の理論と自治体政策

4章　地域社会における信頼形成の社会理論――――――58
　1．地域再生の課題と社会関係資本　58
　2．信頼形成の理論的課題　63
　3．地域社会信頼と市民的コミュニティ　67
　4．信頼形成と地域再生　72

5章　地域再生と「場所」の可能性――――――78
　1．はじめに　78
　2．「空間」と「場所」　80
　3．「場所」をめぐる地域社会と行政―山口市―の坂川の場合　84
　4．おわりに―地域再生と「場所」の可能性　95

6章　市民参画と市民活動の時代における地域再生への展望――――――98
　1．はじめに―地方分権化とまちづくりへの市民参加　98
　2．「市民参加・市民参画」の変遷―参加するのは誰か　100
　3．まちづくりの「公共」性は誰が規定するのか
　　　　―制度としての参画の意義と役割　104
　4．「協働」の時代における市民活動の位置づけ　108
　5．結語―地域再生と市民社会　112

7章　「協働のまちづくり」の課題と展望――――――116
　1．「協働のまちづくり」の現状・背景・意義　116
　2．自治体による推進体制の整備　119
　3．協働主体の質的向上を図るプログラム　122
　4．住民団体による人材発掘事業の事例　125

5．「協働のまちづくり」の展望　130

8章　災害復興と地域再生──────────────────────133
 1．はじめに―災害復興，復興まちづくり，地域再生　133
 2．災害復興をめぐる政策の特質と展開　135
 3．復興まちづくりを促す社会の力　140
 4．おわりに―復興まちづくり・地域再生を担う主体のあり方をめぐって　146

第3部　まちづくりの実践と地域再生

9章　山村集落の地域再生とむらづくりのための基本認識
　　　―山村高齢者の生きがい調査から限界集落論を検討する──────152
 1．はじめに―「本当に農山村はダメなのか？」という問題　152
 2．山村（限界集落）高齢者の生きがい研究の系譜―先行研究の検討　153
 3．調査の課題と方法　154
 4．調査地域と調査方法の概要　156
 5．生きがい調査の基本的知見―どのくらいの人が生きがいを感じているか？
　　 どんなことに生きがいを感じているか？　157
 6．生きがいを感じる時―高齢者，非高齢者比較　159
 7．生きがいの地域比較―山村限界集落，山村過疎小市，全国（都市）　162
 8．むすび―限界集落論への疑問，過疎地域はむしろ住みよい所である可能性が
　　 ある　164

10章　類縁関係に基づく移住者のコミュニティ形成──────────170
 1．類縁関係とコミュニティ　170
 2．類縁関係に基づくコミュニティの形成と展開①
　　　―都市における宗教コミュニティ　173
 3．類縁関係に基づくコミュニティの形成と展開②
　　　―農村における宗教コミュニティ　179

4．類縁関係に基づくコミュニティの形成　185

11章　地域福祉活動と地域圏域――――――――――――――189
1．はじめに　189
2．地域福祉における地域概念　190
3．地域福祉活動と地域圏域　193
4．おわりに　203

12章　生活困窮者への伴走型支援とコミュニティ形成
　　　　――生活構造論からの整理――――――――――――206
1．目　的　206
2．生活構造論と伴走型支援　208
3．事例――自立型生活構造と参加包摂型生活様式の形成　217
4．伴走型支援によるコミュニティ形成の可能性と課題　221

13章　子育て支援と地域ボランティア――――――――――225
1．はじめに――子育ての変容　225
2．子育て支援施策は地域づくりへ　226
3．子育て支援のボランタリーなつながり　229
4．子育てにおけるボランティアの援助関係　235
5．まとめ　239

14章　農山村地域における育児の社会化の可能性
　　　　――宮崎県五ヶ瀬町の事例から―――――――――――242
1．本研究の課題――農山村地域における育児の社会化をめぐって　242
2．宮崎県五ヶ瀬町の概要　244
3．NPO法人「五ヶ瀬自然学校」の展開過程
　　――理事長杉田英治氏の生活史を中心に　248
4．「五ヶ瀬自然学校」の活動内容　251

5．「五ヶ瀬自然学校」の活動の特徴　255
   6．考　察　262

第4部　中国都市の現在

15章　中国大都市における転居後の高齢者の生活状況
　　　――上海市の高齢者調査をてがかりに――――――――268
   1．はじめに　268
   2．高齢者の社会移動　270
   3．転居高齢者調査の概要　273
   4．生活満足度の規定要因　279
   5．まとめ――転居高齢者の生活課題　287

16章　中国の都市住民における主観的幸福感――――――290
   1．はじめに　290
   2．浙江省杭州市調査　295
   3．都市住民の幸福感　297
   4．社会関係と幸福感　301
   5．社会意識と幸福感　302
   6．中国における都市住民の幸福感の現実と課題　304

あとがき　308
索　引　310

第1部
企業家と産業都市の地域再生

1章 企業の社会貢献と地域再生
——アートがつなぐ官民の力

三 浦 典 子

1．はじめに

　戦後日本の経済復興と発展は，まず，製造業中心の企業活動に大きく依存し，煙突から七色にたなびく煙は，産業公害が表面化し社会問題になるまでは，地域の繁栄のシンボルとさえみなされていた。

　山口県の瀬戸内海に面した宇部市は，明治期の石炭会社に端を発し化学メーカーとして発展した，宇部興産株式会社を核とする産業都市である。宇部の石炭は低品質のものであったことから，燃焼による降下ばいじんが多く，戦前から企業では集塵装置を設置していた。

　しかし，戦時中の空襲によって集塵装置は工場もろとも破壊され，戦後の産業復興期には，降下ばいじん問題は深刻となり，宇部市では1949年に降ばい対策委員会を設置し，山口県立医科大学（現山口大学医学部）の公衆衛生学専門の野瀬善勝助教授（当時）に実態調査を依頼した。野瀬は，発生源である各工場の実態調査とともに，市内10ヵ所で降下ばいじん量を測定した。1951年には，降下ばいじん量が1ヵ月に1 km^{2}あたり55.86トンを記録し，その量は世界の工業都市の中で第1位であると報告し，工場の集塵装置の設置，市内の散水，緑化運動とともに，ばいじん問題を検討する組織の設置を提案した。

　その報告を受けて，宇部市ではばいじん対策委員会が設置され，市長を委員長として，行政，関係工場，学識経験者，市議会代表がかかわって，ばいじん問題に対する検討が行われた。自分たちが住んでいる地域社会の健康は自分たちで守ろうという，いわゆる産・官・学・民による「宇部方式」の取り組みは，

こうして始まった。

　日本全体では，1967年に公害対策基本法が，1970年に第64臨時国会において公害対策関連14法案が通過したことから考えると，宇部市の産業公害に対する取り組みはずいぶん早いものであった。現在では，環境問題に対する産と官の連携は当たり前のように考えられているが，この時期の宇部方式は，時代を先取りしたもので，全国的にも公害対策のモデルとなった。この早い時期の取り組みの結果，宇部市ではひとりの公害認定患者を出すこともなく産業公害を克服することができた。

　宇部市では，行政の迅速な対応とともに，公害の発生源である企業そのものが積極的に公害問題に取り組み，さらに市民も緑化運動や花いっぱい運動を展開し，官民の全市をあげた取り組みが行われた。その結果，大気はみるみる浄化され，青空が取り戻された。その成果が認められ，宇部市は，1997年に国連環境計画より「グローバル500賞」[1)]を受賞するに至った。

　また，緑化運動や花いっぱい運動とともに，「町を彫刻で飾る運動」も展開され，1961年には，日本を代表する彫刻家の作品を集めた「宇部市野外彫刻展」が開催された。野外彫刻展はその後，全国から作品を募集する形で開催され，1963年には第1回全国彫刻コンクール応募展，1965年には「現代日本彫刻展」と，2年に一度開催されるようになった。そして「現代日本彫刻展」は，2009年からは国際的なコンクールへと発展すべく，「UBE ビエンナーレ（現代日本彫刻展）」と名称を変え，継続されてきている。

　2015年，現代日本彫刻展は開始後50周年を迎え，その記念イベントが東京渋谷の複合文化施設「渋谷ヒカリエ（旧東急文化会館）」で2月18日から3月1日まで開催された。「UBE ビエンナーレ＠渋谷ヒカリエ―山口県宇部市，アートによる『人間／都市』再生への挑戦―」と題したイベントは，「緑と花と彫刻のまち」宇部市を，全国的にアピールするイベントとなった。

　本章では，企業と地域社会とのかかわりが，環境問題に対する企業の社会的責任から，文化の香り高いまちづくりへの社会貢献へと変化してきたメカニズ

ムを，一つの巨大企業によって発展してきた宇部市を例にして解明していきたい。

2．産業都市宇部の誕生

2.1 「宇部方式」の土壌

　宇部地域では，江戸時代から石炭が採掘されており，隣接している三田尻塩田や家庭用のエネルギーとして供給されていた。幕末に，当地域を支配していた毛利藩の家老福原越後元僴が，「禁門の変」の責任をとって切腹させられたことから，宇部地域の志士たちは中央に打って出ることに慎重になって，元僴の「これからは自治ということになる。話し合って，一致団結，自分たちで地方を治めていかにゃならん」という言葉を遵守したといわれている。福原家は，ロンドンに遊学して政治学や法律学を学んできた養子芳山によって，1865年に家名再興となった。

　ところで石炭の採掘は，明治維新以降，一般私人にも認められることになり，これを規制する制度として，1873年に日本坑法が施行された。この法律を受けて，毛利藩の石炭局は廃止された。宇部の鉱区は他村の人手に渡ったため，宇部の人びとは「斤先」といわれる高い権利金を支払いながら採掘をしなければならなくなっていた。

　そのことを知った芳山は，私財でこの権利を買い戻し，村人に安い斤先で採掘させた。その後，買い戻した鉱区を無償で「宇部共同義会」に譲った。「宇部共同義会」は，旧宇部5ヵ村の戸長経験者14名が発起人となって，出資を呼びかけてできた共同組織で，貸付事業や村の教育社会事業を行うものとして，1886年に発足していた。

　その宇部共同義会に，福原家から贈与された15万坪の鉱区と，村内地主が委任した炭鉱試掘先願権（地下の試掘権は当時地主にあった）を管理するために，第2部石炭部門が設置された。すでにあった教育社会事業などに関する部は第1部とされ，石炭産業の発展とともに得られた利潤は，第1部の教育や社会福

祉，公共事業に投下された。

　宇部共同義会が行ってきた教育事業には，簡易小学校児童への学用品代補助，尋常小学校児童への奨学金寄付，尋常小学校増築，3つの村立小学校の講堂建築，村立中学校建設，県立宇部工業高校設立に向けての寄付などがあり，さらに，毎年村に対して教育費を補助した。また，図書館の創立，郵便局舎の新築，山陽鉄道本線宇部駅新設に向けての補助，常盤公園新設費補助などの公共事業も支援してきた[2]。

　その共同義会の経済基盤を背景に，1888年には，地域の政治的自治組織「宇部達聰会」が発足した。達聰会の名称は，広く世間に明るいことという意味の「四聰を達する」から名付けられ，宇部在籍者（約6,600人）全員が参加し，地区ごとに互選された議員によって運営された。

　宇部達聰会では，満場一致が絶対原則で，村議会の重大な決定事項に関しては，必ず達聰会に尋ねて，その返答が議会の決定になったようで，各種選挙にあたっても，達聰会内で事前投票を実施し候補者を選定しており，公的な行政組織はあったものの，達聰会は事実上の政治的自治組織であった[3]。

　このように宇部地域には，「宇部共同義会」と「宇部達聰会」という，独特の歴史的背景を持つ地域共同組織が機能しており，このような宇部地域独特の風土の下に，これまた独特の「宇部式匿名組合」の形で，石炭事業が展開していくことになる。「宇部式匿名組合」沖ノ山炭鉱の頭取を務めた渡辺祐策の「共存同栄」という経営理念は，このような宇部の風土を基盤として形成されたことは容易に理解できる。

2.2　宇部式匿名組合「沖ノ山炭鉱」から「宇部興産」へ

　宇部式匿名組合は，経営資金を出資したものが，頭取を含め平等に働き，同じ釜の飯を食い，利益を公平に分配する宇部に特有の経営組織である。原則として，株の移譲は禁止され，組合の代表者である頭取に経営を一任し，頭取は出資者に対して無限責任を負う。

このような組織が存立するためには，頭取に対する強い信頼関係が不可欠で，血縁的・地縁的な帰属的関係がその信頼関係の前提となっていたことは明らかである。法社会学者の和座一清は，宇部式匿名組合は民法上の内的組合でも，商法上の匿名組合にも当たらない独自のもので，50年以上も，部落共同体規制のみによって維持されてきたことは驚くべきことであると述べている[4]。

ところで，渡辺祐策を頭取とする宇部式匿名組合沖ノ山炭鉱は，1897年に162人の株主から出資された4万5千円の資本金で設立された。この炭鉱会社に次いで，渡辺は，1914年に資本金10万円で匿名組合方式にて宇部新川鉄工所を設立した。さらに炭鉱も鉄工所も男性の働く場であったので，女性を雇用する場として，1917年に匿名組合宇部紡織所を設立した。紡織所はやがて閉鎖されるが，その後も，株式会社方式で，1923年に宇部セメント製造株式会社，亡くなる直前の1933年に宇部窒素工業株式会社を，相次いで設立した。渡辺のもう一つの経営理念である「有限の石炭から無限の工業を」は，このようにして現実のものとなり，工業都市宇部の礎が築かれていった。

沖ノ山炭鉱，宇部新川鉄工所，宇部セメント製造，宇部窒素工業の4事業所は，1942年に統合されて宇部興産株式会社が設立された。宇部興産は2016年3月現在，資本金584億円，従業員：連結10,764人・単独3,693人の企業で，UBEグループとして，「化学」「医薬」「建設資材」「機械」「エネルギー・環境」の5事業を展開している。国内の工場は，宇部工場のほかに千葉，堺，伊佐（山口），苅田（福岡）に，海外ではスペイン，タイにカプロラクタムやナイロン樹脂，ファインケミカルなどの生産拠点を設け，グローバルに活動している。

2.3 宇部グループの社会貢献活動の歴史

沖ノ山炭鉱の操業以降，宇部興産関連企業は，さまざまな地域社会への貢献を行ってきている[5]。

まず，宇部では，石炭採掘の際に生じるボタによって海岸線が埋め立てられ，工場用地となってきた。他地域の産炭地にみられるようなボタ山は，宇部には

 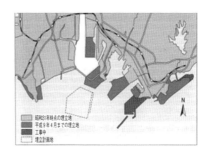

図1.1　明治30年　　　　　　　　図1.2　平成9年

出所）宇部興産『宇部興産創業百年史』1988

存在せず，工場用地そのものも企業活動によって形成されている。

　1897（明治30）年の，炭鉱操業当初の宇部の中心部の地図と，宇部興産100周年を迎えた1997（平成9）年のものを比べてみると，海岸線沿いに土地が形成されてきた様子がよくわかる。

　土地のみならず，港湾，道路，橋脚，鉄道はじめ，上下水道，電気までもが企業によって設置されている。企業の医療施設や病院は，従業員のみならず一般市民に開放され，現在の宇部興産中央病院や山口大学医学部に継承されている。

　創設者渡辺祐策を記念した「渡辺翁記念会館」は，1937年，村野藤吾によって設計されたものであるが，現在でも宇部市を代表する現役の文化施設である。記念会館のホールは抜群の音響効果で，クラシックのコンサートがたびたび開かれ，演奏者の間でも評判がよい。村野本人も，「設計には苦労しました。音が命ですから慎重に，音響家の大家とも相談しましてね。ふたを開けてみると音響がこんなに良いとは，私も驚いたぐらい。あれは期待以上の効果がでたのですよ」と述べている。

　記念会館は，1997年に国の文化財建造物に登録され，1999年には日本建築学会により，20世紀の建築の潮流「モダン・ムーブメント」を象徴し，現存する20選に選ばれ，2005年，国の重要文化財に指定された。

図1.3 渡辺翁記念会館の正面　　図1.4 入り口壁面の鉱夫のレリーフ

　また，渡辺を記念して設立された財団法人「渡辺記念文化協会」では，月刊誌『大宇部』を1943年まで発行し，学術講演会をたびたび開催したのみならず，『福原家古文書』も整理するなど，地域における文化活動に寄与してきた。渡辺翁記念文庫は現在宇部市中央図書館に受け継がれている。このような活動は，宇部の文化的風土を高める上で大きく貢献したといえる。

　さらに，渡辺記念学術奨励会は，学術研究費の援助，学術研究施設への助成，留学生の派遣など，学術研究の発展に寄与し，会社創業100周年を記念して，財団法人「宇部興産学術振興財団」へと拡充されている。

　三代目社長の中安閑一はゴルフを趣味とし，ゴルフコースを設置し，宇部カントリー倶楽部を設立した。ゴルフコースは，国内外のゴルフトーナメントコースとして活用されている。また，セメント事業部の宇部・美祢高速道路は，第12回アジア競技大会自転車競技100km団体トライアルロードレースのコースとして使用され，山口県健康マラソン大会のコースとしても開放されるなど，スポーツ界への貢献も見逃せない。

　沖ノ山炭鉱から宇部興産へと発展してきた企業の，地域における社会貢献活動の歴史を語ることは，宇部市の歴史を語ることに通ずるといっても過言ではない。

3．産業公害の克服とグローバル500賞

3.1 宇部市における環境対策の歩み

　社会貢献活動の一方で，工場操業による降下ばいじんは，大きな環境問題となった。グローバル500賞を受賞するまでの宇部市における環境対策の略年表は，以下のとおりである。

1949年10月	議会内に「降ばい対策委員会」を設置し，ばいじん汚染対策に着手
1950年5月	降下ばいじん量の測定を開始し，結果を毎月地方紙に公表
1951年6月	条例により「宇部市ばいじん対策委員会」を設置
1957年12月	ばいじん対策の数値目標を設定
1960年6月	SOx対策にも対応するため「大気汚染対策委員会」を設置
1965年7月	宇部方式の取り組みが，人命，安全を尊重する社会開発の模範事例であるとして，**内閣総理大臣賞受賞**
1967年11月	宇部方式による公害対策の取り組みに対し，**自治大臣から表彰**を受ける
1970年10月	「大気汚染対策委員会」を発展的に改組し「公害対策審議会」を設置
1971年4月	市内主要工場と公害防止協定を締結
1976年7月	宇部市環境保全条例を制定
1983年10月	公害追放の市民運動から花と緑いっぱいの市民運動にまで発展させた功績で，「**緑の都市賞**」を建設大臣から受賞
1987年5月	「緑化推進運動功労者」として，**内閣総理大臣表彰**を受賞
1990年3月	宇部方式による公害対策や緑化事業の取り組みが評価され，優良地方団体**自治大臣表彰**を受賞
1990年9月	臨海工場群の悪臭問題に対処するため，環境悪臭モニター制度を発足
1991年10月	都市緑化の推進が評価され，都市景観百選**建設大臣表彰**を受賞
1994年11月	「公害対策審議会」を発展的に改組し「環境審議会」を発足
1995年3月	市民工房や学習室を設置したリサイクルプラザの完成
1997年6月	UNEP（国連環境計画）から宇部方式が国際的に評価され，**グローバル500賞**を受賞

以上の環境対策への取り組みをみると，行政の対応がきわめて早かったことと，情報の公開や公害防止協定の締結にみるような企業の積極的な関与があったことに加えて，住民による公害追放の運動から，花と緑による環境創造といった前向きの運動が展開されたことが特徴として浮かび上がる。

数々の受賞や表彰は，「宇部方式」による取り組みが，他地域に先んじ，他地域のモデルとなったことを象徴している。すなわち宇部地域には，企業と地域社会は共存同栄という文化があったことから，「産・官・学・民」が連携し，地域全体で環境問題に取り組んだ「宇部方式」が功を奏したことがよくわかる。その結果，宇部は青空を取り戻し，緑豊かな都市へ発展してきたといえる。

グローバル500賞を受賞した1997年10月には，国と山口県の協力を得て「山口・宇部'97国際シンポジウム」が開催され，世界各国が直面している大気汚染や地球温暖化対策の実施に際し，「宇部方式」が先駆的な事例となるように，「宇部アピール」を広く世界へ向けて発信した。

3.2 企業の取り組み—ダスト・イズ・マネー

宇部アピールには，人類が地球温暖化に本格的に取り組む21世紀を迎えるに当たって，企業，市民，自治体が担う役割が提言されている。その中で，企業に関しては，快適で持続可能な社会への変革を担うものとして，以下のように述べられている。

> 私たちは，市民に提供される製品，サービスが市民の生活様式を規定し，市民が選択できる余地が限られていることを感じている。
> 私たちは，環境保全に向かう企業の姿勢が人類の危機である産業公害，都市大気汚染，地球温暖化の解決への重要な要素であり，企業にとって，温暖化などの地球規模の挑戦（global challenge）は地球規模のチャンス（global chance）と見なすべきであると確信する。
> 私たちは，企業が地域における事業活動に伴う環境対策として，従来の

排出口での後追い的（end of pipe）対応から，生産プロセスをクリーナープロダクションに転換し，資源とエネルギーの削減と循環を目指した技術開発と生産様式の模索など，企業活動のグリーン化を通じ，社会経済を持続可能なものへと変革する上で中心的な役割を担うことを確信している。

ところで宇部における，持続可能な社会に向けての企業の積極的な取り組みの背景には，沖ノ山炭鉱の創設者渡辺が，企業の将来の担い手を育成するために，1927年に俵田明と中安閑一を欧米の視察に出したことが大きい。俵田は，有限の石炭から無限の工業を目指す技術開発を学び，一方，中安は，官民がともに環境問題に関与する姿勢を学んできた。

宇部興産の副社長となっていた中安は，1953年にアメリカのピッツバーグを再訪した際に，かつての「スモッグの街」が緑豊かな街へ生まれ変わっていることを知った。ピッツバーグでは，企業も積極的に環境問題に取り組んでおり，地域社会と企業の共存同栄した発展のためには，ばいじん対策が欠かせないと考えた。

そして公害のまちには優秀な人材は集まらないと，社内では「ダスト・イズ・マネー」を合い言葉に，積極的に公害対策に取り組んだ。また1956年には，焼却灰をセメントに混ぜてセメントの凝結力や耐水性を上昇させた「宇部ポゾランセメント」を開発し，この「宇部ポゾランセメント」は，ダムや海底の工事で威力を発揮し，10年間で15億円を売り上げ，集塵装置設置の資金となったという。このように時代を先取りした廃棄物の有効利用を図るとともに，集塵装置の改良を行うなど，事業者による積極的なばいじん対策が行われたことは，特記すべきことである。

4．花と緑と彫刻のあるまちへ

4.1 花壇コンクール

宇部市は，戦後いち早く復興に向けたまちづくりの計画を作成し，「緑と花

の工業都市」をキャッチフレーズに,「文化の香り高い豊かなまちづくり」を目指した。市の中央を貫く50m幅の道路を企画し,1946年に国から建設の認定を受け,1951年に完成した。その幹線道路に街路樹を植え,市民はその下を花壇で埋めようと,市民ぐるみのまちづくりが始まった。

　市民の取り組みに関しては,たとえば宇部市女性問題対策審議会では,都市の美化活動を提言し,「街を花で埋めよう」と緑化運動に取り組んだ。市内の各企業から募金を集めて,花の種を市民にプレゼントして,花を植えてもらう運動を推進し,花いっぱい運動は市内の各種市民団体が,植えた花壇の出来栄えを競い合う「花壇コンクール」へと発展した。

　市民は花を植え,行政は緑化運動として多くの街路樹を植え,これらの運動は,山口県で1963年に開催された第18回国民体育大会に影響を与え,国体は「山口花国体」と名付けられた[6]。

　現在でも,花壇コンクールは,春と秋,1年間に2度行われており,2016年秋には第110回目を迎えている。花壇コンクールに参加する団体には,市の苗圃で育てた花の苗が無償で配付され,学校,病院,企業,自治会,老人クラブ,NPO法人など約180団体が参加している。

　春の花壇コンクール用の花としては,キンセンカやノースポール等の苗が,秋の花壇コンクール用の花としては,サルビアやマリーゴールド等の苗が,春・秋それぞれ約30万本配付され,沿道,公園,学校,事業所などで咲き誇り,街の彩りとなっている。この活動も官民が一体となったものである。

4.2　野外彫刻展からUBEビエンナーレへ

　彫刻によるまちづくりのきっかけは,街を花で埋める運動において集められた寄付金の余剰で,市民がファルコネの「ゆあみする女」のレプリカを購入して駅前に設置したことにある。まちに彫刻を置こうという「宇部を彫刻で飾る運動」が市民運動として広がり,「緑と花のまち」に彫刻を結びつける基本構想がまとめられ,1961年には,日本で最初の試みとなる「野外彫刻展」が宇部

図1.5　常盤公園　ときわミュージアム彫刻野外展示場の向井良吉作「蟻の城」

市と宇部市教育委員会の主催で，宇部市常盤公園において開催された。

そして2年後に，第1回全国彫刻コンクール応募展が開催され，この時に招待出品された向井良吉の「蟻の城」は，現在では，常盤公園の彫刻野外展示場のシンボルマーク的存在となっている[7]。

野外彫刻展は，1965年に現代日本彫刻展へ，現在ではUBEビエンナーレ（現代日本彫刻展）と名称を変えながら，隔年開催され，50年以上にわたって継続されている。

野外での彫刻展であるので，開催の前年に模型作品が公募されて，一次審査が行われ，開催年に，実物の作製が指定された作品が制作，展示されて，二次審査が行われる。

第26回UBEビエンナーレでは，2014年9月28日に一次審査が行われ，30ヵ国から266点の応募作品があった。最終的に5ヵ国18点が，2015年秋に野外彫刻として制作され，常盤公園の彫刻野外展示場に展示された。

野外彫刻展に対して，宇部興産は，当初，セメント工場のタンカーで，セメントを運搬した帰路に，作品を宇部に搬送するなど協力してきた。また，第1

回現代日本彫刻展以降,「宇部興産株式会社賞」を通じて彫刻展を支援してきている。

第26回 UBE ビエンナーレの大賞(宇部市賞)は,竹腰耕平の「宇部の木」,宇部興産株式会社賞は,志賀政夫の「空をみんなで眺める」であった。その他,毎日新聞社賞,宇部マテリアルズ賞,山口銀行賞,宇部商工会議所賞,山口県立美術館賞,島根県立石見美術館賞,下関市立美術館賞が授与され,来場者の投票によって決まる緑と花と彫刻の博物館賞(市民賞)は,浅野芳彦の「いしずえ」が受賞した。

このように,今日の UBE ビエンナーレは,宇部興産のみならずいくつもの企業とともに,行政,アートの専門家,市民によって支えられていることがわかる。そして歴代の入賞作品などは,常盤公園はじめ,市街地や公園などに広く設置されており,宇部市では,彫刻をめぐる「彫刻ウォーキングマップ」[8]も作成され,彫刻ボランティアガイド(宇部市ふるさとコンパニオンの会)も活躍している。

ところで,50周年を迎えた第26回 UBE ビエンナーレは,2015年10月4日

図1.6　うべ市街地彫刻ウォーキングマップ　　図1.7　ときわ公園彫刻ウォーキングマップ

（日曜日）から11月29日（日曜日）に開催され，その期間中に，「第26回 UBE ビエンナーレ×まちじゅうアートフェスタ2015」と称して，宇部市の各地でアート活動が繰り広げられた。

「まちなかアート・フェスタ」は，中心市街地周辺で開催された。常盤公園において来場者が手形を押して大きなキャンパスに「レインボーハート」を描き，商店街のアーケード内にこの「レインボーハート」を含む保育園児や学生達が描いた作品などが展示され，アーケードを華やかに彩った。また，商店街では市民も体験できるさまざまな催しが開かれた。

また「うべの里アートフェスタ」は，宇部市と合併した地域の，旧吉部小学校，万倉ふれあいセンター，楠こもれびの郷，学びの森くすのきを会場として，それぞれの地域で，きべ DAY！，まぐら DAY！，ふなき DAY！と銘打って開催された。前回の第25回 UBE ビエンナーレ市民賞受賞作品を設置し，UBE ビエンナーレ入賞作家の監修で中学校美術部員が作品を制作したり，さまざまなイベントが開催された。

さらに，UBE ビエンナーレの開催期間をはさむ 8 月から12月の間に「宇部市芸術祭活性化モデル事業」を含め，30イベントが宇部市文化会館や宇部市渡辺翁記念会館を会場として開催されるなど，アート活動は宇部市全域を巻き込み，祭りへの来場者数は，第26回 UBE ビエンナーレが90,024人，まちなかアート・フェスタが19,023人，うべの里アートフェスタが16,223人，宇部市芸術祭が16,713人で，当初の目標を大きく上回り，合計で14万人を超えた[9]。

「第26回 UBE ビエンナーレ×まちじゅうアートフェスタ2015」は，マスコミ各社の後援を得て，実行委員会によって開催された。実行委員会を構成する団体は，宇部市交通局，一般社団法人宇部観光コンベンション協会，宇部商工会議所，くすのき商工会，一般財団法人宇部市文化創造財団，宇部文化連盟，宇部市文化振興まちづくり審議会，まちなかアート・フェスタ実行委員会，山口宇部空港利用促進振興会，宇部旅館ホテル生活衛生同業組合，宇部市商店街連合会，山口県飲食業同業組合宇部支部，株式会社宇部日報社，株式会社エフ

エムきらら，宇部井筒屋，宇部タクシー協会である。

さらに地元の企業，宇部興産株式会社，宇部マテリアルズ株式会社，協和発酵バイオ株式会社山口事業所宇部，ゼビオ株式会社スーパースポーツゼビオ宇部店，楠こもれびの郷，宇部蒲鉾株式会社，株式会社イズミゆめタウン宇部，株式会社COCOLAND，宇部井筒屋が協賛した。

このアートの祭典は，官民協働で取り組んだ，言うなればアート版の宇部方式による取り組みとして位置づけることができる。

産業公害克服の過程で始まった，緑や花や彫刻で都市を新たに創造する活動は，行政，企業，市民，専門家としてのアーティストとのパートナーシップという，新たな「宇部方式」によって地域再生を実現してきている。

5．企業メセナとアートによる地域再生

5.1 企業のメセナ活動

今日，疲弊した地域や衰退地域を，アートで活性化しようとする試みが全国各地で展開されてきている。企業も社会貢献活動の一環として，文化芸術活動を支援してきており，企業やアーティストが連携して取り組むイベントが多くみられる。

企業による文化芸術活動支援は企業メセナ活動と呼ばれ，メセナ活動に関心をもつ企業が中心となって，1990年に社団法人企業メセナ協議会が設立され，「企業をはじめ芸術文化に関わる団体が参加，協働し，芸術文化振興のための環境づくりと基盤整備に努め，創造的で活力にあふれた社会，多様性を尊重する豊かな社会の実現に寄与する」ことをミッションとして活動を開始した。このことによって，メセナという用語が広く使われるようになり，企業メセナ活動も大きく推進されてきた。2016年9月21日現在の企業メセナ協議会の会員は，正会員が138社・団体，準会員が32社・団体と，個人27名である。

企業メセナ協議会設立以来，協議会では，メセナ活動の実態調査を継続的に実施してきている。2014年度（2014年4月1日～2015年3月31日）のメセナ活動

実施状況に関する調査が，2015年度報告書としてまとめられている。調査は，日本国内企業約1,700社に対して行われ，455社から回答が寄せられた。有効回収率は低いが，実態調査は毎年実施されてきているので，メセナ活動の動向を知ることはできる。

　2014年度の実態調査の結果によると，メセナ活動を行う目的は，メセナ本来の「芸術・文化支援のため」が最も多く69.0％である。次いで，「芸術・文化による社会課題解決等の取り組みのため」が52.1％を占めている。「社会課題解決」のためにメセナ活動を行っていると答えた中で，特に重視した理由については，「次世代育成・社会教育」に重点を置いている企業が58.4％と最も多いが，「まちづくり・地域活性化」をあげるものも多く，57.0％を占めている。文化芸術支援によって，地域を活性化したいと考える企業が多くなっていることがわかる[10]。

　アートによる地域活性化に焦点を当てたメセナ活動の一例が，アサヒビール株式会社による「アサヒ・アート・フェスティバル」である。

5.2　アサヒ・アート・フェスティバル

　アサヒビールは，多様な社会貢献活動を行ってきているが，企業メセナ協議会設立以降，わが国におけるメセナ活動推進において大きな役割を果たしてきている[11]。

　アサヒビールのメセナ活動は，「未来」「市民」「地域」の3つをキーワードに展開されており，それを最も具現化した活動が，「市民」が主体となって企画・運営に参加し，「未来」文化を創造する新しいアートの力で，「地域」の魅力を引き出し，コミュニティの再構築を目指す，「アサヒ・アート・フェスティバル」である。

　アサヒ・アート・フェスティバルは，アサヒビール創業百周年を記念して1989年に設立された「財団法人アサヒビール芸術文化財団」（現：公益財団法人アサヒグループ芸術文化財団）の助成で，全国で活躍するアートNPOや市民グ

ループと協働して，2002年より，毎年夏に開催されてきている。2005年からは企画を公募して開催されるようになり，このことが，全国各地にアート活動を行うNPO法人設立の引き金となっているように思われる。

さらに，これまでアサヒ・アート・フェスティバルに参加した全国各地の団体や有志によって「AAFネットワーク」が組織され，「AAFネットワーク」に参加している団体のスタッフやアーティストたちが，密接に情報交換する機会が増え，全国的にアート団体のネットワーク化が進んできているといえる。現在，アサヒ・アート・フェスティバルはAAFネットワーク実行委員会によって運営され，AAFネットワーク実行委員会のメンバーは260名にまで広がってきている。

2016年度は，6月11日（土）から10月10日（月・祝）の4ヵ月間にわたり，40団体の採択プロジェクトが，北海道から沖縄まで全国各地と韓国，フィリピンでアートの祭典を繰り広げた[12]。

5.3 NPO法人 BEPPU PROJECT の挑戦

大分県別府市は，日本を代表する温泉観光都市であったが，中心市街地は空き店舗がめだち，国内の観光客よりは外国人観光客を多く引き寄せる都市になっている。このまちにアート団体BEPPU PROJECTが誕生し，アサヒ・アート・フェスティバルへの参加をきっかけに，さまざまな活動を地域で展開してきている[13]。

BEPPU PROJECTは，2005年に任意団体として発足し，2006年にNPO法人格を取得した。2006年からアサヒ・アート・フェスティバルに参加し，2007年に採択された「AAF学校 in 別府」プロジェクトは，参加者は別府の温泉旅館に宿泊し，日中はアート講座を受け，夜にはアートや未来について参加者と講師が語り合う場を提供するプロジェクトであった。

2008年には，「中心市街地リノベーション構想」を掲げ，空き店舗をPlatformとしてリノベーションする事業を実施した。かつての土産屋「光風苑」

の店舗をリノベーションしたPlatform 1では，おなじく2008年に，アサヒ・アート・フェスティバルに採択された「OITA'n DANCE ORGANIZATION」による，コンテンポラリーダンスによってまちに賑わいをもたらそうとする「ふらっとDance」のプログラムが実現した。

別府市では，2008年に「別府市中心市街地活性化基本計画」が内閣総理大臣の認定を受け，行政，商工会議所や民間団体からなる「別府市中心市街地活性化協議会」が発足して，Platform計画もその一翼を担ってきてきた。Platform 1はアートスペースとして，コンテンポラリーダンスや演劇の練習・公演，作品の展示・上映，集会の場として活用され，中心市街地には，最大時Platformは7ヵ所にまで増え，BEPPU PROJECTが施設の管理運営を行ってきた。

しかし，活性化基本計画は2013年3月31日をもって，5年間の認定期間が終了し，「最終フォローアップに関する報告」[14]によると，計画全体としては，若干の活性化が認められた程度という評価であるが，「『中心市街地リノベーション事業』により中心市街地の空き店舗を改修し，レンタルができるイベントスペースや地域住民とふれあいを図るコミュニティスペース，高齢者を中心とした異世代交流の場及び別府の伝統産業である竹細工を広く情報発信する竹工房などの各施設をPlatformとして設置し，異なる分野の団体が連携して運営していくことにより中心市街地における活性化や回遊性を高め賑わいの創出を図ることができた」と，Platform事業は評価され，衰退した中心市街地に一定の賑わいをもたらしてきたことが認められる。

5.4 市民とつなぐまちづくり

別府市においては，BEPPU PROJECTの活動に先立って，温泉や温泉町界隈の活性化を志す地元事業所や市民団体の活動がすでに行われていた。たとえば，1998年に竹瓦温泉が取りこわされることをきっかけに，地元住民が「別府八湯竹瓦倶楽部」を結成し，竹瓦温泉界隈のまちづくりのために「別府物語

ウォーキングツアー——竹瓦界隈路地裏散歩」を開始した。この竹瓦界隈から始まったウォーキングツアーは，別府市内の他の温泉地域にも広がり，2001年には，別府市旅館ホテル組合連合会が中心となって「別府八湯温泉泊覧会（略称：ハットウ・オンパク）」が開催された。当初オンパクは，有志による実行委員会によって行われていたが，2004年には，NPO法人格を取得し，NPO法人ハットウ・オンパクとしてさまざまな活動を続けてきている。

別府市は，総務省の「頑張る地方応援プログラム」に応募し，2007年から「別府市ONSENツーリズム推進プログラム」を市民とともに進めてきた。BEPPU PROJECTは，ONSENツーリズム実行委員会が取り組んだ「別府市旧市街地散策ガイドブック　まちの記憶に会いにいく　cities on the book」の制作にも協力した。このように別府市においては，行政，地元事業者，市民活動団体とアートNPOとのコラボレーションが，地域の活性化の基礎をなしている。

6．被災地の地域再生支援

2011年に東日本に発生した未曾有の災害は，これまでの企業の社会貢献にも，市民団体の活動にも多大な影響を及ぼした。前述した企業メセナ協議会は，復興支援のファンド「GBFund（G：芸術，B：文化，F：復興／ファンド）」を立ち上げ，被災地を芸術・文化による復興によって支援しようした。ファンドの目標額は2億円で，2016年2月現在，寄付総額は150,106,756円となり，これまで，250件（2015年11月24日現在）の活動を支援してきている[15]。

被災地における伝統的な芸能や文化の破壊を受けて，特別に，郷土芸能や祭りを重点的に支援する「百祭復興プロジェクト」も用意している。

2016年には熊本大分地域においても大地震が発生し，企業メセナ協議会では「GBFund熊本大分」が立ち上げられ，災害によって被災した地域を支援し，地域を活性化しようとするネットワークは拡大してきている。

ところで，東日本大震災後，山口県宇部市においても，宇部市，宇部市社会

福祉協議会，NPO 法人うべネットワーク，NPO 法人防災ネットワーク，日本防災士会山口県支部の，官民が一体となった「東日本大震災復興支援宇部市民協働会議」が結成され，「東日本大震災復興支援協働プロジェクトチーム・復興支援うべ」が，中心的な役割を担って活動を展開している。

　宇部市では，つとに産官学民の「宇部方式」による環境問題への取り組みの実績があるが，「東日本大震災復興支援協働プロジェクトチーム・復興支援うべ」の活動は，宇部市という限定的な地域の再生から，日本全国における地域の再生に視野を広げた活動になっている。

　今日，市民活動は，地域における活動から，NPO 法人など専門的知識を有する団体とのネットワーク化によって，活動の視野を地域外へと拡大してきている。他方，企業は，経済活動をグローバルに展開していくことによって，企業の社会貢献活動も，企業が立地する地域をステークホルダーとした活動から，グローバルな地球環境そのものをターゲットに入れた活動へと拡大されてきている。

　沖ノ山炭鉱に始まった「共存同栄」「有限の鉱業から無限の工業へ」の経営理念は，現在の UBE グループでは「技術の翼と革新の心。世界にはばたく私たちの DNA です。フロンティアスピリットを胸に，無限の技術で世界と共生する UBE グループは，次代の価値を創造し続けます」という，世界との共生を掲げた理念になっている。

　企業の社会貢献は，社会に対する責任から，現在では，持続可能な社会に向けて，あらゆるステークホルダーとの共生へと，視野がシフトしてきている。企業においては，日常的な情報の開示とステークホルダーとのコミュニケーションが求められる。そしてなによりも重要なことは，企業が明確な社会貢献に対する理念をもち，それを明示することであり，地域再生に向けた企業の社会貢献活動は，市民や市民団体と連携して行うことによって，実質的な効果を発揮することも強調しておきたい。

注

1) グローバル500賞は，UNEP（国連環境計画）が，持続可能な開発の基盤である環境の保護及び改善に功績のあった個人又は団体を表彰する制度で，1987年から1991年までの5年間に，全世界で約500人（又は団体）を表彰する計画であったが，1992年以降も継続し，2004年以降は「チャンピオンズ・オブ・ジ・アース賞」となっている。宇部市以外の自治体では，北九州市が1991年，三重県四日市市が1994年に受賞した。
2) 宇部共同義会は戦後まで存続していたが，1950年，宇部市立図書館建設に残り資産の500万円を寄付して解散した。詳細については，宇部共同義会『宇部共同義会史』1956を参照のこと。
3) 宇部達聡会の議員は，設立時は30人であったが，その後，1926年には330人，1928年には500人に急増し，1943年に大政翼賛会に編入する形で解散した。
4) 和座一清『慣習的共同企業の法的研究——いわゆる「宇部式匿名組合」を中心として』風間書房 1970。
5) 宇部興産の社会貢献活動の詳細については，「企業文化の形成と企業の社会貢献活動——企業城下町宇部市の変容」（三浦典子『企業の社会貢献とコミュニティ』ミネルヴァ書房 2004 pp.198-218）を参照のこと。
　　また，宇部市における企業の取り組み，とりわけ宇部興産株式会社の取り組みに関しては，以下の文献を参考にした。
　　上田芳江『歴史の宇部——戦前・戦後五十年』宇部市制五十年記念誌編纂委員会 1972。
　　弓削達勝編『素行渡辺祐策翁　乾坤』渡辺翁記念事業委員会 1936。
　　俵田翁伝記編纂委員会『俵田明伝』宇部興産 1962。
　　中安閑一伝編纂委員会『中安閑一伝』宇部興産 1984。
　　百年史編纂委員会『宇部興産操業百年史』宇部興産 1998。
6) 宇部市における市民の環境問題への取り組みの詳細については，「地域住民の環境活動——宇部市の環境市民団体」（三浦典子『企業の社会貢献とコミュニティ』ミネルヴァ書房 2004 pp.219-235）参照のこと。
7) 弦田平八郎「宇部の野外彫刻30年の歩み」宇部市『宇部の彫刻』1993 pp.8-12。
8) ウォーキングマップのデザイン・イラストは，宇部市出身の美術家・岡本よしろう。
9) http://www.city.ube.yamaguchi.jp/kyouyou/machijuu_art/2015/index.html （2016年11月3日取得）
10) 2015年度メセナ活動実態調査報告書「Mecenat Report 2015」http://www.mecenat.or.jp/ja/reading/post/mecenat_report_2015（2016年11月3日取得）

11) 企業メセナ協議会の活動とアサヒ・アート・フェスティバルの詳細については,「企業メセナと現代アートのコラボレーション」(三浦典子『企業の社会貢献と現代アートのまちづくり』渓水社 2010 pp.198-218) を参照のこと。
12) アサヒ・アート・フェスティバル 2015 http://www.asahi-artfes.net/program/2015 (2016年11月3日取得)
13) 別府市におけるアートによる地域活性化の詳細については,「観光都市別府市の活性化」(三浦典子『企業の社会貢献と現代アートのまちづくり』渓水社 2010 pp.211-221),および,三浦典子「湯けむりと現代アートのまちづくり」(地域活性化研究グループ編『まちおこし・ひとづくり・地域づくり—九州の取り組み20選』櫂歌書房 2011 pp.2-12) を参照のこと。
14) http://www.city.beppu.oita.jp/pdf/seikatu/sumai_tosi/tosi_keikan/followup2013.pdf (2016年11月3日取得)
15) https://www.mecenat.or.jp/gbfund/ (2016年11月3日取得)

2章 企業における家族経営と地域

坂口　桂子

1．家族と地域

　家族と地域との関係を，企業をとおしてみた場合，労働形態によって大きく2つに分けて考えることができる。その2つの労働形態とは，自営業と雇用者である。自営業とは商店や農業にみられ，雇用者とは会社や官庁などに雇用されて働いている人々をさす。

　自営業の場合は，夫が自営業主で，妻が夫を手伝う家族従業者という形態が多く，そこに子どもが跡継ぎという形で仕事に携わってくることもある。内橋克人は日本の中小企業を日本型自営業と呼び，「日本型自営業こそは，事業の生産基盤と，人々の生活・生存基盤が重なり合い，そのことによって地域社会を形づくっている」（内橋 2011：101）と述べている。最近は，商店街においてもテナントなどで店に通勤する人々も増えてきているが，やはり，生活空間である住居が2階で，仕事場である店が1階といったような，職住一体の形態もみられる。自分の仕事場が居住している地域と重なり合っているため，地域の祭りの担い手として，平日でも店を休んで参加することは可能である。雇用者の場合は，住居と職場は離れていて，オフィスや工場などに通勤することが多い。産業の近代化によって工場が建設され，工場労働者が増えたことで，職住分離の生活スタイルが多くなった。平日や日中は，職場が立地している地域にいる時間が長く，会社の社会貢献活動を，業務の一環として行う。自分の家族が住んでいる地域での祭りなどに参加できる曜日や時間帯は，かなり限られてくる。

このように，家族は企業とのかかわり方によって，地域との関係に影響がみられる。自営業では，経営者の家族が中心となって経営を行っていることが多く，家族経営ということができる。企業規模が大きくなっても，経営者が従業員を家族のように考えれば，そこでは家族的な経営が行われる。また，地域にたいしても，家族的な施策が展開される。家族経営の家族という言葉が意味するところは，利潤追求を優先的に考える打算的な人間関係とは異なり，損得を抜きにした信頼にもとづく人間関係である。

　もちろん，企業は利益があがらないと，その企業自体の存続もあやぶまれる。しかし，利益優先で，従業員や地域のことを考えない企業の行動様式は，家族経営とはいえない。そこで本章では，現代の競争社会において，家族経営が従業員および地域社会に与えるプラスの影響について考察していく。

2．中小企業と家族経営

2.1　中小企業の割合

　現代日本において，中小企業は企業全体のどのくらいの割合を占めているのであろうか。総務省「平成24年経済センサス―活動調査」のデータを引用してみよう。まず，企業数について，ここでいう企業数とは，会社数＋個人事業所（単独事業所及び本所・本社・本店事業所）数のことである。2012年の企業数（非1次産業）をみると，中小企業は99.7％，小規模企業だけを取り出すと企業数全体の86.5％におよぶ（中小企業庁 2014：701）。小規模企業とは，常時雇用する従業員が20人以下をさす。これにたいし，会社及び個人の従業者総数でみると，中小企業は69.7％で，うち小規模企業では25.8％と割合が下がるものの，中小規模の企業に従事している人は，全体の7割近くにのぼっている（中小企業庁 2014：709）。

　日本における中小企業の経営は，家族経営といわれる。1960年代に日本的経営を提唱したアメリカの社会人類学者アベグレン（Abegglen, J.C.）は，日本の大企業分析をする視点として，小規模な絹織物工場の調査を出発点としている。

アベグレンは，経営者の家族と従業員との関係について「工場ではたらく工具は，基本的に渡辺氏の家族の延長になっている」（Abegglen 1958＝2004a：99）と述べている。また，中小企業の職場での家族的な人間関係について，松島静雄は大企業との比較の中で，次のように述べている。「小零細企業では多くの場合事業主の住宅が工場内にあるか，工場に近接して存在することが多く，家族ぐるみで苦楽をともにし，文字通り家族主義的な経営を行なうのであり，大企業に較べて退職金は少なく，厚生福利施策があっても慶弔見舞金等金のかからぬものに限られがちな中小企業は，かかる弱点をえてしてそうした濃厚な人間関係で補って来たのである」（松島 1979：377）。

中小企業では，このような職場での家族的な人間関係に加えて，経営者の家族が，企業の承継にかかわっている。そこで次に，中小企業の承継に経営者の家族がどのようにかかわっているのかを，みていくことにしよう。

2.2 中小企業の承継

日本の小規模な企業には，社歴の長いものが多い。「一般に『老舗』と呼ばれる，長い歴史のある店や会社は，アジアの中では日本に際立って集中しているようなのである。アジアの中だけではない。こんなに老舗がある国は，ヨーロッパにもないのである」（野村 2006：21）。「老舗」は多くの零細規模もしくは小規模の家族経営の構成をとっていた（松本 1977：92）。

中小企業の承継は，経営者の家族で行われている。2代目は息子で先代が父親，3代目が孫で創業者が祖父といった会社が多い。中小企業の事業承継が子息・子女を中心にすすめられているのは，中小企業の事業承継が，先代の経営者の持株も引き継がないと成立せず，会社の株の大半を所有している先代の株式を買収できるのが，多くは子息・子女の相続という方法に集中しているためである（中小企業庁 2006：169）。持株を譲る方法は，誰かに買わせるか，子息・親族に相続させるのか，の2とおりあるが，通常の場合，役職員は自社を買収できるほどの資金を持っておらず，また金融機関から買収資金を調達でき

る当てもないため，血縁関係にない自社の役職員を後継者とすることは難しいのである（中小企業庁 2006：169）。

これにたいし，後継者がいないとき，中小企業経営者は事業売却を検討する。「中小企業経営者が事業売却を検討する理由としては，企業自体の存続はもちろんのこと，やはり現在の従業員の雇用を確保し続けることが大きな要因と言える」（中小企業庁 2006：184）。このように，従業員の雇用を守るために，事業売却を行う。この事業売却で，経営者の家族が承継することにはならないが，従業員を家族の一員のように考えて，大切にしている。「中小企業経営者が事業売却を考える場合，経営者個人の儲けよりも従業員の雇用を最優先する」（中小企業庁 2006：184）。

事業売却の方法としては，M&A をとる場合が多いが，これは大企業同士でよく言われる敵対的買収とは性格が異なる。「中小企業は閉鎖的な会社がほとんどであり，上場しない限りでは，いわゆる『敵対的買収』はほとんど起こり得ず，売主と買主の合意の上で行われる友好的な買収としての M&A 以外はまず想定されない」（中小企業庁 2006：184）。この売主と買主の合意で最優先される条件は，従業員の雇用継続である。「中小企業の M&A 市場は，M&A という言葉から一般に想像されるイメージと異なり，単なる価格よりも，今まで経営者と苦楽をともにしてきた従業員の今後の第一を考える」（中小企業庁 2006：184）[1]。

このように，中小企業では家族を中心に承継が行われ，後継者がいない場合でも M＆A などによって従業員の雇用を守る形で承継を行っている。

2.3 地域との関係

中小企業の地域へのプラスの影響，かかわり方を，地域貢献の活動からみてみよう。日本政策金融公庫による小企業およびその経営者を対象とした「地域貢献に関するアンケート」（2007年）[2]（以下，「小企業アンケート」と略記する）の結果を参考にみていく。回答企業の従業者数は，経営者本人やパート・アルバ

イトを含めて,「1～4人」が53.2％,「5～9人」が23.9％,「10～19人」が13.4％で,従業者数20人未満の企業が9割を占めており,回答企業の業歴は「30年以上」が43.4％で最も多く,「5年未満」の企業は13.8％となっている（日本政策金融公庫総合研究所 2009：7-8）。

　地域貢献活動に取り組んでいる企業は,回答企業数の44.6％である。地域貢献活動の主な内容については（複数回答）,「地域の文化・環境に関する活動」がめだっていて,「祭りや伝統行事の開催や維持」が26.6％,「地域における文化やスポーツの振興」13.8％,「地域の美化や緑化」13.2％となっている。次に「地域の治安・安全・防災に関する活動」も多く,「交通安全活動」10.8％,「消防・防災活動」10.5％,「防犯活動」10.3％である。さらに「地域経済の振興に関する活動」として「商店街の活性化」10.4％もみられる（日本政策金融公庫総合研究所 2009：187）。

　地域貢献活動に取り組んでいる企業は,従業員数「1～4人」で37.0％,「5～9人」で48.6％,「10～19人」で56.8％,「20人以上」で59.0％となっており（日本政策金融公庫総合研究所 2009：21),従業員数が多いほど地域貢献活動に取り組んでいる割合が高くなっている。これは,社会貢献活動が大企業を中心に展開されていることと関連が深い。そもそも貢献活動とは,従業員に給料を支払ったり,株主に配当を分配したり,事業拡大をしたり,このような本来業務とは別に,資金や人員を地域や社会に提供する活動ゆえに,資金的あるいは人員的な余裕がある程度なければ,展開できない活動である。したがって,中小企業では,大企業での社会貢献活動とは異なるスタイルで,可能な範囲,領域での活動となる。

　また,回答企業の82.7％が何らかの中小企業団体等に加盟しており,とくに「商工会議所・商工会」が76.1％と多い（日本政策金融公庫総合研究所 2009：12)[3]。そして,商工会議所・商工会などの団体に加盟していることと,地域貢献活動の活発さとの関係について,次のように分析されている。「商工会議所・商工会や法人会などは複数の地域貢献活動を行っていることが多いので,

そのような団体に加盟することによって取り組んでいる地域貢献活動の数も増えるのである」(日本政策金融公庫総合研究所 2009：17)。つまり，中小企業の地域貢献活動は，単独の企業で実施される場合もあるだろうが，このように商工会議所や商工会などの団体の一員として実施される場合が多いようである。

2.4 長期経営と地域の安定

　「小企業アンケート」によると，地域貢献活動に取り組んでいない企業は回答企業全体の55.4％を占めており，取り組んでいない理由（複数回答）は，「時間の余裕がないから」66.1％，「経済的に余裕がないから」46.3％，「体力的に本業との両立が難しいから」38.0％などとなっている（日本政策金融公庫総合研究所 2009：126）。このように，小企業をはじめ中小企業において地域貢献活動は，本業で手いっぱいで，なかなか取り組めていないのも現状である。しかし，全く活動が行われていないわけではなく，商工会議所や商工会を通して実施されていることは，すでに紹介してきたとおりである。本業をおろそかにして，無理に地域貢献活動に取り組むのは，企業として本末転倒である。しかし，地域貢献もさまざまな活動や方法があるので，このようなアンケート結果を中小企業においても参考にして，その企業ならではの独自の視点で，何かできそうなアイデアを経営者および従業員が提案することは可能であろう。そのような前向きな職場の雰囲気が，本業の活性化につながる場合もあるかもしれない。

　家族を基盤とした長期経営により，雇用の安定を最優先に考えることは，従業員にとっても地域にとっても，安定をもたらす。「小企業アンケート」によると，「経営者には，創業経営者と後継経営者とがあるが，経営者が代を重ねるにつれて，地域貢献活動に取り組む企業の割合も増加する」（日本政策金融公庫総合研究所 2009：30）という分析結果が得られている。すでに紹介したように，地域貢献活動の内容で「祭りや伝統行事の開催や維持」が多かったが，祭りや伝統行事というのは，長期間にわたりその地域で受け継がれていくものであるので，たとえば，父親，息子，孫といった経営者家族が，その企業が立地

している地域で長年にわたり，祭りや伝統行事の活動にかかわっているということも考えられる。「2代目，3代目と代を重ねるにしたがって，つまり業歴が長くなるにつれて，地域社会とのつながりが深まること，先代が地域貢献活動を行っていればそれを引き継ぐであろうことから，地域貢献活動を行っている企業が多いということも考えられる」（日本政策金融公庫総合研究所　2009：31)。もともと小企業は，経営者家族で承継するのがほとんどで，その代を重ねていくことが，地域貢献活動の維持・活性化につながる。家族経営であるため，従業員も家族のように考え，従業員の雇用を守ることが第一だと考える経営者が多く，安定志向が強い。地域貢献活動も，家族経営による長期経営の方が安定するということができる。

3．大企業と家族経営

3.1　アベグレンと家族経営

　アベグレンは1955年から1956年にかけて日本の大企業を調査したさい，小規模な絹織物工場も見学して，そこでみられた人間関係が，日本の大企業分析に有効であると述べた。「渡辺氏が経営する小さな絹織物工場と比較すると，百倍以上の規模がある大企業は，組織の複雑さと技術力の高さでは小企業とまったく違っているものの，性格の違いはそれほど大きくないと思える」（Abegglen 1958＝2004a：131）として，さらに次のように具体的に説明を続けている。「大企業の経営幹部は，渡辺氏と違って，若い従業員に父親のように接することも，個々の従業員を熟知することもできないし，小規模な絹織物工場の密接な関係を支えている義務と責任の関係から離れるようになり，人間関係が非人格的になってきている。だが，従業員相互の関係でも従業員と組織の関係でも，日本の大企業はアメリカの大企業との間よりも，日本の小企業との間の方が共通点が多い」（Abegglen　1958＝2004a：131-132）。

　日本の大企業における小企業との共通点については，次のように述べている。「小企業では仕事とそれ以外の社会活動がきわめて密接に関係している点が目

立つが，大企業でも同じことがいえる。大企業は，従業員が20人の小企業と同様に，従業員の生活全体に関与している」（Abegglen 1958＝2004a：122）。日本の大企業は，従業員の生活にも関与していて，従業員とその家族の生活保障のことまで考慮した社会保障や，福利厚生施設が展開されている。このような大企業の従業員へのかかわり方について，アベグレンは「日本企業は社会組織であり，家族であり，共同体であり，村だとする見方が一般的」（Abegglen 2004＝2004b：216）と述べている。さらにアメリカとの比較において「アメリカでいえば家族の一員や，友愛会などの親密で個人的な集団の一員であるのと同じような意味で，従業員は会社の一員なのである」（Abegglen 1958＝2004a：19）との見解を示し，日本の大企業は，従業員を家族の一員のように扱っていると捉えている。これが，アベグレンの提唱した日本的経営の特徴の一つである。

3.2 経営者の家族的な経営理念

　アベグレンの指摘にある，大企業での家族的な人間関係を，現代日本の経営者がすべて展開しているかといえば，そうではない。家族的な人間関係を従業員とかわしていることを著書で述べている稲盛和夫は，当初からそのように従業員の生活保障を考えていたわけではない。稲盛は京セラの名誉会長で，日本航空ではCEO（最高責任者）として，会社の立て直しに貢献した人物である。稲盛は，最初に就職した会社を辞めて京セラを創業したのだが，その当初の心境を次のように述べている。「『稲盛和夫の技術を世に問う』京セラを設立した当初，私にあったのはその一念だけです。会社を経営するとはどういうことなのか，まったく理解していませんでした」（稲盛 2010：86）。このように稲盛は，会社経営において最初は，従業員の生活保障をするものとは考えていなかったようである。「最初にお話しした通り，私は自分の技術を世に問うために会社を作ってもらったのに，若い社員は，そんな会社に一生を託そうとしているとは……。正直に白状すると，『こんな重荷を背負うことが経営なのか』と暗澹たる気持ちになりました」（稲盛 2010：96）。稲盛は会社経営をするようになっ

て，従業員の生活保障をすることが経営者の役割であると認識している。

そして，稲盛は従業員を家族のように考えるようになった。「『本当に一心同体になってがんばってほしい。私は皆さんを信じ，皆さんと心を一つにして一緒にやっていきたいと思う』そうして会社が始まり，その後もずっと一貫して，従業員は家族みたいなものだという考え方でやってきました。ですから，仕事がうまくいってもいかなくても，よく酒盛りをしましたね。うまくいったときにはみんなで喜びを分かち合い，うまくいっていないときには互いに慰め合ったり励まし合ったりしました」（稲盛 2010：115）。

以上の稲盛の事例からもわかるように，日本の経営者すべてが家族経営をしているとはいえないのである。会社の規模が小さければ，まずは夫婦単位から成立する場合が多く，そこに息子や親族などを中心に規模が拡大されたり，親族以外を雇用して中小企業となっていくため，職場内に家族的な関係が生じやすい。しかし大企業においては，経営者が従業員を家族のように考えて経営を行わなければ，家族経営は成立しない。三浦典子は「企業が発展していくなかで，企業経営者や企業組織の経営理念が，地域社会への貢献という企業文化を形成していった」と述べ，地域社会に展開する社会貢献活動の分析に，企業家個人の経営理念を考察することが重要であることを示している（三浦 2004：198）。そこで次に，大企業になっても家族経営を行ってきた事例の一つとして，株式会社ブリヂストンを取り上げてみよう。

3.3 ブリヂストンと家族経営

株式会社ブリヂストンは，1931（昭和6）年にタイヤの国産化をめざして，福岡県久留米市に設立された。ブリヂストンの前史は，ブリヂストンの創業者である石橋正二郎の父が営んでいた仕立物業，志まやたび店である。正二郎は1906（明治39）年，兄と一緒に家業の仕立物店を引き継ぎ，翌年には家業の仕立物業を足袋専業に改め，徒弟制度を廃止し，賃金制度を設けた。1918（大正7）年には志まやたび店を日本足袋株式会社に改組し，1922（大正11）年には

地下足袋が誕生し，1929 (昭和4) 年にこの足袋会社の倉庫を改造してタイヤ試作工場がつくられた。なお，日本足袋株式会社はその後，日本ゴム株式会社となり，1988 (昭和63) 年に株式会社アサヒコーポレーションとなっている。

正二郎は日本足袋株式会社時代の1928 (昭和3) 年に九州医学専門学校 (現在の久留米大学医学部) に敷地と校舎を寄付しており，その後も久留米市や社会施設に寄付をしている。とくに，ブリヂストン創業25周年記念の1956年からは，石橋文化センター，久留米市長公舎の建設をはじめ，久留米市内の小学校13校，中学校5校にプールを建設するなど，久留米市へのかかわり，地域への貢献活動が活発になされている。その当時，石橋文化センターには，体育館，プール，美術館が設けられていた。

この石橋正二郎の会社経営および地域への貢献について，鈴木広は「会社も家族の延長であり，さらに拡大すれば，社会そのものもその延長上に無理なく意識されていたのではないか」という仮説を立てている (鈴木 1995：7)。鈴木は正二郎が会社および社会を家族と同一化していることを示しているが，それを端的に示した事例として「徒弟制度の廃止」と「郷土愛」があげられる。徒弟制度の廃止については，家業を継いだ明治の末期に実行しているが，高度成長がはじまるころも徒弟制度に依存する零細企業があるなかで，その半世紀以上も前に決断して，徒弟制度を廃止したことを本当に凄いとして，働く人の身になって考える経営者であると述べている (鈴木 1995：4)。徒弟制度の廃止は，友愛家族にもとづく考え方で，当時の家父長家族の考え方とは大きく異なる。

郷土愛については，石橋文化センターの正面入口には「世の人々の楽しみと幸福の為に」と書かれているが，久留米市への正二郎の思いは「生まれ故郷を立派に育てたいという一種の扶養意識」が感じられ，「自分の存在が地域の存在とイコールで意識されている」と述べている (鈴木 1995：6)。

このような郷土愛は，息子の石橋幹一郎にも受け継がれている。幹一郎は1963年に父の後を継いで，ブリヂストンの経営者となった。正二郎はその年，

会長に就任している。1992年, 正二郎の十七回忌「偲ぶ会」が久留米工場のブリヂストンクラブで開かれたさいに, 幹一郎は次のように話した。「父は生前から久留米を大事にしておりまして, また久留米の人間であることを誇りに思っておりました。昭和12年に居を東京に移しましたが, 心は久留米に残していたわけでして, その後工場その他を全国に15造りましたが, その工場魂というのは, 久留米から育って各工場に定着していきました。全工場の気持ちのよりどころは, 依然として久留米でございます。父が最後まで久留米, 久留米と申しておりましたが, それが残っているのだと思います」(中野 2012：15)。

さらに幹一郎については, 西日本新聞のコラム欄「春秋」(1997年7月3日)に次のように書いている。ブリヂストンの創業者, 正二郎の長男として久留米に生まれ, 父の跡を継いで美術館の充実に努め, 昨年 (1996年) 秋には東洋美術を中心とする別館も新設した (中野 2012：253)。「石橋さんはブリヂストンを世界のタイヤ産業に発展させたが, 『企業を私物化しない』と自ら代表権を返上し, 石橋家の出身者を経営陣から外した。その一方で郷里の文化, 教育, 福祉に尽くした。その象徴が石橋美術館である。企業市民としての地域に対する社会的責任, メセナ活動の手本がそこにある。母校の久留米市立日吉小学校百周年の時には『こどもに本物の音を』と九州交響楽団を招いた」(中野 2012：253-254)。

石橋文化ホールは, 幹一郎がブリヂストンの社長に就任した1963年に, 石橋文化センターに建設されている。幹一郎は石橋文化ホールについて, 若い団員に次のように語っている。「私が市に寄附したものですから, 私物化したいい方をしてはいけませんけれども, しかし私の心はあのホールにありますから, 是非皆さんそういうつもりで, 一体となって素晴らしい音を創って頂きたいと思います」(中野 2012：243)。幹一郎はこのように, 石橋文化ホールへの熱い思いを, 若い団員たちに伝えている。

1995年には, 石橋文化センタープール跡地に建設を進めていた石橋美術館別館が完成し, 竣工寄贈式が行われ, その後のマスコミの記者会見で,「久留米

市民に対してのお気持ちは」という質問にたいして,「それは何と言っても,私の故郷ですから,高校は福岡高校でしたが中学までは久留米でしたし,ブリヂストン発祥の地でもあり,久留米市民に対する気持ちは普通じゃない。何とかお役に立ちたいと思って,後々まで親しんでいただけるものをという事で,形にさせてもらいました。メセナとかじゃなくて,父が申しておりました『世の人々の楽しみと幸福の為に』という気持ちで,久留米の地域社会のために喜んでもらうことが目的です」と答えている（中野 2012：233）。

　このように,正二郎と息子の幹一郎はともに久留米のことを思って,地域への寄付活動をはじめ,貢献活動を展開してきた[4]。鈴木が示した「会社も家族の延長であり,さらに拡大すれば,社会そのものもその延長上に無理なく意識されていたのではないか」という仮説は,正二郎だけでなく,息子の幹一郎にもあてはまる。このブリヂストンは大企業においても家族経営が展開できる事例といえるが,大企業で家族経営を実現するには,経営者に家族経営の理念があることが必要であることがうかがえる。

3.4　競争社会と家族経営

　競争で生き残るために,その地域を離れる大企業の工場も多い。大企業の工場では,長くその地域に定着するのが困難な場合もある。しかし,経営者の経営理念に家族経営というのがあり,その工場が立地している地域に経営者の愛着があれば,ブリヂストンの石橋正二郎・幹一郎親子のように,地域も家族の延長上のようにとらえて,地域への社会貢献活動が展開されると思われる。石橋親子にとって,久留米はブリヂストン発祥の地であり,自分たちの故郷でもあった。郷土愛をもつ経営者は,大企業になっても地元に貢献をする。

　大企業での資金力を活かして,中小企業では困難な,大規模なメセナ活動も展開できると思われる。地域に企業が展開した美術館や音楽ホールなどを,自社の従業員とその家族だけに利用してもらうのではなく,地域の人々に開放するところに,地域への貢献の意味が生まれてくる。

大企業は中小企業にくらべて，社会や地域に貢献する資金力や人員力で恵まれているといえる。しかし，大企業だから安泰ということは決してない。競争社会を勝ち抜き，企業が維持・繁栄するためには，利潤の追求をするのは企業活動として当然のことである。アベグレンの指摘にもあったように，企業が規模拡大するにしたがい，さまざまな役割分化や専門分化がすすみ，小企業のように経営者と従業員が緊密な関係をもつことは困難であるため，大企業では意図的に，従業員を家族の一員のように考える経営理念を経営者がもたなければ，家族経営は成立しない。鈴木が示した，石橋正二郎の地域への家族意識によって，企業が展開したさまざまな貢献活動が，地域の人々のためになる。アベグレンが1960年代に提唱した日本的経営も，ここで述べている家族経営と性格が同じである。従業員を大切にして，企業が立地している地域，さらには社会全体に家族愛をもって，信頼関係を基盤にした企業活動が展開されれば，企業市民として地域に受け入れられ，地域に大きなプラス効果を及ぼすことと思われる。

4．家族経営と地域

企業における家族経営とは，経営者が自分の家族で経営を行い代を重ねていく，という視点と，経営者が従業者たちを家族の一員のように考えて労務管理を行う，という視点がふくまれる。もちろん，企業規模が小さければ，従業者は経営者の妻や子ども，あるいは経営者の兄弟姉妹など親族である場合が多く，まさしく家族経営といえる。このような家族経営の地域への活動可能性を考えるとき，中小企業では地域貢献活動，大企業では社会貢献活動という用語で表現されることがある。

中小企業の場合，その地域に代を重ねて存続する方が，地域貢献活動をする傾向が強いことがわかった。代を重ねて存続するということは，経営者家族が，企業を承継していくことである。後継者がいない場合も，従業者の雇用を守る形で，新しい経営者を探して企業を存続させている。そうすることで，そこで

働いている人々とその家族の生活も安定する。中小企業は大企業のような大規模な社会貢献活動は困難だが、商工会議所や商工会に加盟することによって、共同で地域への貢献活動を実現している。自営業では職場と居住している地域が重なっている場合が多いので、地域への貢献活動はそのまま、自分たちの生活している地域の活性化につながる。また、複数の企業同士での共同作業によって、人々の交流や信頼関係の構築にもなる。

一方、大企業においても、現代日本において経営者家族は持株保有率は低いとはいえ、経営陣に名を連ねている事例は珍しくない。経営者に従業者を家族の一員のように考えて労務管理を行う、という経営理念があれば、大企業においても家族経営は可能である。さらに、地域への貢献を考えると、企業活動の必要上、どうしても工場や支社などがそこの地域を撤退しなくてはいけない場合には、撤退によりその地域に生じるマイナス面を、自治体と話し合い、できる限り解消する努力が必要であろう。その地域が、その大企業の繁栄に依存していれば、その地域への貢献活動は何らかの形で継続すべきである。そのような姿勢は、経営陣の地域への愛着がないと生じえない。企業の重要な決定は、経営陣が行うため、とくに経営者の意識に、地域への愛着があることが必要である。社会全体からみれば貢献活動をしていたとしても、地域からの撤退時に、地域への配慮がなければ、家族経営とはいえない。企業規模にかかわらず、家族経営は可能であるが、企業規模が大きくなれば、経営者の理念に家族経営の意識があることが必要である。家族経営を行っている企業は、競争社会のなかに、利益優先ではなく、損得抜きで助け合いができ、信頼される存在となるであろう。

大企業の従業員たちは、自宅のある地域での活動に参加するのは、勤務時間の関係で曜日と時間が限られてくるため、祭り当日に参加できても、その準備に加わるのは困難であると予測される。これにたいして、商店街をはじめとする小企業や、その地域に代々小さな工場を構えている家族経営の経営者たちは、従業員に店をまかせて、祭りの準備をすることも可能であろう。また、通学時

の交通安全や子どもの見守り・防犯活動も，中小企業の重要な地域貢献活動である。大企業のように支店・支社など出先機関がないため，中小企業は立地している地域から移転・撤退することはあまりなく，そこの地域と安定的に，長年にわたってかかわりをもつ。地域にとっては，地域と共に繁栄してくれる企業がベストであるし，雇用の安定が住民の安心にもつながる。経営者の意識に，家族経営の理念があるかないかにかかわらず，多くの企業で家族経営が行われている中小企業の地域への貢献活動は，今日の競争社会において信頼関係を維持するという点においても，大きな役割を果たしているものと思われる。

注

1) 買収する企業が小規模であればあるほど，従業員個人が身につけたスキルや人脈が企業価値として評価できることが買収の決め手となるため，従業員をすぐに解雇することは，そもそも買収のメリットを失わせることになる，とされている（中小企業庁 2006：184-185）。
2) 2007年10月に国民生活金融公庫（現日本政策金融公庫）が融資した企業で正常に返済しているものから10,000社を無作為に抽出，調査票の送付，回収ともに郵送で，回収数3,065件，回収率30.7％となっている（日本政策金融公庫総合研究所 2009：1）。
3) 企業の加入団体のうち「商工会議所・商工会」が多い理由について，公庫が商工会議所・商工会の推薦に基づいて融資を行う経営改善貸付を扱っているため，また，地方の市町村では商工会を通して公庫に融資を申し込む企業が多いからかもしれない，と述べられている（日本政策金融公庫総合研究所 2009：12-13）。
4) 2016年9月，石橋財団は久留米市にある石橋美術館の運営から撤退した。この事実からも，石橋正二郎・幹一郎親子の意思により，久留米市に美術館などを展開していたことがわかるであろう。

引用・参考文献

Abegglen, James C., *The Japanese Factory: Aspects of Its Social Organization*, Glencoe, Illinois: The Free Press, 1958. （山岡洋一訳『日本の経営　新訳版』

日本経済新聞社 2004a)

Abegglen, James C., *21st Century Japanese Management: New Systems, Lasting Values,* Tokyo: Nihon Keizai Shimbun, Inc., 2004.（山岡洋一訳『新・日本の経営　新訳版』日本経済新聞社 2004b)

中小企業庁『中小企業白書　2006年版「時代の節目」に立つ中小企業―海外経済との関係深化・国内における人口減少』2006。

中小企業庁『中小企業白書　2014年版―小規模事業者への応援歌』2014。

稲盛和夫『ど真剣に生きる』日本放送出版協会 2010。

松本通晴「京都『老舗』研究―その予備的考察」『社会科学』23号　同志社大学人文科学研究所 1977 pp.77-107。

松島静雄『中小企業と労務管理』東京大学出版会 1979。

三浦典子『企業の社会貢献とコミュニティ』ミネルヴァ書房 2004。

中野政則『正二郎はね―ブリヂストン創業者父子二代の魂の軌跡』出窓社 2012。

日本政策金融公庫総合研究所『地域貢献のすすめ―小企業による地域貢献活動の実態』中小企業リサーチセンター 2009。

野村進『千年，働いてきました―老舗企業大国ニッポン』角川書店 2006。

坂口桂子「企業家と地方都市―石橋正二郎の生活史」『新版　ライフヒストリーを学ぶ人のために』世界思想社，2008 pp.162-186。

鈴木広「経営哲学に見る正二郎氏の郷土愛」『石橋正二郎顕彰会　会報誌第6号　石橋正二郎―世の人々の楽しみと幸福の為に』石橋正二郎顕彰会，1995 pp.3-8。

内橋克人『共生経済が始まる―人間復興の社会を求めて』朝日新聞出版 2011。

3章 過疎地のアートプロジェクトと地域活性化

室井 研二

1. 農村の衰退とツーリズム

　地域の「再生」は,地域の「衰退」を前提として意味をもつ言葉である。周知のように,日本経済の高度成長期以降,日本の農山漁村は全体として衰退に向かった。その背景に,工業化を中心とした経済開発政策があったことはいうまでもない。衰退する農村的地域に対する政策的対応としては,全国総合開発政策に代表される農村工業化と,基本法農政に代表される農業近代化(「生産主義」) の2つの政策が代表的であった。しかし,こうした政策の効果は限定的であり,国の地方政策は次第に公共事業による財政再配分に軸足を移すようになっていった。1970年代になると,生産工程の末端を担う農村工業,兼業農業,公共事業のコンビネーションからなる「周辺的工業化」が地方経済の基調として定着したとされる(安東 1986)。

　1980年代後半以降,農村地域にまた新たな変化が訪れる。それは第1に,石油危機以降の脱工業化や経済グローバル化といった経済システムの変化である。製造業の生産拠点の海外移転がすすみ,国内の第2次産業の空洞化が広がりをみせるようになった。それは農村にとっては農業の兼業機会の縮小を意味した。日米貿易摩擦を背景に市場開放の圧力が強まり,農業部門においても農産物市場の自由化,国際化が本格化した。食管制度に代表される農業保護政策は緩和,縮小され,農業をとりまく環境は劣悪化した。財政赤字も膨張の一途をたどり,公共事業の削減が目指されるようになった。これらの結果,農村の経済的基盤はこれまでになく脆弱化した(北川 1995)。

しかしその一方で，農村の景観や自然には新たに文化的，消費的価値が付与されるようになった。都市における居住環境の悪化，新中間層の増加やレジャー志向の高まりを背景に，都市住民の間で農村空間の文化的価値を再評価する気運が高まりをみせるようになった。それに伴い，農村は食料の生産基地といった役割とは別に，リゾート地として商品価値をもつようになった（Urry 1990；Marsden 1993）。

都市住民の農村ツーリズムへの関心の高まりに対応して，農村の側でも地域再生の新しい切り札としてツーリズムに熱いまなざしが向けられるようになった（日本村落研究学会編 2005）。1987年のリゾート法（総合保養地域整備法）は，そうした動向に対する最初の大規模な政策的対応であったといえる。リゾート開発は多くの自治体で深刻な環境破壊や債務問題を引き起こしたが（鈴木・小淵 1991），ツーリズムそのものへの期待は今日も失われていない。商業化されたマス・ツーリズムに代わる「新しいツーリズム」が多くの農山村で追求されていることは周知のとおりである（古川・松田編 2003）。かつては都市的生活様式の浸透に伴う農村と都市の差異の消失が問題にされがちであったが，農村ツーリズムが過熱する今日では逆に，農村は「農村らしさ」の演出を求められるようになったといえるだろう。そうした変化は，農村が消費文化に包摂されたことを意味するものなのか，農村と都市との互恵的関係の構築や農村発展の新しい可能性を示唆するものなのか。本章がスポットを当てるのは，農村が直面しているこうしたアンビバレントな状況である。

2．過疎地のアートプロジェクト

具体的な事例に取り上げるのは，2010年に瀬戸内海の離島を舞台に開催された「瀬戸内国際芸術祭」である。このイベントの特徴として押さえておきたいのは以下の3点である。

第1に，現代アートを用いたイベントであったことである。アートは，都市住民にとっての「農村らしさ」を表象するシンボルとして，近年多くのツーリ

ズム事業で注目を集めているメディアである。都市・農村交流の象徴的な媒介手段として戦略的な重要性をもつものであるといえる。

第2に，過疎高齢化の先進地である離島で開催されたイベントであったということである。確かに，離島は自然や景観に最も恵まれた地域であるが，それは市場システムから排除された結果として残されたものであり，経済的基盤が最も脆弱な地域である。都市住民が憧れる外面的な「農村らしさ」とは裏腹に，社会経済的には存亡の危機に瀕している地域である。

第3に，大企業や広域自治体が推進主体として関与した大規模イベントであったということである。一般に脱工業化社会では，アートは都市農村交流の媒体のみならず，経済政策上の資源として市場価値を高めるようになる。そのため，イベントの遂行にあたって政財界の経済的ニーズとコミュニティの文化的，社会的ニーズの齟齬や矛盾が問われがちである（Quinn 2005）。瀬戸内国際芸術祭もこうした事例の一つに位置づけられる。

以上のように，過疎地の再生と「消費的まなざし」や「行政的まなざし」が密接に絡み合ったイベントであったという点で，瀬戸内国際芸術祭は農村ツーリズムが内包するジレンマや可能性を検討する上で好適な事例であるといえるだろう。

瀬戸内国際芸術祭（以下，芸術祭と略記）の事業内容や分析の観点について説明を続けよう。芸術祭は教育文化産業の最大手，福武財団の発案で始められた。福武財団は1980年代から香川県直島でアートのまちづくり事業を実践してきた。芸術祭はそうした実績をもとに構想されたもので，離島をアートで彩ることで瀬戸内海を世界的な文化交流の拠点にし，地域の活性化を図ることを狙いとした事業である。芸術祭を実施するにあたっては，福武財団と香川県をツートップとし，県内の自治体や各種経済団体，大学など45団体を構成メンバーとする大規模な実行委員会が組織された。国内外18の国と地域から世界の一線で活躍する著名なアーティストが75組も招聘され，備讃瀬戸に散らばる7つの離島（男木島，女木島，豊島，直島，小豆島，大島，犬島）をアート作品で

彩ることが目指された。

　大都市圏とくらべると芸術作品の鑑賞機会が乏しい地方で，これほど大規模で質の高いアートイベントが開催されるのは異例のことであった。離島とアートという組み合わせの妙も都市住民の関心を惹くものであった。県や財団による精力的な広報活動も奏功して，芸術祭開催期間中（105日間）に当初予測の3倍を超える100万人近い観光客が過疎の離島に押し寄せた。芸術祭に関連する経済効果も，当初予測を大きく上回る100億円超に達したとされる。この年の香川県は芸術祭フィーバーに沸いた。

　こうしたことから，芸術祭に対する事業評価も経済効果の観点から行われる傾向が強かった。閉幕後，香川県議会では芸術祭の事業成果に関する総括が行われるが，そこで評価の基準とされたのは来場者数や事業収益であり，またこの点で芸術祭は成功したと結論づけられた。石油危機後，素材型重化学工業が衰退し，それに代わる先端技術産業の立地も進まなかった香川県では，観光産業は県の経済政策の柱として重要性を高めている。1990年代には瀬戸大橋建設と合わせて大規模なリゾート開発が展開されたが，バブル崩壊とともにリゾートブームは終焉，架橋による高速交通の実現も，それは移動の便宜を高めた反面，日帰り観光の比重を高めることにもなり，宿泊と結びついた観光収入の増加には必ずしも結びつかなかった（鈴木 1997）。この点，交通が不便な離島を舞台とした今回の芸術祭は念願とされていた滞在型の観光振興に道を開くものであった。県は芸術祭の開催に合わせて「香川せとうちアート観光圏」構想を発表，国の観光圏整備法の認定を受け，芸術祭を全県的な観光振興に波及させるための環境整備に尽力した。県による芸術祭の事業評価が，マクロ地域経済的な評価に偏ることはいわば当然であったともいえる。

　しかし芸術祭の評価は事業主体の立場からだけでなく，会場となった離島の住民の立場からも行われる必要がある。実際，芸術祭は広報的には経済効果よりも，離島（過疎地）の活性化や交流を目的に掲げたイベントであった。アートには地域の歴史や文化の表現媒体としての役割が期待され，展示場所と切り

離してはその作品の意味は理解できないという意味で，サイトスペシフィックなアート作品の制作が目指された。多くのアーティストは一定期間島に滞在し，住民との交わりの中で作品制作が進められた。都市住民のボランティア（「こえび隊」）の動員にも力が入れられ，作品の管理や紹介，観光客の誘導は基本的に彼／彼女らに委ねられた。しかしこうした取り組みが行われたにもかかわらず，離島の地域活性化という観点からの事業評価は行われなかった。そこで筆者は，会場となった島の住民を対象に芸術祭の評価に関する意識調査を実施した[1]。この調査の結果を手掛かりに，アートイベントは単に「消費される農村（離島）」を意味するものなのか，それとも離島の活性化や都市農村交流に何がしかの成果をもたらすものだったのか，検討してみることにしたい。

調査対象に選んだのは，男木島，女木島，豊島，直島の4離島（表3.1）である。4つの島にはそれぞれ個性があるが，ここでは直島とその他3島の2つに区分しておきたい。すなわち，直島は過疎化傾向にあるものの相対的に人口規模が大きく，高齢化率も低い。三菱マテリアル直島精錬所が立地し，経済基盤も比較的安定した島である。また前述したように，アートのまちづくりの経験や実績を備えた島である。それに対し，他の3島は地場産業の衰退と極度の過疎高齢化によって存亡の危機に瀕している地域である。直島とは異なり，自治体としての行政的位置づけを喪失した一部離島でもある。またいうまでもなく，アート事業の経験は皆無である。データの分析にあたっては，県の事業評

表3.1 調査地の概要

	市町村名	人口(2006)	高齢化率(2005)	主要産業
男木島	高松市	236	61.4	漁
女木島	高松市	232	57.1	漁
豊島	土庄町	1,185	43.7	農・漁・建
直島	直島町	3,397	27.8	製造・漁

出所）離島統計年報　各年度

価との比較だけでなく，離島間のこうした地域的条件の相違についても目配りすることにしたい。

3．住民の事業評価とその規定因

芸術祭に期待されたもの

　芸術祭が開催される前，島民はこのイベントにどのような期待をどの程度有していたのか。アンケート結果によれば，芸術祭に対して何らかの期待をしていたと答えた人はいずれの島でも過半数に達した。期待の内容（図3.1）に関しては，「多くの観光客が訪れて島に活気が生まれること」や「島の魅力を島外に発信すること」のスコアが高かった。

　逆に，期待のスコアが最も低かったのが，「島外の人と交流すること」である。「交流」がスローガンに掲げられたイベントであったにもかかわらず，島民の交流への関心は概して低かった。「身近で芸術作品が鑑賞できること」のスコアも相対的に低い。開催地の離島では一般の観光客とは異なり，芸術作品の鑑賞機会としてではなく，活気や賑わいの創出という観点から芸術祭に期待が寄せられたことがわかる。「島に経済効果がもたらされること」への期待も

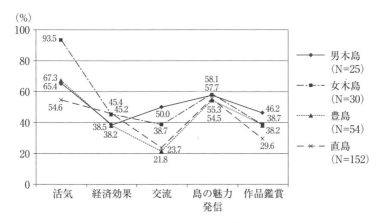

図3.1　芸術祭への期待

それほど高いものではなく，芸術祭に対する県と住民の期待内容にはいささか離齬があったことがわかる。

■ アート作品の評価

では，芸術祭に対する事後評価はどうだったのか。芸術祭に対する住民の関心はアート鑑賞よりも地域活性化に向けられていたが，アートを介して「島の魅力を島外に発信すること」への期待もそれなりに高いものであった。そこでまず，アート作品の評価についてみておこう。

まず指摘できることは，アート作品に対する住民の印象はそう悪いものではなかったということである。「アート作品を気に入ったかどうか」を尋ねたところ，「どちらでもない」がかなりの比率を占めたものの，「気に入らなかっ

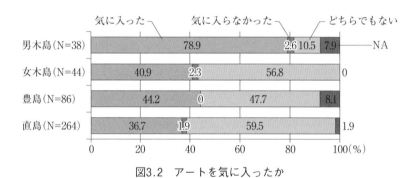

図3.2　アートを気に入ったか

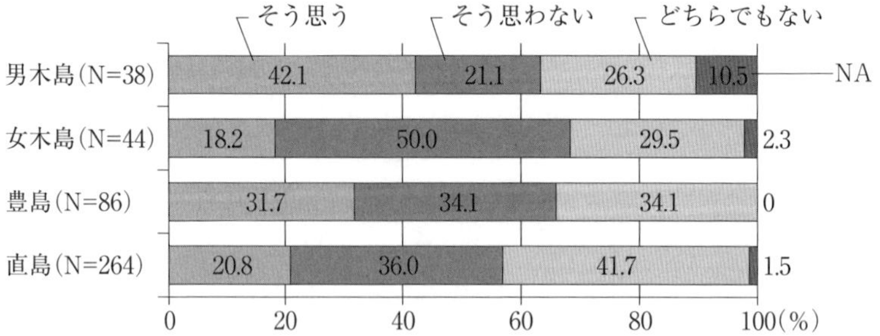

図3.3　アートは島を表現したか

た」の比率はきわめて低かった。現代アートはよくわからない（「どちらでもない」）という反応を基調としつつも，基本的には好意的に受けとめられたといえる（図3.2）。しかし，「アートが地域の歴史文化を表現していると感じたかどうか」という質問には，「そう思わない」と答えた人の比率が全体的に最も高かった（図3.3）。アートは住民から比較的好意的に受けとめられた一方で，島の表現媒体としては必ずしも有効には機能しなかったわけで，この点ではいささか課題を残すものであったといえよう。

より注目に値するのは，アートの評価に関して顕著な地域差がみられたことである。評価が突出して高かったのが過疎高齢化の最も顕著な男木島である。それに対し，アートのまちづくりの実績がある直島で評価が最も低かった。通説に従うなら，芸術鑑賞者は高学歴，高所得，専門職といった社会的属性の人に偏る傾向がある（Baumol and Bowen 1966）。しかしアンケート結果はそうした通説を覆すものであった[2]。アート評価の地域差を規定した要因は何なのか。

分析の結果，浮かび上がってきたのは，アート作品の制作過程における社会的交わりの重要性である。男木島では乳母車のアートなど住民にも親しみやすい作品が比較的多く制作され，かつ制作過程でアーティスト，ボランティア（こえび隊），住民の間で活発な交流が行われた（表3.2）。交流を通してアート作品を身近に感じられるようになったこと，あるいは自分が芸術作品の制作にかかわったことへの自負が，アート作品への肯定的評価を生みだしたと考えら

表3.2 芸術祭への関与（多重回答）

(%)

	作品見学	制作協力	観光客の案内	こえび隊の補助	イベントへ参加	資材の提供	特に関与せず
男木島	51.4	**24.3**	35.1	**24.3**	40.5	**35.1**	24.3
女木島	77.3	9.1	31.8	13.6	36.4	9.1	36.4
豊　島	65.1	7.0	20.9	8.1	25.6	9.3	30.2
直　島	47.0	1.9	24.6	4.5	22.7	2.3	40.5

れる。逆に，直島では美術館での作品展示が中心となり，住民がアーティストやボランティアと交流する機会はほとんどなかった。直島に展示されたアート作品は最もクオリティの高いものであったが，アートに対する住民の評価が最も低くなっているのは，そのことが影響していると考えられる。

地域生活への影響

芸術祭は地域生活にどのような影響を与えたと考えられているのか。「活気」「経済効果」「交流」「島への愛着」という4つの側面から尋ねた結果が図3.4である。これらの項目は開催前の期待に関して尋ねた項目に対応するものである。概ねすべての項目で期待を上回る影響があったと認知されていることがわかる。すなわち，芸術祭は当初の期待以上に島に活気や経済効果をもたらし，交流への関心や島への愛着を高めたといえる。しかしその一方で，「経済効果」と「交流」に関しては島間の差異が大きい結果となっている。

経済効果（「芸術祭で島に経済効果がもたらされた」）に関してスコアが高いのは男木島と直島である。直島では芸術祭を機に民宿や飲食店が増加し，それらの客入りは概ね盛況であった。特産品販売や新規オープンした銭湯も好調で，開催期間中の収益は1億円に達した。男木島では男木交流館という施設が建設

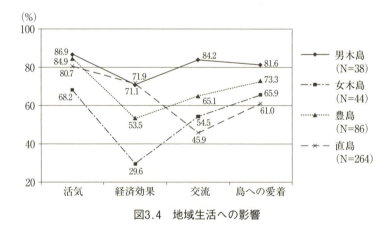

図3.4　地域生活への影響

され，それを利用して飲食販売が行われた．もともとこの施設はスペインの作家がアート作品として建設したものであるが，芸術祭は観光客のためだけでなく島民の生活利用にも資するものにしてほしいという自治会の強い要望で，そうした利用が認められた．期間中は女性高齢者がローテーションを組んで慣れない客商売に奮闘し，郷土料理の提供などで400～500万円の売り上げをあげた．

交流（「島外の人々と交流することに関心が高まった」）に関しては，男木島のスコアが最も高く，直島のそれが低くなっている．前述のように，男木島では芸術祭開幕前から住民とアーティストやボランティアの交流が活発に行われたのに対し，直島ではそうした交流は見られなかった．そのことを反映した結果

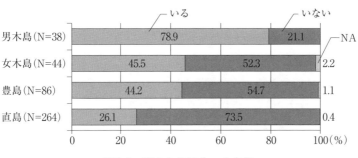

図3.5　新たな知り合いの有無

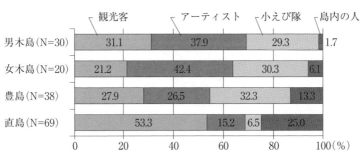

注：数値は総回答数に対する割合

図3.6　誰と知り合いになったか（多重回答）

であるといえる。

なお，交流に関しては，意識の変化だけでなく，実際に知り合いができたかどうかについても尋ねた。芸術祭で「新しい知り合いができた」と答えた人の割合は，男木島で顕著に高く（78.9%），直島で低くなっている（26.1%）（図3.5）。続いて，「新しい知り合いができた」と答えた人に，「誰と知り合いになったのか」を多重回答で尋ねた結果が図3.6である。男木島，女木島，豊島では，観光客，アーティスト，ボランティア（こえび隊）が比較的均等に分散していることがわかる。来島者の人数という点でいえば観光客が圧倒的多数を占めるが，実質的な交流の有無という点でみれば，アーティストやボランティアの存在が大きくクローズアップされてくることがわかる。他方，直島では来島者と知り合いになる機会が乏しく，かつ上述のような事情で，知り合った人も観光客に特化する傾向がみられる。

全体的評価とその規定因

芸術祭の全体的な評価（「全体的にみて，芸術祭が島に好ましい変化をもたらしたか」，「次回も自分の島で芸術祭を開催したいか」）について尋ねた結果が表3.3である。ここでも島間の差異が顕著である。最も評価が高いのが男木島であり，逆に低いのが直島と女木島である。なかでも「アートの島」として有名な直島で評価スコアが一貫して低くなっていることが目を引く。

表3.3 全体的評価

(%)

	芸術祭は島に好ましい変化もたらした	次回も自分の島で開催したい
男木島	76.5	73.7
女木島	29.5	47.7
豊 島	55.8	64.0
直 島	32.6	33.0

注：回答は「そう思う」「そう思わない」「どちらともいえない」の3件法で尋ねた

このような評価を規定する要因は何か。先にみた，芸術祭が地域生活に与えた影響に関する結果と重ね合わせると，経済効果が最も大きかった直島で全体的な評価が最も低くなっていることから，経済効果が芸術祭の評価に与えている影響は限定的であるといえる。県の事業評価では経済効果の観点が強調される傾向にあったが，住民評価の規定因はそれとは別の要因を探る必要があるといえるだろう。

この点で注目しておきたいのが，社会的交流の有無が住民評価に与えた影響である。男木島における事業評価の高さがこの点に関係していることは推測するに難くない。統計的な分析おいても，芸術祭の全体評価は，芸術祭で知り合った人の有無や芸術祭への関与の有無と密接に関連していた。次回の開催意向に関しても同様である。対外的な社会的交流の有無が，芸術祭の評価を大きく規定したことがわかる。

評価の規定因について補足しておきたい。第1に，住民とボランティア（こえび隊）の交流は，芸術祭が閉幕した後も継続されているということである。こえび隊はもともと芸術祭の準備・運営のためのボランティアとして組織されたものであるが，住民との交わりを通じて次第に島の日常的な生活状況にも関心が寄せられるようになり，人手不足に悩む地域行事（草刈りや文化祭等）の手助けをしようとする動きが自然発生的に生じるようになった。こうした動きは，観光客への対応に忙殺されがちであった芸術祭期間中よりも，芸術祭の閉幕後にむしろ活発化しているという。こうした日常的支援が芸術祭の評価に影響を与えている面も少なくないと推察される。芸術祭の開催前には住民の対外的交流に対する期待は低かったことを鑑みるなら，それが事業評価の大きな規定因となったことは予期せざる結果であったといえるが，ともあれボランティアの島への関与が芸術祭の期間に限定されることなく持続し，日常的な地域活動への支援へと活動の幅を広げつつあることは，今回の芸術祭が島にもたらした最も大きな成果として正当に評価されるべきであろう。

第2に，芸術祭が島の定住条件に及ぼした影響である。先述したように，男

木島ではアート作品の建築物を利用して物品販売が行われたが、この施設は芸術祭閉幕後も住民の恒久的な生活利用に供されることになった。男木島ではそれまで船着場に待合室がなく、雨が降ると吹きさらしになることに悩まされてきたが、交流館が待合施設に使われるようになったことでこの問題は解決された。施設管理も自治会に委ねられ、それに関連した雇用が島にもたらされることになった。芸術祭に対する男木島の高評価は、社会的な交流だけでなく、施設建設による定住条件の改善によっても規定されていることは間違いない。

もっとも、それ以外の点では、芸術祭が島の定住条件に与えた影響は軽微であった。直島や豊島では民宿や飲食店が増加したが、民宿のほとんどは副業的なものであり、生業の基盤となるものではない。飲食店も島外からの出店が少

表3.4　生活課題の優先順位

	豊島	直島
医療・福祉の充実	3.79	3.73
海上交通の改善	3.61	3.65
子育て・教育環境の充実	3.43	3.53
自然環境の保全・再生	3.42	3.51
農業の振興	3.48	—
治安・防災対策の充実	3.30	3.43
相互扶助の強化	3.39	3.30
漁業の振興	3.45	3.10
製造業の振興	—	3.35
公共事業の充実	3.28	3.26
島内交通の改善	3.30	3.10
環境事業の推進	3.08	3.24
伝統文化の継承	3.14	3.17
観光業の振興	2.89	3.08

注：大いに重要＝4点、まあ重要＝3点、あまり重要でない＝2点、ほとんど重要でない＝1点に数値化し、平均値を算出したもの

なくなかった。観光イベントと関連させた島の産業対策（漁業や農業）も基本的に欠如していたといってよいだろう。また，芸術祭期間中は離島航路の増便，新設，運賃値下げ等の航路対策が実施されたが，閉幕後は航路の便数，運賃は元に戻された。このことは，今回の航路対策が島民ではなく観光客のためのものであったことを逆に印象づけることにもなり，島民に落胆や反発を惹起した面もある。そもそも都市住民が島に求める豊かな自然や伝統的景観の保全は，島の定住条件の改善を阻害する意味合いをもちうるものであるともいえる。

確かに，芸術祭は交流や文化の活性化をコンセプトとしたイベントであり，離島政策に直接介入するものではない。しかし，極度の過疎高齢化や離島振興事業の後退により，離島社会はこれまでになく疲弊した状況にある。島の生活課題として重視されているのも医療や交通，教育や産業といった日常的な生活維持にかかわる生活要件であり，それと比べると「観光振興」の優先順位は低い（表3.4)[3]。それゆえ，島民の芸術祭に対するまなざしは事業主体の思惑や目標とは異なったものにならざるを得ず，またこの点で事後評価に関して複雑な感情を残したといえるだろう。アンケートの自由回答に寄せられた以下のような意見はこの点を示唆するものである。

> 芸術祭開催中は日ごろ静かな島に大勢の人が訪れとても賑やかでした。三ヵ月間は船が増便して，運賃も安くなり，生活も少々活気がありました。が，終わったら島民のために何が残ったでしょうか。経済効果？　それは大勢の人を運んだ海運会社と島外の飲食業社ではないでしょうか。それも島民は後回しにされたように思います。　　　　　　（女木島 70代以上 女性）

> 終わっても後日につながる物がない様に思う。一時的な事だけではいけない。何かを残すことがあればよかった。何かわからないけど。
> 　　　　　　　　　　　　　　　　　　　　　　　　　（豊島 60代 女性）

4．まとめにかえて

　瀬戸内国際芸術祭を事例とした分析から，過疎地の再生に果たすアート・ツーリズムの役割や課題について，以下のことを指摘しておきたい。
　アートイベントに対する住民評価に影響を与えた要因としてあげられるのは，第1に，対外的な交流の有無である。ツーリズムにおいて交流やふれあいといった要素はゲスト側のニーズであるだけでなく，ホスト側の地域社会でも重要な意味をもつことが明らかになった。ただし，交流人口の量的拡大をもって地域の活性化やイベントの成功と短絡させるべきではない。住民評価を規定したのは，観光客の数ではなく，一定の継続性をもった社会的交わりや，イベントに限定されない支援的交流であった。またこうした交流を生みだす媒体として，アートイベントはそれなりの可能性をもつものであった。第2の要因は，定住条件への影響である。アートイベントは必ずしも公共政策に介入するものではないが，過疎地の住民からはそういった観点からイベントに期待が寄せられた。そしてこの点での成果は，男木島の例にみられるような副産物的な成果もみられたものの，概して低調であった。このことは住民の事業評価に落胆や複雑な感情的しこりを残すことになった。
　住民のこうした事業評価は，県を中心とした事業主体による事業評価と大きく食い違うものであった。県の事業評価で重視されたのは何よりも地域経済への効果であり，かつそこで想定されている「地域」は主に香川県全域のことであって，離島という地域へのまなざしは副次的であった。この点で，県と住民の間には芸術祭の地域事業としての捉え方に少なからぬ離齬があったといえる。アートプロジェクトで「地域の活性化」が目指される際，対象とされている地域とはどこのことなのか，活性化とはどういう意味なのか。ステークホルダー（利害関係者）間で認識を共有し，利害の調整を図る必要がある。
　そしてこの点で前提となるのが，イベントに対する住民ニーズの汲み取りである。芸術祭の事例では，イベントの実行組織の構成メンバーに会場となった

離島は含まれていなかった。確かに、離島が帰属する自治体はメンバーに含まれてはいたが、海で隔てられた一部離島の場合、離島と自治体の社会的距離は大きく、離島の要望が自治体によって代弁される保証はない。上述のような事業評価のズレもこうしたことが反映された結果であるといえる。事業の履行にあたっては住民にも相応の負担（生活交通への支障やごみ処理等）が強いられることを鑑みても、住民（具体的には、自治組織）が実行委員会の正当な構成メンバーに位置づけられ、単なる動員や協力ではなく、事業の企画段階からの参加が制度的に保証されて然るべきである。またその場合、過疎地では往々にしてマンパワーが不足しがちであるから、大学や専門機関によるカウンターテクノクラート的な関与も重要な課題とされるべきであろう。

注

1) このアンケート調査は2011年3月に実施した。人口比を考慮し、選挙人名簿や電話帳から無作為抽出した豊島住民150人、直島住民300人、男木島住民50人に調査票を配布し、順に57.3％、88.0％、76.0％の有効回収率を得た。女木島には自治会に協力を依頼して44人の住民に配布・回収した。調査手順や調査結果の詳細については、室井（2011：2013）を参照のこと。
2) 同様の知見は、越後妻有で開催されたアートプロジェクトの調査でも指摘されている。勝村（松本）文子他（2008）を参照のこと。
3) このアンケートは2009年6月に豊島と直島の2島を対象に実施した。選挙人名簿と電話帳から無作為抽出した豊島住民285人、直島住民305人に調査票を配布し、順に62.2％、82.0％の有効回収率を得た。

引用・参考文献

安東誠『地方の経済学―「成長なき発展」を超えて』東洋経済新報社 1986。
Baumol, William J. and William G. Bowen, *Performing Arts: The Economic Dilemma,* The MIT Press, 1966.（池上惇・渡辺守章訳『舞台芸術　芸術と経済のジレンマ』丸善 1994）
古川彰・松田素二編『観光と環境の社会学』新曜社 2003。

勝村（松本）文子他「住民によるアートプロジェクトの評価とその社会的要因——大地の芸術祭　妻有トリエンナーレを事例として」『文化経済学』第6巻第1号　2008。
北川泉編『中山間地域経営論』御茶の水書房　1995。
Marsden, T., et al., *Constructing the Countryside,* UCL press, 1993.
室井研二「瀬戸内国際芸術祭の住民評価とその規定因」香川大学瀬戸内圏研究センター『瀬戸内海観光と国際芸術祭』美巧社　2011 pp.1-82。
――「離島の振興とアートプロジェクト――『瀬戸内国際芸術祭』の構想と帰結」地域社会学会『地域社会学会年報』第25集　2013 pp.93-107。
日本村落研究学会編『【年報】村落社会研究41　消費される農村——ポスト生産主義下の「新たな農村問題」』農山漁村文化協会　2005。
Quinn, B., Arts Festivals and the City, *Urban Studies,* Vol.42, 2005, pp.927-943.
鈴木茂「瀬戸内海大橋の経済効果——事前評価と地域開発」モンタナーリ, A.・坂本忠次・鈴木茂・橋本了一編著『大型プロジェクトの評価と課題』晃洋書房　1997 pp.157-178。
鈴木茂・小淵港編『リゾートの総合的研究』晃洋書房　1991。
Urry, P., *The Tourist Gaze: Leisure and Travel in Contemporary Societies,* Sage Publications Ltd., 1990.（加太宏邦訳『観光のまなざし』法政大学出版局　1995）

第2部
地域再生の理論と自治体政策

4章 地域社会における信頼形成の社会理論

三隅　一人

1．地域再生の課題と社会関係資本

1.1　社会関係資本への期待

　地域再生の課題は，しばしば社会関係資本の視点から議論され，また，その視点からの政策的な取り組みが展開されてきた。本章では，社会関係資本としての信頼という観点から，地域社会の再生にとって信頼がもつ意義を考えてみたい。はじめに地域再生の課題と社会関係資本の接点を確認しておこう。

　福祉国家体制の後退，自治体再編による行政合理化といった大枠的な動向のなかで，わが国でもガバメントからガバナンスへの政策的論点の切り替えが進んできた。直接的な課題は，縮小する公的セクター機能を企業や市民組織等の多様な主体が補完して，公共サービスを安定的に供給することである。もちろんこれは公共サービスだけの問題ではなく，当然ながらそこには地域社会のあり方やそこにおける自治のあり方という，より根本的な課題がかかわる。1970～80年代，戦後の高度経済成長にともなう急激な産業構造変動と人口流動が残した課題として，地域社会のあり方がコミュニティ問題として盛んに議論されたが，政策的背景を含めたその議論の性質は今日のガバナンス論と通じるところが多い。当時，住民主体の自治を高める実践的手法として注目された「地域力」（宮西 1986）が，近年再注目されていることは象徴的である。

　地域力は，以下の３つを基軸とする。① 地域への関心力（近隣・地域社会とのかかわり，地域環境への関心度合い），② 地域資源の蓄積力（地域の居住環境整備状況，住民組織の結成状況），③ 地域の自治能力（住民組織の活動状況，地域イ

ベントの参加状況）（宮西 2004）。各自治体で多様に再定義されながら，この手法に則した地域活性化・再生事業は現在数多く展開されている。そこにおいて，1970～80年代と比べた大きな社会状況の違いとして，NPO等の市民組織やボランティアの活発化がある。現代の地域社会のガバナンスのためには，それらの市民主体の介入が不可欠であり，また，可能である。しかしながらそこでは，地域社会の外部との連携課題が浮上する。橋渡し型の社会関係資本の蓄積が問われる所以である。

　それとともに，橋渡しによって活性化されるべき地域住民側の結束型社会関係資本の問題がある。いかに外部のNPOが地域の課題解決を支援しようとも，住民側に社会関係資本の蓄積がなければ，少なくとも持続的な地域社会の再生は望めない。しかし「再生」が課題となる地域社会の多くは，人口構造の大きな変化と，それによる住民間のコミュニケーション状況の変化を共通して経験しており，一言でいえば共同性の維持や構築が難しい状況にあるからこそ「再生」が課題になるのである。したがって，「地域力」が求める主体性や実践的なかかわり以前に，地域社会の基礎的な社会関係資本をどうやって蓄積するかが問題となる。地域力だけでなく，それを生み出す社会関係資本の醸成が重要だという北海道知事政策部（2005）の提言は，その端的な指摘である。ここでいわれる社会関係資本は，結束型を基本としつつ，社会資本（インフラストラクチュア）として地域社会の再生に資するものである。

　以上のように地域再生の課題との関係では，自治を基礎づける地域住民の共同性の醸成，そしてまた，多様な主体がかかわりながら効率的に公共サービスを安定供給するための潤滑油として，社会関係資本への期待を総括できる。実際に自治体が推進する地域力プロジェクトの多くは，地域資源の中に拡張的に「社会関係資本」を見据えながら，取り込みが進められている。

1.2　公共財の観点

　こうした社会関係資本にかかわる人々の行為は，単純に自己利益のための投

資としては考えにくいものである。社会資本的な結束型の社会関係資本はもとより，橋渡し型の社会関係資本にしても，それが生み出す地域再生からの収益は，基本的に当該の地域住民が回収することが期待されるものである。仮に投資主体が地域住民であり，自分自身が収益を得るとしても，その収益は同時に地域住民の多くが手にできるものであろう。したがって，ここで重要なのは公共財の創出と維持にかかわる社会関係資本の議論である[1]。社会関係資本は，行為者に収益を生み出すようなすべての社会構造資源（三隅 2007：98）と定義される。この定義に則していえば公共財は，ある行為者の投資による収益が，社会構造内の他の人々にも広く及ぶような性質をもつ場合といえる。こうして公共財を社会関係資本から捉えることで，公共財への貢献をもっぱら愛他的行為に訴えるのではなくて，自己利益に照らして一定の合理性を担保しながら協力を促すような，社会関係資本の仕組みを問うことができる。

　そうした社会関係資本の仕組みにかかわる主要資源として着目されるのが，社会ネットワーク，規範，そして，信頼である（Putnam 2000：19［訳14］）。前述のように社会関係資本の蓄積過程は結束型と橋渡し型に類別できるが，これらの資源は，その内容によってどちらの型の蓄積にかかわるかが異なる。例えば，社会ネットワークの密度の高さは結束型の蓄積にかかわるし，高密度のクリーク間にどういう形でブリッジがあるかは橋渡し型の蓄積にかかわる。規範についても，仲間内の社会関係を優先させて結束型の蓄積に資するものもあれば，見知らぬ他者との関係づくりを奨励して橋渡し型の蓄積を促すものもある。後者の重要な例としては，パットナム（Putnam 2000）が民主主義の試金石として強調した一般化された互酬性の規範がある。一般化された互酬性は，二者間の時間を隔てた交換や，複数の人が連鎖的に介在する間接交換を促すので，一見愛他的にみえる行為を互酬性のもとに可能にする[2]。

　信頼のうち，社会関係資本として重視されるのは一般的信頼である。これは見知らぬ他者に対したときのデフォルト値的な信頼であり，それが橋渡し型の社会関係資本の蓄積を促して経済機会を拡大し，人々に収益をもたらすとされ

る。例えば山岸俊男（1998）は，相手が裏切るか否か，すなわち相手の意図に対する信頼の中に，信頼と安心の二側面を区別する。そのうえで，安心は閉塞的なコミットメントに陥りやすく，その呪縛から解き放たれるために一般的信頼が必要だという。もちろん，コミットメントも信頼と同じく社会的不確実性に対する有効な対処であるから，それは結束型の社会関係資本の蓄積として捉えられる。山岸に即して結束型⇔安心／橋渡し型⇔信頼と区分けするのはある種のわかりやすさをもつが，公共財を考えるときには，この両側面の混在のあり方を問う視点も重要である。

1.3 実証研究からの示唆

以上をふまえていえば，地域社会の公共財にかかわる協力行為を人々から引き出す仕組みとして信頼の働きを問うことが有効である。その理論的な問題については次節で論じることにして，ここでは実証的な研究展開をおさえておきたい。

地域再生の課題にかかわる社会関係資本の実証研究として，一つには，パットナム（Putnam 2000）流のマクロ指標による比較研究がある。合衆国ではパットナム自身がその後も大規模な社会関係資本コミュニティ調査を継続的に行っている（スワロセミナーホームページ）。イギリスではブレア政権のもと統計局が主導して社会関係資本のデータベースが構築され，Social Capital Question Bank 等の政策的活用がなされている（イギリス統計局ホームページ）。わが国でも，内閣府国民生活局（2003）を皮切りに，同様のねらいをもった一連の調査研究の蓄積がある[3]。これらは市区町村や都道府県のような比較的大きな分析単位で社会関係資本の現状を把握し，市民社会やコミュニティとの関係を論じるものである。一般的信頼はこれらの研究において不可欠な指標とされているので，信頼からみた地域社会の現状を，その変化および国際比較の観点から知るための貴重な手がかりとなる。ただし，総じていえば，政策論議に乗りやすい半面，信頼をはじめとする社会関係資本の仕組みを理論的に掘り下

げる展開は弱い。

　より地域を限定した社会学的コミュニティ研究にも留意する必要がある。社会関係資本の概念はもともと地域社会の実践的問題に関して使用され始めた経緯があり，社会学において本概念の理論化を進めてきたコールマン（Coleman 1990）も，背景には地域コミュニティの問題（とりわけ教育問題）を意識していた。近年では東日本大震災を契機として，防災や災害復興における地域社会の社会関係資本の意義が再認識されている（山内 2011；稲葉 2011；原田 2012）。このように，主題として地域コミュニティの問題は社会関係資本研究に脈々と織り込まれているのであるが，正面から社会関係資本と銘打ってなされた社会学的コミュニティ研究は，意外と少ない。

　その中で，上野眞也（2006：6）は，社会関係資本を「地域にある種々のリソースを紡ぎ直す仕組み，つまり地域再生の契機」と位置づけた研究を行っている。そして，社会ネットワーク，コミュニティに対する評価，信頼を指標とした熊本県下での質問紙調査をふまえて，「地縁関係の維持・強化だけでは効果的に地域の信頼関係の醸成を進めることは難しく，友人・知人のネットワークを増やしていく政策を併用することが効果的」（上野 2006：11）だと論じている。この結論は，結束型と橋渡し型の調整問題が信頼形成にどのようにかかわるかを具体的に示唆している。

　小山弘美（2014）は，社会関係資本（「住民力」と互換的に使用）を社会ネットワーク，互酬性，信頼から捉え，世田谷区での質問紙調査をもとにその規定因や市民活動との関係を分析している。さらに，並行して実施した事例調査から，住民力が高い地区にも低い地区にそれなりに活発な組織的諸活動が展開されていることを確認している。そこから小山は「個人の力量をいかに地域に向けさせることができるかという機能」としての，地域の集合レベルの社会関係資本（小山 2014：21-22）に注意を喚起している。この議論は，従来の個人レベルの計測方法では捉えきれない社会関係資本のメゾレベルの性質を示唆している。

比較的大規模な調査研究として，辻竜平ら（辻・佐藤 2014）は，地域格差と個人格差の媒介として社会関係資本を位置づけた研究を行っている。格差問題として社会関係資本のダークサイドを明示している点もさることながら，自治体の政策や行政サービスの影響をみるメゾ的な視点の有効性を示している点も興味深い。自治体の特性や諸制度が一般的信頼に及ぼす影響についてはストール（Stolle 2004）も実証している。彼によればその影響は，パットナム（Putnam 1993）がイタリアの民主主義の分析に際して強調したような過去からの累積的なものだけでなく，現時点の自治体特性も重要な規定因であるという[4]。

次節では，こうした実証研究の成果もふまえつつ，地域再生の課題にかかわる信頼の仕組みを考える際の理論的なポイントを論じる。

2．信頼形成の理論的課題

2.1 ボランタリー・アソシエーションと信頼

民主主義を支えるボランタリー・アソシエーションの重要性に着目したのは，パットナムであった。市民のボランタリー・アソシエーションへの活発な参加が，一般的信頼や一般化された互酬性の規範を生み，民主主義をよりよく機能させるというのである。合衆国の民主主義の状況に警鐘を鳴らして注目された彼の『孤独なボウリング』（Bowling Alone）という本のタイトルは，問題の根源がボランタリー・アソシエーション参加の衰退であることを象徴的に示している。前述した一般化された互酬性の規範の重視とともに，トクヴィル以来の伝統的な見方である。

しかしながらこの見方に対しては，アスレイナー（2004）の逆説命題がある。アスレイナーによれば，よりよい政府，より寛容な心，より高い経済成長率は，市民参加ではなく信頼が生む。「社会ネットワークは，多くの場合道徳的な行き止まりであって，それらは信頼を消費も生産もせず，ただ偶然に生み出すだけである。…私たちの社会的絆は，自分と似た人との間にあるのであり，知らない人に対する信頼にはつながらないし，つながることは『できない』」（アス

レイナー 2004：131）。ややつかみにくい議論だが，ここでいう信頼は見知らぬ他者への道徳的共感に近い。アスレイナーは，重要な信頼は，戦略的な文脈に落とし込まれる信頼ではなく，「道徳的信頼」ないし「普遍化信頼」であるという。道徳的信頼は，この世は良いものであり，そして良くなっており，それに私は関与できるという信念のようなものとして説明される。

ボランタリー・アソシエーションが一般的信頼を強める効果に対する疑義としては，他にもストール（Stolle 1998）等がある。ちなみにこの順序関係は，政策的には重要な意味をもつ。もし信頼が先ならば，いくらボランタリー・アソシエーションの活性化をテコ入れしようとも，それによる信頼形成は望めない。現にアスレイナーは，信頼を高めるためには経済格差の是正策こそが重要だと主張している[5]。

アスレイナー（2004：133）はその一方で次のようにいう。「宗教以外のためのボランティアや寄付を行うことは，異質な人を助けることにつながるので，普遍化信頼の証明になる。寄付やボランティアは，信頼にもとづくものであると同時に信頼を構築する」と。つまり，非成員に対する支援を幅広く行うボランタリー・アソシエーションは，信頼を醸成するということだ。こうしてみると，これは逆説というよりは，信頼とボランタリー・アソシエーションの関係を特定化する議論とみる方がよい。ここではその趣旨で，アスレイナーの議論から次のことを読み取っておく。

第1に，すべてのボランタリー・アソシエーション参加が信頼と相乗関係をもつわけではない，ということである。団体の種類による信頼意識の違いはストールら（Stolle and Rochon 1998）も実証しており，信頼だけでなくボランティア率との関係を示した研究もある（Passey and Lyons 2006）。これらをふまえれば，「多様な関係性を活動の中で常に生み出しているボランティア組織・NPOであれば，ソーシャル・キャピタルをより醸成」（桜井 2007：48）しやすいといえるだろう。本章ではこの点を団体の種類ではなく，個人の参加様態の側面から考慮する。個人の参加様態からいえば，1個人が多様なボランタ

リー・アソシエーションに関与することで，その活動が異質な他者との関係性に向かう契機は増し，それが信頼を培うことが考えられる。ここではこれを関係基盤の多様性の効果として捉え，検証課題のひとつとする。関係基盤とは，国籍，同郷，同窓等，社会関係の基盤になる共有属性であり，参加団体も関係基盤の一種としてみることができる（三隅 2007：5章）。

　第2は，アスレイナーのいう道徳的信頼は，むしろ社会認識にかかわる概念として，一般的信頼とは異なる社会関係資本を示唆しているかもしれない，ということである。道徳的信頼は，〈この良き社会〉の同じ構成員としての関係性に基づくと考えられる。アスレイナーは，質問紙調査で汎用的に用いられる一般的信頼の質問は，こうした道徳的信頼を対人関係として捉えているという。けれども道徳的信頼は概念的には，デュルケム（Durkheim 1893）が有機的連帯の基盤条件として論じた道徳的紐帯や，モダニティとリスクとの関係でギデンス（Giddens 1990）が論じた抽象的なシステムに対する信頼に近いものであろう。前節で述べたメゾレベルの仕組みが信頼に反映するとすれば，それが道徳的信頼のような表れ方をすると考えることもできる。だとすれば，社会を〈よき社会〉として信頼し，アイデンティティの拠り所とする認識態度を，一般的信頼と区別して捉える理論的意義はある。ここではこれを地域社会信頼として概念化し，その市民社会的性質を検証する。

2.2 信頼と寛容のジレンマ

　パットナムは市民社会を論じるなかで，地域的な範囲を意識して「市民的コミュニティ」という考え方を示しており，ここに新しい地域共同体の可能性を見出す論者は少なくない（今田 2014；2015）。鈴木広（1978）のコミュニティ・モラールとコミュニティ・ノルムの理論枠組みが示唆するように，本来的にコミュニティ概念は公共性をその要素として内包しているので語義重複的であるが，あえてこうした言い方をすることで問題の所在は示しやすくなる。パットナムに即していえば，それは信頼と寛容のジレンマである（表4.1）。

表4.1　社会関係資本と寛容性からみた社会の4つのタイプ

		社会関係資本	
		低	高
寛容性	高	①個人主義的 （あなたはあなた，私は私）	③市民的コミュニティ （「魔女」のいないセイラム）
	低	②アナーキー的 （万人の万人による闘争）	④派閥コミュニティ （内集団対外集団―「魔女」のいるセイラム）

出所）Putnam 2000：355［訳438］

　ここで社会関係資本は，コミュニティ内部の結束型が主に想定されている。派閥コミュニティは対立が生む分断的凝集ということで，ジンメルや社会的アイデンティティ論等の従来的な集団関係論を越える理論的含みをもつものではない。重要な点は，高い結束型社会関係資本と寛容性の両立に，理念型的に市民的コミュニティが構想されていることである。もとよりこの両立の難しさについては多くの議論がある。たとえばパクストン（Paxton 1999）は，集団の社会関係資本が高いと集団間の社会関係資本を損ない，コミュニティの他の成員に対して負の効果をもつことを論じている。安達智史（2006；2008）は，紐帯や信頼の強さが，当該集団における共有価値や規範への裏切りに対する不寛容を生むとし，市民社会における信頼と寛容のジレンマを明示的に論じている。一方，このジレンマからの脱却については，「結束と排除」ではなく「結束と多様性」を生み出すナショナル・アイデンティティに可能性をみいだす安達（2008：30-31）や，より実践的なスタンスから大局的な目的の共有の重要性を唱える徳久恭子（2012）等の議論がある。これらの議論をみても，このジレンマは，少なくとも信頼やボランタリー・アソシエーションによって何とかなるものではないし，当のパットナム自身，市民的コミュニティを社会関係資本によって実現に導く方策までは論じていない。

　そこで，ここでは人々の実際的な連帯意識の中に，信頼と寛容の共存のあり方を探る。とりわけ，前述した地域社会信頼を導入することで，信頼と寛容の

両立を促進する社会関係資本の仕組みに，新たな論点を求めたい。そこから，さまざまな境界を受け入れつつ共感しあうような，ある種の道徳的共感能力が切り開く市民的コミュニティを展望する。

3．地域社会信頼と市民的コミュニティ

3.1 地域社会信頼

　これまでに整理した論点に即して，以下では社会調査データを用いて，実際の人びとの社会意識により地域再生に資する信頼形成のあり方を考察する。分析論点は大きく3つある。第1に，一般的信頼とは異なる地域社会信頼の把握，第2に，寛容と信頼の両立のあり方，第3に，信頼と地域社会参加との関係である。用いるデータは，2012年に筆者も参加して関東甲信越50市区町村で実施した「地域の絆と健康に関する調査」である。当該対象地域に在住の40～79歳男女を対象とし，各市区町村60人割り当ての無作為抽出にもとづいて，郵送法により1,487の回収票を得た（回収率49.6％）。（以後，この調査を「関東甲信越調査」という。詳しくは辻・佐藤［2014］を参照。）

　地域再生の主題のもと，道徳的信頼が前提にする（私たちがその同じ構成員として作る）〈良き社会〉なる社会認識を，地域社会レベルで考える。この社会認識には，行政，NPO，企業，住民組織等の諸主体間の関係性も含まれ，それはそれで重要なのだけれども，ここでは地域住民にとっての信頼に焦点をあてる。地域住民の視点から認識される＜良き地域社会＞は，その感情的表出として地域愛着や帰属感を軸にしたコミュニティ・モラールに近いものになるだろう。鈴木（1978：10-14）はコミュニティ意識の原型を相互主義とローカリズムとの複合（地域的相互主義）に据え，とくに自己中心主義との対比において相互主義を捉える意識指標としてコミュニティ・モラールを導入した。具体的には，地域に対する関心（認知的要素），満足感・同一化（感情的要素），そして主体的関与の態度（意志的要素）から成る。そこで，関東甲信越調査の質問項目から，この定義に即したものをいくつか取り上げ，それに町内ならびに市区

表4.2 地域社会信頼スコアの構成項目

	平均得点
1．今後もこの場所に住み続けたい	3.46
2．近所のどこにどのような人が住んでいるかよく知っている	3.20
3．近所の住民はみな一体感がある	2.76
4．近所ではみなが安心して暮らせる	3.21
5．同じ町内や集落に住んでいる人たちは信頼できる	2.74
6．同じ市区町村に住んでいる人たちは信頼できる	2.55
地域社会信頼（1項目当たり平均）	17.92 (2.98)

町村レベルでの対人信頼を聞いた質問項目を加えて，地域社会信頼スコアの構築を試みる。該当項目を表4.2に示す。それぞれそう思うか否かの4段階回答なので，「そう思う」4点～「そう思わない」1点として得点化し，6項目合計をもって地域社会信頼スコアとする[6]。

一般的信頼は，次の3つの質問の同様の合計得点である。「私は人を信頼する方である」，「ほとんどの人は信頼できる」，「ほとんどの人は基本的に善良で親切である」。

地域社会信頼と一般的信頼の相関は0.51であり，高い値ではあるが，それなりに共変動にばらつきがある。また，地域社会信頼は年齢と0.20，居住年数と0.31の正相関，教育年数とは-0.09の負相関がある。性別による有意な平均値の差はない。現職の職業別では有意な差があるが，これは農林業の平均19.8が突出して高いことに拠るものであり，多重比較でみると，農林業と他の職業・無職との間の平均値差のみが有意であった。こうした相関の表れ方からみて，地域社会信頼スコアはローカリズムに反応しやすいと考えられる[7]。この特性は，地域的相互主義の視座から市民的コミュニティを展望するわれわれの目論見にかなっている。また，ジェンダーや職業階層との関係が弱いことは，市民社会との関係を考えるうえで望ましい特性といえるだろう。

3.2 信頼と寛容

　それでは，寛容とのジレンマについてはどうであろうか。本調査において寛容は，次の3つの質問で捉えられる。「自分と意見が違う人とつきあうのが苦にならない」「他者と意見が違うとき，その人が意見を変えなくてもつきあう」「自分と意見の違う人がいてもかまわない」。いずれも，あてはまるか否かを4段階で聞いているので，信頼と同じやり方で合計得点を求める。この寛容指標との相関は，一般的信頼が0.35に対して，地域社会信頼は0.24である。これらの相関値は，第1に，人びとの意識の中では寛容と信頼がそれなりに両立可能であることを示唆している。第2に，寛容とのジレンマは地域社会信頼の方がより強いことを示している。

　寛容と信頼の両立を，その規定構造からみてみよう。寛容と信頼の両立を両者のスコア得点の積によって表し，これを被説明変数として重回帰分析を施す（表4.3）。説明変数は，年齢，教育年数，居住年数の他に，社会関係資本にかかわる3変数を投入する。友人職業多様性は，親しい友人および親族の職業の種類数である。団体参加多様性は，参加団体の種類数に，所属メンバーの多様性評価に応じて加点を行ったものである。支援相談コンタクト数は，病気のときの看護および困ったときの相談で頼れる関係種類数である。これらはいずれも，社会関係資本の結束型の蓄積を基礎としつつ，それを関係基盤の多様性の観点から捉えることで，同時に橋渡し型の蓄積も捉えようとするものである。関係基盤の多様性は，態度の一般化や連帯意識の抽象化を促すことが示されている（三隅 2009；2014b）[8]。だとすれば，ここでもダイバーシティを許容する懐の深い信頼，すなわち寛容と信頼の両立に対して，一定の規定力をもつと期待される。

　表4.3をみると確かに，3つの関係基盤の多様性はいずれも，寛容と信頼の両立を促す効果を示している。これは一般的信頼と地域社会信頼のどちらについてもいえるが，わずかながら寛容と地域社会信頼の両立に対する規定力が強い。2種類の信頼で大きく異なるのは，居住年数の規定力である。居住年数は

表4.3 寛容と信頼の両立の規定構造

	寛容× 一般的信頼	寛容× 地域社会信頼
友人職業多様性	0.10**	0.11**
団体参加多様性	0.12**	0.14**
支援相談コンタクト数	0.11**	0.11**
教育年数	0.12**	0.09**
年齢	0.11**	0.11**
居住年数	-0.05	0.09**
(定数)	(3.31)**	(3.73)**
決定係数	0.07**	0.09**

※ 重回帰分析。数値はベータ係数，**は1％有意

寛容と地域社会信頼の両立に対してのみ有意な規定力を示しており，前述のローカリズムに居住経験が関係していることが示唆される。また，寛容と地域社会信頼の両立に対しては教育の規定力が若干落ちるので，ここでも地域社会信頼の階層性の薄さを確認できる。

3.3 信頼と市民的コミュニティ

最後に，信頼と地域社会参加の関係をみることで，地域社会信頼の市民社会的特性を吟味したい。地域社会参加は，地域における7項目の諸活動について5段階で参加頻度を聞いた質問を用い，これまでと同様にその回答を得点化した合計点を用いる[9]。この地域社会参加スコアを被説明変数として，重回帰分析を施した結果が表4.4である。基本的な説明変数は表4.3のときと同じだが，ここではそれに一般的信頼と寛容を加えた分析をモデルⅠとし，さらにそれに地域社会信頼を加えた分析をモデルⅡとしている。

まず，関係基盤の多様性がいずれも一貫して有意な規定力をもつことが留意される。表4.3と合わせていえば，関係基盤の多様性は，寛容と両立する信頼形成のみならず，（信頼とは独立に）地域社会参加を促す効果をもつといえる。

表4.4 地域社会参加の規定構造

	モデルⅠ	モデルⅡ
友人職業多様性	0.15**	0.14**
団体参加多様性	0.28**	0.26**
支援相談コンタクト数	0.12**	0.10**
教育年数	-0.04	-0.04
年齢	0.13**	0.11**
居住年数	0.10**	0.03
一般的信頼	0.08**	-0.04
寛容	0.03	0.00
地域社会信頼		0.28**
(定数)	(4.83)**	(2.05)**
決定係数	0.23**	0.28**
決定係数増分		0.05**

※ 重回帰分析。数値はベータ係数。**は1％有意

　居住年数は，一般的信頼とは独立の効果をもつが，その効果は地域社会信頼に吸収される。したがって，居住経験にもとづくローカリズムは，地域社会参加との関係では地域社会信頼に反映するとみてよいだろう。同様に一般的信頼も，その独自効果は地域社会信頼に吸収される。寛容の効果は，関係基盤の多様性と信頼に吸収されていると思われる[10]。以上のように，地域社会参加を促すうえで，地域社会信頼は，関係基盤の多様性とともに重要な規定因であることを確認できる。なおかつその規定力は，一般的信頼がもちえない性質のものである。

　寛容との両立において地域社会信頼は，一般的信頼よりも両立の難しさを示していたが，そうした葛藤が織り込まれているがゆえに，より暮らしやすい地域社会への思いから地域社会参加という実践的側面でその規定力が表出するのかもしれない。市民的コミュニティを展望するとき，こうした地域社会信頼の媒介の仕組みは，一つの可能性を示している。

4．信頼形成と地域再生

　信頼が培われれば，自ずと地域コミュニティが力を取り戻すわけではない。社会関係資本は，とくにパットナムに即した研究においては，市民社会というマクロな視座で論じられることが多く，そこでの議論をそのまま地域コミュニティに落としにくいところがある。市民社会の文脈で注目される信頼は，同じ「共同体」に属しながら互いに見知らぬ人びとを結びつける，広く薄い一般的信頼である。けれども，一般的信頼による市民社会の広がりの中で地域コミュニティが空洞化しないためには，信頼が一定のローカリズムに根ざすことが求められる。そこには，地域的な境界をもつことによる結束の力と，その地域的境界を含めさまざまな境界を越えてつながる拡散の力が，複雑に織りなす力学がある。

　本章では，こうしたいわば地域共同体と市民の媒介としての信頼を，地域社会信頼として概念化することを試みた。調査データを通して実際的な人々の意識をみると，地域社会信頼はローカリズムに根ざす性質を示した。同時に，関係基盤の多様性および寛容と関係し合うことから，それなりに地域社会の異質性やそれに対する寛容をふまえた意識として理解された。上述した結束と拡散の力学の端的な表れが，寛容と信頼のジレンマであるとすれば，その両立の現実的な様態が示されたことになる。さらに重要なこととして，地域社会信頼は地域社会参加を促す意味で，一般的信頼に還元されない市民社会的性質を示した。寛容とのジレンマを抱えながらも，地域社会への実践的関与を促すその媒介効果は，市民的コミュニティの可能性を考えるうえで示唆的である。

　政策的な観点からは，こうした地域社会信頼の仕組みが，居住年数と関係基盤の多様性に規定されることを確認しておくことが重要であろう。人びとの信頼に直接働きかけることは難しいが，定住を促し，人びとの交流の場を増やすことは，より行政的に対応しやすいと思われる。それにしても，数十年の時間感覚の話である。どんな形であれ社会関係資本の投資は，年度計画的発想には

なじまないことをしっかりふまえなければならない。

注

1 ）地域社会の範囲限定を考慮すれば，公共財（public goods）よりも共同財（joint goods）（Hechter 1987）として論じるべきかもしれない。いずれにしてもここでいう公共財には，安全や町の活気のような抽象的なものも含めて考えており，緩やかな用語である。定義としては，供給に人びとの一定の貢献（協力行為）を必要とする点，および，いったん供給されたならば誰でもその恩恵を享受できる点，少なくともこの2要素をふまえて使用する。
2 ）三隅（2014a）は，一般化された互酬性が「日本人」のような抽象的なシンボルによる連帯意識の形成に，規定力をもつことを示している。一方，ブラウ（Blau 1964）が論じたように，こうした互酬性の非対称性はミクロ・レベルの権力の源泉でもあるので，そのダークサイドにも留意しなければならない。
3 ）山内・伊吹（2005），内閣府経済社会総合研究所（2005），農村におけるソーシャル・キャピタル研究会（2007），日本総合研究所（2008）等をみよ。
4 ）他にも，与謝野（2005）の近畿圏での質問紙調査にもとづく研究がある。コミュニティの視点は明示的ではないが，山岸の信頼の解き放ち理論の検証等，一般的信頼の性質について重要な議論が含まれている。（所収主要論文の改訂英語版は『理論と方法』20(1)［2005］特集で読むことができる）。
5 ）信頼が先か，ボランタリー・アソシエーションが先か，という議論の総括としては桜井（2007）も参照。
6 ）これら6項目に対して主成分分析を施すと2つの主成分が析出され，そのうち第一主成分はどの項目も寄与率が高く総合得点を表す。地域社会信頼スコアとしてこの主成分得点を用いてもよいのだが，両者の相関はきわめて高いので（0.99以上），ここでは単純な合計点スコアを用いる。
7 ）対象者を現住地の人口規模（都市度）でグループ分けして，地域社会信頼および一般的信頼のスコア平均値を比較すると，一般的信頼は差がないのに対して，地域社会信頼は明白に都市度に関係する。これは，ここでいうローカリズムが，辻・佐藤（2014）が示唆する自治体特性の影響を含めた都市環境と関係することを示唆する。
8 ）類似の議論としてCigler and Joslyn（2002）は，集団参加の多様性が政治的寛容を強めるという調査結果を示している。
9 ）具体的には主に「近所」における以下7項目の活動である。「公園・道路の清

掃活動」「防犯・防災活動」「ごみ出しの監視，近所のリサイクル活動」「健康体操・介護予防などの活動」「ボランティアやNPOの活動」「運動会（学校主催を除く）」「祭り・盆踊り」。これらを投入した主成分分析では2つの主成分が抽出され，総合得点を示す第一主成分とここでの合計得点の相関は0.92であった。
10) 地域社会信頼を被説明変数にして重回帰分析を行うと，寛容は，一般的信頼や居住年数ほどには強くないけれども，関係基盤の多様性と同レベルの有意な規定力を示す。

引用・参考文献

安達智史「信頼と寛容の社会理論—多文化主義の限界とリベラル・ナショナリズム論」『社会学研究』84 東北社会学研究会 2008 pp.15-44。

――「ネイションと市民社会—信頼と寛容のジレンマの克服に向けて」『社会学研究』80 東北社会学研究会 2006 pp.169-192。

Blau, Peter M., *Exchange and Power in Social Life,* New York: Wiley, 1964.（間場寿一・居安正・塩原勉訳『交換と権力』新曜社 1974）

Cigler and Joslyn, "The Extensiveness of Group Membership and Social Capital: The Impact on Political Tolerance Attitudes," *Political Research Quarterly,* 55, 2002, pp.7-25.

Coleman, James S., *Foundations of Social Theory,* Cambridge: Belknap Press of Harvard University Press, 1990.（久慈利武監訳『社会理論の基礎（上下）』青木書店 2004-2006）

Durkheim, Émile, *De la Division du Travail Social（1922 4th ed.）,* Paris: Alcan, 1893.（田原音和訳『社会分業論』青木書店 1971）

Giddens, Anthony, *The Consequences of Modernity,* Cambridge: Polity Press, 1990.（松尾精文・小幡正敏訳『近代とはいかなる時代か？—モダニティの帰結』而立書房 1993）

原田博夫「東日本大震災とソーシャル・キャピタル（社会関係資本）」『社会関係資本研究論集』3 2012 pp.5-20。

Hechter, Michael, *Principles of Group Solidarity,* Berkeley: University of California Press, 1987.（小林淳一・木村邦博・平田暢訳『連帯の条件—合理的選択理論によるアプローチ』ミネルヴァ書房 2003）

北海道知事政策部「ソーシャル・キャピタルの醸成と地域力の向上—信頼の絆で支える北海道」『平成17年度アカデミー政策研究』2005。

今田高俊「ソーシャル・キャピタルの蓄積が地域に『市民共同体』を生み出す」

『Phronesis』三菱総合研究所13号 [7(1)] 2015 pp.24-27。
―――「信頼と連帯に支えられた社会を構築する―社会関係資本の視点から」辻竜平・佐藤嘉倫編『ソーシャル・キャピタルと格差社会―幸福の計量社会学』東京大学出版会 2014 pp.17-34。
稲葉陽二「社会関係資本をどう醸成するのか―政策対象としての視点」『連合総研レポート DIO』24(11) 265号 2011 pp.12-15。
小山弘美「コミュニティのソーシャル・キャピタルを測定する困難さ―世田谷区『住民力』調査を事例に」『社会分析』41 2014 pp.5-26。
三隅一人『社会関係資本―理論統合の挑戦』ミネルヴァ書房 2007。
―――「一般化された互酬性と連帯―関係基盤の枠組みから」『比較社会文化』20 2014a pp.77-86。
―――「ソーシャル・キャピタルと市民社会」辻竜平・佐藤嘉倫編『ソーシャル・キャピタルと格差社会―幸福の計量社会学』東京大学出版会 2014b pp.35-51。
―――「社会関係基盤によるネットワーク想像力としての連帯」『やまぐち地域社会研究』7 2009 pp.51-63。
宮西悠司「『地域力』を高めることが『まちづくり』につながる」『都市計画』53(1) 2004 pp.72-75。
―――「地域力を高めることがまちづくり―住民の力と市街地整備」『都市計画』143号 1986 pp.25-33。
内閣府経済社会総合研究所編「コミュニティ機能再生とソーシャル・キャピタルに関する研究調査報告書」2005。
内閣府国民生活局編「ソーシャル・キャピタル―豊かな人間関係と市民活動の好循環を求めて」2003。
日本総合研究所編「日本のソーシャル・キャピタルと政策―日本総研2007年全国アンケート調査結果報告書」2008。
農村におけるソーシャル・キャピタル研究会「農村のソーシャル・キャピタル―豊かな人間関係の維持・再生に向けて」農林水産省農村振興局 2007。
Passey, Andrew and Mark Lyons, "Nonprofits and Social Capital: Measurement through Organizational Surveys, *Nonprofit Management and Leadership*, 16(4), 2006, pp.481-495.
Paxton, Pamela, "Is Social Capital Declining in the United State? A Multiple Indicator Assessment," *American Journal of Sociology*, 105(1), 1999, pp.88-127.
Putnam, Robert D., *Bowling Alone: The Collapse and Revival of American Community*, New York: Simon & Schuster, 2000.（柴内康文訳『孤独なボウ

リング―米国コミュニティの崩壊と再生』柏書房 2006)
――*Making Democracy Work: Civil Traditions in Modern Italy*, Princeton: Princeton University Press, 1993.（河田潤一訳『哲学する民主主義―伝統と改革の市民的構造』NTT 出版 2001)
桜井政成「ボランティア・NPO とソーシャル・キャピタル―パットナムを越えて」『立命館人間科学研究』14 2007 pp.41-52。
Stolle, Dietlind, "Communities, Social Capital and Local Government: Generalized Trust in Regional Settings," Prakash, Sanjeev and Per Selle (eds.), *Investigating Social Capital: Comparative Perspectives on Civil Society, Participation and Governance*, Sage, 2004, pp.88-127.
――"Bowling Together, Bowling Alone: The Development of Generalized Trust in Voluntary Associations," *Political Psychology*, 19(3), 1998, pp.497-525.
Stolle, Dietlind and Thomas R. Rochon, "Are All Associations Alike? Member Diversity, Associational Type, and the Creation of Social Capital," *American Behavioral Scientist*, 42(1), 1998, pp.47-65.
鈴木広『コミュニティ・モラールと社会移動の研究』アカデミア出版会 1978。
徳久恭子「地域を紡ぐ―ソーシャル・キャピタルを測ること，築くこと」『立命館法学』5・6 号 2012 pp.429-457。
辻竜平・佐藤嘉倫編『ソーシャル・キャピタルと格差社会―幸福の計量社会学』東京大学出版会 2014。
上野眞也「地域再生とソーシャル・キャピタル：付き合いと信頼」『熊本大学政策創造研究センター年報』1 2006 pp.1-14。
アスレイナー，エリック M.「知識社会における信頼」宮川公男・大守隆編『ソーシャル・キャピタル―現代経済社会のガバナンスの基礎』東洋経済新報社 2004 pp.123-154。
山岸俊男『信頼の構造―こころと社会の進化ゲーム』東京大学出版会 1998。
山内直人「防災・災害復興におけるソーシャル・キャピタルの役割」『連合総研レポート DIO』24(11) 265 号 2011 pp.4-7。
山内直人・伊吹英子編『日本のソーシャル・キャピタル』大阪大学 NPO 研究情報センター 2005。
与謝野有紀『現代日本における社会階層，ライフスタイル，社会関係資本の連関構造の分析』科研費研究成果報告書 2005。

スワロセミナー（Saguaro Seminar, Harvard Kennedy School）
　　http://www.hks.harvard.edu/programs/saguaro/
イギリス統計局（Office for National Statistics）
　　http://www.ons.gov.uk/ons/guide-method/user-guidance/social-capital-guide/the-question-bank/index.html

5章 地域再生と「場所」の可能性

瀬崎 吉廣

1. はじめに

　高度経済成長期以降，日本の各地で開発が進められた。ダム建設，河川改修，道路敷設，港湾整備といった山間地域や沿岸部での土木工事だけではなく，人口が集中した都市では新たなビルが次々と建設され，都市郊外には住宅地が拡大していった。それらの多くは，機能性と効率性，経済性が何よりも重視されたため，美しい自然の風景が失われたり，同じ建築物がいくつもならぶ画一的な景観が形成されたりなどして，その地域の特色や歴史性，景観美といったものは顧みられることがなかった。日本の経済発展とは，日本人にとっての原風景の喪失の過程であったかもしれない。

　しかし，このような乱開発に対して，1960年代以降，歴史的な景観を保存しようとする活動が市民レベルで起こってくる。代表的な例は1964年から始まった「御谷騒動」で，鎌倉・鶴岡八幡宮の裏山の宅地造成に反対した市民らが，署名活動を行い，未造成地買上げのための募金活動を展開した。この動きが契機となって，歴史的な建築物や景観を保全するための「古都保存法」が1966年に制定された。また時代が下って2004年には，景観をめぐる訴訟が起こるようになるなど，景観への関心の国民的な高まりを受けて，「景観法」が定められた。これは，歴史的建築物のように明確な保全対象がないような地域であっても，美しい景観を保全・形成するため，景観行政団体（自治体）が景観計画を策定し，また都市計画で設定された景観地区では，新たな建築物は景観計画に則った意匠でなければならないことを定めたものである。

さらに近年では、日本の各地で、残された美しい景観や懐かしい町並みを資源に、観光地としてのまちづくり・まちおこしも行われている。それらの多くは、開発・再開発から取り残され、活力を減じた地域であり、地域再生の重要な社会的資源としてみなされつつある。

このように、乱開発の時代を経て、ようやく美しい景観や古い町並みに価値が見出されるようになり、それらを保全し、活用され始めた。ところで、われわれはなぜ美しい景観や町並みを保全しようとするのか。観光地は別としても、景観や町並みは、われわれが経済活動を行い生計を成り立たせるうえで、不可欠な条件ではない。また、それらの環境が保全されることは、地域社会やその再生にとってどんな意味があるのだろうか。

これらのことを考察するにあたり、まず、現象学的地理学の「空間／場所」という対をなす概念について検討する。現象学的地理学は、人間が周囲の環境をどのようにとらえるのかについて研究してきた学的領域であり、社会学的にも示唆に富む視点を提供してくれる。

つぎに、「空間／場所」の観点から行われた社会学の先行する研究として、堀川三郎による小樽運河保存運動についての研究を取り上げる。「場所」という経験は個々人の経験に基づくが、その「場所」が複数の人々に開かれた公共性を帯びたものである場合、社会的次元においてどのような事柄が見出せるのか。特に、その「場所」をめぐって、開発か保全かで人々がどのように対立することになるのかを、この研究は示している。

これらを踏まえたうえで、水辺の事例として、山口市・一の坂川の事例を取り上げる。水辺の事例を取り上げるのは、水辺が人々の生活に密着し、公共性をもった空間だからである。われわれの生活様式が近代化する以前には、河水を生活用水に用いたし、瀬や岸は狩猟の場となり、河川交通にも利用された。水辺には多くの人が集まることになり、そこで独自の文化が形成された。同時に、水辺は治水の必要性から、常に変化を余儀なくされた空間でもある。とりわけ高度成長期以降は、コンクリートで護岸されるなどして、人を寄せ付けぬ

姿に変貌していった。それと前後して，水辺の文化が変容したり，失われたりした。それら水辺の文化と地域社会とは密接な関係にあった。水辺と「場所」と人々とのかかわりを考察することは，現在の地域社会の在り方についての重要なヒントを示唆してくれるであろう。

一の坂川では，改修工事をめぐり住民と行政とが対立したが，工事後は協働で川づくり，河川空間活用に取り組んでいる。これらの一連の動きに，「場所」がどのようにかかわっているのかを考察する。

2．「空間」と「場所」

2.1 現象学的地理学の「空間／場所」―人と土地との緊切なつながり

1960年代，公害とそれらに対する環境保護運動が起きるなか，人間にとって身の周りの空間とはどんな意味をもつものなのかという関心から現象学的地理学は登場した。代表的な研究者には，Y. トゥアン（Tuan, Y.），E. レルフ（Relph, E.）らがいる。

地理学は元来，地質の違いや，標高差や気候などによる植生や生態系の違いなど，地域間の差異を記述する学問である。現象学的地理学では，空間における違いを明らかにするうえで，人間の空間認識や，人間が空間に与えた「意味」に着目する。重要になるのは「空間 space」と「場所 place」という対をなす概念である。

「空間」とは，幾何学的な三次元的広がりであるところの「空間」である。それは，数学上の概念であって，人間によっていかなる意味も与えられていない。それに対して，「場所」とは「空間」のなかにあって，なんらかのきっかけをもとに人間が意味を付与することで，周囲の空間から認識の上で切り取られた空間を指す。

たとえば，私たちが「我が家」を認識したりイメージしたりするとき，「我が家」はその周囲の「空間」から認識的に切り取られ，焦点化されている。また我が家の中も，寝る場所，くつろぐ場所，食事をする場所というように，目

的に応じて家屋の中の空間が区別され，その区別にもとづいて私たちは生活を営んでいる。さらに家族と共に生活していれば，食事をする食卓も，「父の席」「母の席」「兄弟の席」「私の席」というように，個々の家族成員の席は定まっており，「私の席」の位置が急に変わったり誰かに取られたりすると，気持ちの悪さや，ときには喪失感を覚えることもあるだろう。このように，私たちはさまざまな理由から空間を区別して認識し，意味を与え，それらの認識や意味に基づいて，生活している。

「場所」は，「空間」と違って意味を与えられているため，人間の感情と深いかかわりをもつ。トゥアンによれば，人間は「場所」とかかわりをもつとき，常に何らかの感情・情緒をともなってそれらとかかわるとする。この人間と「場所」との感情・情緒をともなったかかわりのことを，トゥアンは「トポフィリア（topophilia＝場所への愛）」（トゥアン 1974＝1992）と呼んだ。私たちが「場所」に向ける感情には，喜びや楽しさなどの"正の感情"もあれば，怒りや哀しみといった"負の感情"もある。そのうち，トゥアンが強調するのは，安定感や親密さなどの肯定的な感情である。

> 幼い子供にとって，親はまず第一の「場所」である。幼児にとっては，世話をしてくれる大人は栄養と保護の源泉であり，確固たる安定性のある避難所なのである。（略）成熟した人は，対象物や土地のなかに，さらには理念を追求することのなかにさえも，安全と保護を見いだすことができるのである。（トゥアン 1977＝1993：243）

子供は，親から与えられる栄養と保護とを，自らの家と結びつけてとらえている。我が家は，ある特定の場所に存在しさえすればよいというものではなく，そこに親密な関係にもとづく生活があるからこそ，その人にとってよりかけがえのない「場所」となる。このとき，自分の家という空間的要素と親密な人々との関係とは，分かちがたく結びついている。

レルフも，場所は「行動と意図の中心である」（レルフ 1976＝1999：112）であるがゆえに，その場所との「かかわりの感覚」（同上：101）や愛着が生じるとする。

つまり，私たちが生活する空間は，認識や意味の上では均質ではない。そして，意味の上で濃淡のある空間とのかかわりは，私たちのアイデンティティの源泉の一つになる。

レルフは，私たちが「かかわりの感覚」や愛着をともなって場所とかかわるとき，つまり「場所」と深くかかわるとき，「場所」は実存哲学の用語である「本物性（authenticity）」を帯びるという。それは，「意味に満ちた人間活動の舞台としての場所の存在意義に関する十分な認識，あるいは場所との深い無意識的な一体感から生ずるもの」（同上：163）であり，そのような場所とのかかわりは「私たちの『根もと』を構成する」（同上：101）としている。

それは，人間の在り方と生活する空間とが，緊密に結合した状態だと言っていいだろう。

明治の文豪・幸田露伴は1899（明治32）年，明治維新後に多数の人口流入によって"江戸"から変貌した"東京"について，「一国の首都」という論文を発表した。そのなかで，露伴は「江戸児」という語について言及している。

> 往時の江戸児が江戸を愛重せしは，その江戸児なる一語，即ちその人とその地とを緊密に結合せしめたる一語を発する場合の情緒の如何を尋ねなば，何人といへども明らかに解釈するを得べし。（略）いはゆる江戸児が，べらぼうめえ江戸児だいと喝破する時の心情には，「我は江戸の人なり，江戸の人如何ぞ敢て卑劣の事をなさんや。（略）」といふが如き傾向を有したるべきこと，譬へば士分の人の自ら，武士でござるといへる一語を発する場合には，武士といへる尊厳瀆すべからざるものと自己とを緊接し置きて，我豈武士たるに負かんやといふ意を寓せるが如し。（幸田 1993：13-14）

露伴のこの指摘からは，往時の「江戸児」が，自らの行動規範の拠りどころとして「江戸」を位置づけていたことがわかる。このとき，「江戸」は地理的な要素でありながらも，社会学における準拠集団の性格を帯びており，「べらぼうめえ江戸児だいと喝破する」者と「江戸」とは，わかちがたい結びつきをもっている。

このように，われわれが慣れ親しんだ思い入れのある「場所」は，アイデンティティの源になる。

2.2 「場所」をめぐる対立図式—堀川三郎の小樽運河保存運動の社会学的研究

堀川によれば，小樽運河保存運動は，行政の再開発によって小樽運河という「場所」が「空間化」してしまうことに対する市民の側からの抵抗だった。

小樽運河は現在でこそ全国に知られる観光地だが，昭和30年代以降には著しく寂れた。明治時代以降，運河一帯の港湾施設による物流業で急成長した小樽だが，戦時中には物流の主要なルートから外れ，衰退が始まった。小樽市行政は，街の活性化を狙い，1966（昭和41）年に道道小樽臨港線の都市計画を決定した。これは，完全に機能を失い放置された運河を埋め立て，その埋め立て地に6車線の道路を敷設し，当時マヒ状態にあった小樽市内の幹線道路の問題を解消しようとするものだった。

この臨港線工事に対し，地元経済界が支持する一方で，1973年から，小樽運河とレンガ造りの倉庫群からなる港湾施設を保存せよと，市民による反対運動が起きた。これが「小樽運河保存運動」であり，1984年まで続いた。

運動初期では，運河の保存は人為的な手を一切加えない"凍結保存"が主張されたが，後半には運動に建築学を学ぶ学生らが加わって，観光地としての保存的開発が訴えられるようになった。すると，開発を望む地元経済界からも賛同者が現れ，市行政側から小樽運河の埋め立て範囲を縮小し，道路の敷設と港湾施設の観光地としての整備を行う構想が1979年に発表された。この行政による保存的開発事業案が提示された後も運動は続くが，5年後に運動は方針をめ

ぐって分裂し，活動を終えた．市側は保存的開発案に基づいた本格的な工事を着工し，1988年に竣工した．このように開発と保存をめぐる運河の位置づけは，開発側・保存側の双方で二転三転した（堀川 2000：110-114；2010：521-524）．

堀川は，複雑に，そして長期にわたって，開発側と保存側とで意見が食い違った原因の一つに，同じ環境であってもそれを「空間 space」と見るか「場所 place」と見るかという主体による環境認識の相違があったとする（堀川 2010：524）．

堀川によれば，「空間」とは「環境を均質で誰にとっても同じ大きさの立方体として把握すること」であり，「運河水面を終始一貫して道路建設用地としてとらえていたことが示すように，市当局にとって運河は時代遅れの港湾施設で，新たな機能に取って代わられるべきもの」だった（堀川 2010：525）．

一方，「場所」とは「その環境に関わる人々の価値観や付与された意味によって規定される」もので，「不均質で意味の詰まった個別具体的な環境把握の仕方」（同上）だとする．保存運動に携わった人々にとって運河とは，「運河を埋めたら小樽が小樽でなくなってしまう」（同上）ほどに小樽の街の存在を規定するようなものであり，また「記憶や意味の詰まった固有の〈場所〉であり，決して取り換え可能な〈空間〉ではなかった」（堀川 2000：123）．

これらのことからわかるのは，「場所」という経験は個人の水準を基本としながらも，問題となる対象の空間が多くの人々に開かれた公共性を帯びたものの場合，その認識や意味づけの相違が，空間の取り扱い方をめぐって大きな争点になるということである．また，空間への認識は固定のものではなく，状況によって変化し，当該の空間をめぐる態度や行動へも影響することになる．

3．「場所」をめぐる地域社会と行政—山口市一の坂川の場合

3.1 一の坂川の概要

一の坂川は，山口市の中心部を南に流れ，山口県の2級河川である椹野川に合流する，椹野川水系の2級河川である．延長7km，流域面積10.5km^{2}の小

さな河川である。

　室町時代中期，戦国大名として名を馳せた大内氏は，この川を京の鴨川に見立てて城下を築いたとされ，現在でもその界隈には当時の町割りが残っている。

図5.1　ホタル護岸工法による現在の一の坂川

桜の頃。水流を緩やかにするため蛇行した河道が作られ，護岸はコンクリートで裏打ちした上に天然石を積んだ。河川敷と護岸には，ホタルの生息に適した植物を選択して植えている。

図5.2　改修前，1964年の様子

現在よりも河床が浅く，子供の背丈ほどの箇所もあった。護岸は石積みのものが大部分で，「汲路」と称する川に降りる階段がいくつもあった。(下後河原桜螢会 2000：12)

大内氏が滅んだあとの山口は寂れたが，幕末に藩庁が萩から現在の山口県庁の位置に移されると，人口は増加してにぎわった。周辺に師範学校や高等商業学校（後の山口大学）など複数の学校が設置されたこともあり，この一帯は山口大学が移転する昭和40年代までは，住宅地であると同時に学生街でもあった。現在では，昔ながらの民家が多く点在する閑静な住宅地となっている。

一の坂川では，昭和40年代に河川改修工事が施された。この工事では，一部区間で「ホタル護岸」と称するホタルの生態に配慮した工法が採用された。これは現在の「多自然川づくり」の全国的な先駆例としても知られる。ホタルの季節になると，この区間だけで1万匹以上のゲンジボタルの乱舞が見られ，市内外から多くの見物人が訪れる。山口市のゲンジボタルは1935（昭和10）年に国の天然記念物に指定されているうえに，かつて大内氏が城下を築く際に京から運んできたものという伝説が残っている。また，ホタル護岸が施された区間の沿岸には桜並木が形成されており，市内有数の桜の名所でもある。

川の沿道は，近くには山口県庁や市役所，学校，文化施設等があることから通勤・通学の道となり，また落ち着きある古い町並みと桜やホタルの自然美は，市民の散策路，憩いの場にもなっている。

3.2 改修工事への反対活動

◢ 改修工事着工までの経緯

改修以前，一の坂川は，川幅が狭く河床には土砂が堆積し，川の断面積が小さいため，1日に約70mm以上の降雨があった場合，一の坂川一帯に広がる住宅地や農耕地，商店街が冠水するという水害を繰り返した。1955（昭和30）年から1964年の10年間で毎年床下浸水の被害を出しており，そのうち6回は床上浸水を伴った。

そのため，山口県は国から補助を受けた「小規模河川改修事業」で，一の坂川の改修工事を計画した。一の坂川と椹野川との合流地点から山口市後河原地区・伊勢橋までの約2.4kmを対象として，1965（昭和40）年度に着工した。河

川沿岸は住宅地や商店街が広がり，川幅を広げたり築堤したりすることはできないため，河床を約2m掘り下げ，岸と河床の3面をコンクリートで固める「コンクリートブロック工3面張り」が工法として採用された。当初の全体計画ではホタル護岸を施す予定はなかった。

改修工事は順調なペースで下流から行われていったが，椹野川の合流地点から1,900mほど工事が進んだ段階で，工事未着手であった後河原地区の住民たちが，改修工事に反対を訴えた。

1970年7月，後河原地区の町内会は改修工事について，ホタルの生息が可能な自然石を使用することを県に陳情し，これが認められない場合は工事を認めないと主張した。そして，その実現をめざして町内会の有志によって「古き都山口を守る会」が結成された。この会が河川改修の施工者，県，市との交渉にあたり，それが竣工まで続いた[1]。

改修工事の反対と，天然記念物のゲンジボタル発生地を管理する文化庁からも工事の許可が下りなかったため，河川工事は中断した。

その間，県と住民側との数回にわたる協議がもたれたが，住民側は工事によって石積みの護岸，川岸の桜や柳，ホタルやカジカが失われるならば，2，3年に一度の軽微の水害発生があったとしても，改修工事は受け入れないという姿勢を変えなかった。

そんな折，1971年8月4日から6日にかけて，台風19号が山口県に接近した。山口市では総雨量220mm以上を記録する大雨となり，一の坂川は氾濫した。付近一帯が床上浸水しただけでなく，改修を施していなかった区間の石積み護岸や橋脚の多くが損壊・流失してしまった。

この災害によって住民側も改修工事を受容せざるを得なくなり，同年10月から，かねてより県で検討し住民側に打診していた「ホタル護岸」工法での改修工事が着工され，翌年4月に竣工した。

◢ 反対側の主張

「古き都山口を守る会」が改修工事に反対した理由は，「ホタル」「桜」に限

定されるものではなかった。彼らが改修反対にあたって要求したのは、主として以下のことだった。すなわち、① 河床を深く掘り下げないこと、② 自然石護岸を壊さないこと、③ ホタルが絶滅するため護岸や河床を掘削する工事はしないこと、④ 川岸や河川敷に植わっている柳などの植物を伐採しないこと、であった。この主要求からわかるように、後河原の住民たちは、ホタルの保全だけにこだわったのではなく、ホタルを含む一の坂川の全体的な風情が保存されることにこだわっていた。

当時の地元紙である『山口時報』に、古き都山口を守る会が市内外からの賛同者を募るために作成したパンフレットの一部が引用されている。

> 柳と桜の古木を織り交ぜて、ホタル飛び、カジカ鳴く後河原の清流これが日本中に他に例のない、県庁の前を流るる一の坂川、大内文化、七百年の歴史を古色蒼然たるムードの裡に残す、史蹟と景勝、京都の十五分の一の小規模であります。此の古き都の西の京、山口市を先ず地元市民の一人ひとりが、モット大切に此の古き文化の化石と、維新発祥の史跡、名勝を改めて見直しましょう。(『山口時報』昭和46年1月12日付)

この文からは、ホタル保全が最重要課題ではなく、ホタルは一の坂川の「文化の化石」を構成する要素の一つという位置づけであることがわかる。

また、反対活動当時の様子を知る人物によれば、コンクリートブロック工法で改修工事が完成した後河原地区より下流域の様子を見た者たちが、それを「コンクリート渓谷」と揶揄していたという[2]。「コンクリート渓谷」という言葉からも、工事に反対した者たちの工事への違和感や拒絶感は、川床が深く掘り下げられ、コンクリートで固められることにあったということがわかる。

3.3 住民と行政による川づくり

治水上の必要から改修工事を進めようとする県に対し、後河原地区の住民側

は反対活動を展開し，両者は対立した。しかし，対立はいつまでも続いたわけではなく，工事完成後は両者が協力して川づくりに取り組んだ[3]。

ホタル護岸は，護岸の構造体をつくっただけでは終わらず，ホタルが生息しやすい環境をつくるために河川敷や積み上げた護岸石の隙間に草を植えたり，ホタル幼虫のエサになるカワニナを近隣の河川から採取して一の坂川に放流したりといった作業が必要だった。これらの作業は，河川課の職員が休日を返上して行っていたが，その様子を見た地域の住民もやがて一緒に取り組むようになった。

また，工事を行った後にはホタルがいなくなるため，ホタル自体を放流する必要もあった。これには県立農業試験場（現・山口県農林総合技術センター農業技術部）があたった。農業試験場は1965年から，当時の橋本正之知事の指示により，児玉行研究員がホタル飼育の研究を始め，試験場敷地内の池での幼虫の放流，さらに68年からは一の坂川での放流を毎年実施していた。一の坂川での放流はイレギュラーなものだったが，翌69年以降は住民からの要望に応えて放流し続けた。放流は，工事期間中は中断したが，工事終了後の1973年から再び行われた[4]。

さらに，工事終了後の1972年5月には，沿岸の3町内が連携して清掃美化活動を開始した。この取り組みは1980年には沿岸6町内会に広がり，この6町内会によって「一の坂川風致保存協議会」が組織され，現在まで続いている[5]。

3.4 「場所」としての一の坂川

地域住民が改修工事に反対したのは，西の京の趣を残していたこともあるが，住民たちの生活が一の坂川と密接なつながりをもっていたからである。

山口の町は扇状地の上にあって水質に恵まれていたこともあり，一の坂川沿いやその近くには，河水や伏流水を利用する造り酒屋や醤油屋，染物屋などが複数あった。

さらに，一の坂川の河水は生活用水としても用いられた。改修工事前の写真

(図5.2) からもわかるように，河床は現在よりも浅く，沿道から水面までの距離は短かった。夏場には沿道から柄の長い柄杓で河水をすくい，道に打ち水する光景がよく見られた[6]。また終戦直後の様子として，反対活動の中心人物のひとりだった金本利雄（反対活動時は40代）は，「この河の上流で髪をくしけずっていたお年寄りを見たことがある」といい，さらに後河原地区で育ったある女性が一の坂川の水で産湯につかったことを自慢し，「昔の後河原は，そりゃきれいでありました。私らはこの水で茶碗を洗ったり菜っぱを洗ったりしたもんよ」という話を聞いたという（金本 1979）。

　川の沿道や川岸には桜や柳が植わっていたが，それらに深い愛着を寄せる人もいた。川沿いで染物屋を営み，反対活動の代表的人物のひとりだったK（反対活動時50代）は，改修工事で川岸の樹齢400年はある柳の老木が切り倒されることを悲しんだ。「新芽のころには，新しく伸びた柳の枝が川面に垂れてゆらゆら揺らぎ，それは何とも言えない景観でした。それに，この老木はカササギが巣を作るほど大きく，馴染みが深かった。伐採は，自分の身を切られるようにつらかった」（『毎日新聞』平成6年9月17日付）。伐採時には数人が集まってお別れ会をし，記念撮影をした。さらに切り倒されたヤナギを近くの製材所に運び，厚さ10cmほどに輪切りにしてもらい，付近の住民に配ったという（同上）。

　Kは柳の老木が切られることを「身を切られるようにつらかった」と言っており，自らの身体の延長のようにとらえていることがわかる。柳の老木自体は他にもあるが，氏にとって一の坂川にある柳の老木は自身の身体と同じく一つ限りであり，取替えはきかないものだった。

　さらに一の坂川は子供たちの格好の遊び場であり，地域住民たちの交流の場だった。

　川の深さは場所によっては子供の背丈ほどで，すぐに降りることができ，川にはゴリ，ドンコ，モクズガニ，ハヤなどがいて，子供たちの遊び相手だった。川で採ったゴリは「ゴリ汁」や「卵とじ」になり，カニはつぶされて味噌と

図5.3　1960年，夏休みのラジオ体操（下後河原桜螢会 2000：5）

なって食卓に上った。

　沿道は地域交流の空間であった。代々，川沿いで醤油屋を営む60代女性によれば，「(沿道は)昔は砂利道で車も少なかった。みんな今の花壇の辺りに縁台をあちこち出して，夕方から夕涼みをしていた。うちも醤油屋をやっていて若いお兄ちゃんらで威勢のいいのがいたので，みんなここで将棋を指したりした」[7]という。

　また近年では見られないが，自動車の交通量が少なく児童が多く住んでいた時代には，沿道で夏休みのラジオ体操が行われたり，川底に櫓を組んで盆踊りなどが行われたりした（藤井 1988）。沿道は単なる通路ではなく，地域行事の会場になることもあった。

　これらにみるように，反対活動に取り組んだ人々にとって大事だったのは，単にホタルだけではなく，川全体の空間や，そこで営まれる地域社会の生活や暮らしだったのである。

3.5 「ホタル」という新しい「場所のアイデンティティ」

　現在では一の坂川は「ホタルの名所」となっているが、かつて「名所」は一の坂川から少し離れた椹野川の本流、鰐石橋や秋渡瀬付近にあった。ホタル護岸が施される前の一の坂川は、桜や柳の並木の名所ではあったが、ホタルの名所ではなかった。一の坂川沿いに昔から住む住民に話を聞くと、一の坂川でもホタルは多く、ホタルが家の中に入ってきたり、川沿いを歩くとホタルのにおいが服についたり、ホタルの光で沿道の柳や桜の樹が「ぽぉっと」光ったというが、それでもホタルの季節には「名所」である鰐石橋や秋渡瀬に家族で出かけたという[8]。これらではホタルの数がもっと多く、「ホタル合戦」も見られたからだ。

　しかし1965年前後、これらの名所では、河水の汚濁や河川改修によってホタルの生息環境が失われた。当時の橋本正之知事が農業試験場に研究を指示したのはこの事態を受けてのことであり、68年に農業試験場が一の坂川に幼虫を放流したのも、この時すでにそれ以外の場所で放流しても成虫になる見込みがなかったからだった[9]。

　周囲からホタルの名所がなくなったことに加え、一の坂川でホタルの放流をしたことでホタル生息数が増えて地域で話題になったことなどから、結果的に一の坂川がホタルの名所になっていった。たとえば、山口県下のローカル紙だった『防長新聞』を見ると、1955年5月25日付の県内の名所を紹介する記事では、山口市内では「鰐石橋」「出合河原」があげられ一の坂川はないが、1970（昭和45）年6月5日付では、「ホタルの名所、山口市の一の坂川」がホタルの季節になったので、沿道を車両規制するという記事が掲載されている。

　県がホタルに関与し、マスコミも取り上げたことに加えて、工事前後で、住民たちが改修工事へ反対したことや、河川環境の整備・美化などに積極的にかかわったことも、一の坂川における「ホタル」の存在をより強くしたと考えられる。

　これらの事柄は、「ホタル」が以前よりも強調されるかたちで一の坂川の

「場所のアイデンティティ」となった。

3.6 近年の一の坂川活用の取り組み

　人々と一の坂川とのかかわりは、地域住民と行政だけではなく、より多様な主体によるものに形を変えつつ、現在につながっている。

　農業試験場によるホタル幼虫の放流は1982年まで続けられた後、1987年からは、地元の大殿小学校が地域と連携した研修プログラムとして3年間実施した。そして1993年に、ホタル保存と河川環境の整備を地域一体となって取り組むため、後河原地区6町内会、地元商工会、公民館、大殿小学校、「山口ふるさと伝承総合センター（市営文化施設。以下、伝承センター）」から構成される「大殿ホタルを守る会」が結成された。現在、幼虫の放流は、この会によって行われている。伝承センターは、土蔵が残された旧造り酒屋敷地に設置され、土蔵内が幼虫の飼育場になっている[10]。またホタル幼虫の飼育は市文化財保護課の委託事業として、伝承センター内に飼育専門の非常勤職員が置かれている。現在の非常勤職員は2代目だが、初代・2代目いずれも後河原地区の人物である。なお、この組織の会長は6町内会の会長から選ばれる。

　この会を通して、町内会は河川清掃に取り組み、小学校は児童が一の坂川やホタルにかかわる行事を年間予定に組み込んで、環境教育や郷土史教育、情操教育の一環として実施している。ホタル幼虫のエサになるカワニナの採取は、夏休み期間中に当番制で児童があたり、また放流も小学校の秋の行事として行われている。

　さらに、青年会議所と地域社会が協力して、一の坂川と近傍界隈を会場として催す「アートふる山口」というイベントが取り組まれている。これは1996年から始まったもので、山口青年会議所社会開発委員会が中心となり企画を立ち上げ、地域社会へ協力を呼びかけて実現した。イベントに賛同する地域住民が、自宅の一部を公開し、その家の「お宝（その家に伝わる古い生活雑貨や美術品、写真など）」を一般に披露する。15年以上継続して開催されており、近年では

絵画や工芸を趣味としている人が，ギャラリーになる民家の住人と知り合いになって自分の作品を展示するなどしており，イベントの性格は少しずつ変化してきている。このイベントでは「アートふる・リバーナイト」というものがあり，ホタル護岸の高水敷に竹製の灯籠を立て，夜間にキャンドルを灯す空間演出が行われている。他にも，古民家を改修した常設ギャラリーが中心的なスポットになるなど，この地域独自の景観や地理的要素を活かしたイベントづくりが取り組まれている。

台風災害やその後の改修工事によって，住民側が保存を望んでいた浅い川底，古い石積みの護岸，岸や沿道の樹木の大多数などは失われることになったが，新たに強調されることになった「ホタル」という「場所のアイデンティティ」をもとにしながら，住民と行政以外の多様な人々がかかわり，川づくりや河川空間の利用が行われている。

3.7 「場所のアイデンティティ」と場所への主体的なかかわり

小樽運河の事例と対比させつつ，一の坂川の事例がもっている意味について考察を加えたい。

保存運動を経て，小樽運河は観光地として保存的開発が施された。倉庫の一部は観光客向けの土産物屋や飲食店に改装され運河の姿は変わったが，運河と倉庫群のかなりの部分が残された。運動は成功したようにもみえるが，堀川によれば，地元住民から「あれは運河ではない」「つまらぬおみやげ観光だ」という声も出るという（堀川 2000：123）。一方，一の坂川では改修工事以前の様子を懐かしむ声は聞くものの，「もはや一の坂川ではない」とまでの意見は聞かない。この差はどこからきているのだろうか。

一つとして，「場所のアイデンティティ」が変更されたか否かという違いがあるだろう。レルフは，Aという場所が，BやCではなくまさにAという場所として経験されるのは，「場所のアイデンティティ」があるからだとする。この場所のアイデンティティは，「静的な物質的要素」「人間の活動」「意味」が

基本的な要素だとする（レルフ 1976＝1999：123-124）。

　小樽運河は，「静的な物質的要素」である運河や港湾施設の保存された領域は広かったかもしれないが，運河はかつてのような物流業のためでもなければ，放置された空間でもなく，観光施設になった。運河を保存しようとした人々は，以前とは異なったありかたでのかかわり方を余儀なくされたであろう。「人間の活動」と「意味」が変化したといえる。また核となる場所のイメージは，運河と倉庫群という景観的要素が引き継がれただけに，それが観光地によくある俗っぽい土産物屋などに改装されると，変化したという印象は際立ったかもしれない。

　それに対して一の坂川では，保存しようとした古い石積みの護岸，岸の柳や桜の並木などの「静的な物質的要素」は大きく変化した。だが，一の坂川の新たな場所のイメージとして強調されるようになった「ホタル」は，以前から存在するものだった。また改修工事前から行われていた町内会による河川美化活動等も，改修工事後間もなく復活している。河川の構造は変化したため，子供たちの川での遊び方に変化はあったかもしれないが，遊ぶこと自体を拒絶するような構造にはなっていない。つまり，地域住民が河川に主体性をもってかかわるという「人間の活動」は，その方法や内容に変化はあっても，かかわること自体が変化することはなかった。これは県による河川改修にも表れている。ホタル護岸設計の段階で，県は維持費上，住民の協力は不可欠という姿勢であり，河川管理者である県が，住民側を河川から排除することはなかった。これらのことから，一の坂川では，地域住民らの川との主体的なかかわり，すなわち場所性の根拠が保全されたといえるだろう。

4．おわりに―地域再生と「場所」の可能性

　堀川は，小樽運河の保存運動が保存したかった運河には，2つの水準があったとする。それは運河の構造物・建築物群と，「その建物が表現している住民の共同性」（堀川 2000：124）だったという。小樽の街は，運河による物流業と

共に発展したことを考えれば，それはまた小樽の歴史性が表現されたもの，と言っても過言ではない。

一の坂川においてもそれは同様であった。保存しようとする対象は石積みの護岸や，柳の老木やホタルであったかもしれないが，それは大内時代までさかのぼることのできるこの地区の歴史性であり，川とその周囲を舞台に営まれる地域の人々の交流や暮らしに通ずるものだった。

小樽は観光地として開発され，一の坂川は特異な空間構成がまちづくりのイベント等に活用されている。いずれも今日の地域再生のヒントとなる事例である。しかし，その「地域再生」が，その土地の人々によって培われてきた歴史性を尊重しないものや，それらを保存しようとした人々を疎外するようなものであれば，そこに人々の生き方や地域文化にも通ずる「本物性」はないだろう。地域の人々による場所への主体的なかかわりを維持する仕組みや仕掛けが必要である。

注

1) 住民側が残した資料と山口県が残した資料とでは，「古き都山口を守る会」が結成された時期について違いがある。住民側は1970年7月とし，県側は同年10月に住民説明会を開いたところ反対意見が出て翌年1月に会が結成された，としている。調査では確かめることができなかったが，ここでは住民側資料を採用した。
2) 2009年8月19日，聴き取り調査より。
3) 工法の詳細は瀬崎 (2010) を参照。
4) 2010年6月25日，聴き取り調査より。
5) 2009年8月19日，聴き取り調査より。
6) 2009年12月7日，聴き取り調査より。
7) 2011年11月6日，聴き取り調査より。
8) 2009年11月9日，同年12月9日，聴き取り調査より。
9) 2010年6月25日，聴き取り調査より。
10) 大殿小学校がここを飼育場にした。詳しくは瀬崎 (2010) を参照。

■引用・参考文献
「アートふる山口」http://artfull.sblo.jp/（2013年2月13日取得）
河川情報センター編『新・川物語　トビハゼ所長奮戦記』河川情報センター　1994 pp.57-74。
金本利夫「一の坂川今昔」『山口時報』昭和54年4月17日-28日　1979。
幸田露伴『一国の首都』岩波書店　1993。
下後河原桜螢会編『後河原思い出の写真集』下後河原桜螢会　2000。
下関地方気象台編『山口県災異誌』山口県　1983 pp.16-24。
瀬崎吉廣「『空間』の論理と『場所』の論理― 一の坂川を事例として」『やまぐち地域社会研究』8号　2010 pp.39-50。
――「まちなかの自然と『場所』―山口市一の坂川を事例として」『やまぐち地域社会研究』10号　2012 pp.55-64。
田村嘉子『小樽運河物語』鹿島出版会　2009。
Tuan, Y., *Topophilia : a study of environmental perception, attitudes, and values,* Prentice-Hall, 1974.（小野有五・阿部一訳『トポフィリア：人間と環境』せりか書房　1992）
――*Space and Place,* the University of Minnesota, 1977.（山本浩訳『空間の経験』筑摩書房　1993）
藤井宏志「山口の街と人と一の坂川」『河川』昭和63年3月号　1988 pp.116-123。
堀川三郎「運河保存と観光開発」片桐新自編『シリーズ環境社会学3　歴史的環境の社会学』新曜社　2000 pp.107-129。
――「場所と空間の社会学―都市空間の保存運動は何を意味するのか」『社会学評論』Vol. 60 No. 4 2010 pp.517-534。
山口県河川課「ホタル関係一式」。
――「一の坂川　改修・ホタル関係資料」。
山口県『一の坂ダム建設事業資料集』山口県　1984。
山口市『山口市史　史料編　近世1』山口市　2008。
山口市史編集委員会編『山口市史』山口市　1982。
Relph, E., *Place and Placelessness,* Pion, London, 1976.（高野岳彦・阿部隆・石山美也子訳『場所の現象学』筑摩書房　1999）

6章 市民参画と市民活動の時代における地域再生への展望

速 水 聖 子

1. はじめに―地方分権化とまちづくりへの市民参加

　2000年4月から地方分権一括法が施行され，国と地方の役割分担が明確化されるとともに，機関委任事務制度の廃止や基礎自治体への各種権限の移譲などが進められている。「地方分権化」とは，これまで国からのトップダウンで決められていた多くの公共政策の決定や実施において，実質的に地方自治体の主権の幅が広がることである。理念的に考えれば，その地域に合った政策やまちづくりが自治体の意向に基づいて選択できるという意味で望ましいともいえよう。

　一方で，分権化の背景には日本社会における経済の低成長化や少子高齢化といった構造的な問題があることも事実であり，早急な行財政改革を国が地方自治体に求めていることでもある。例えば，地方分権化と時を同じくして進められてきた全国的な市町村合併の結果，1999年には3,232であった市町村数が，2014年にはおよそ半分の1,718となっている。広域合併によって，ある程度の財政規模・人口規模を保持することで公共サービスのスケールメリットが得られる半面，利用ニーズが少ないと判断された地域にとっては公共サービスが届きにくくなるというデメリットも生まれている。つまり，地方自治体の自主性を尊重することが将来まで見越した経済的自立性を強いることを伴っているのが現状である。

　全国的にみて，財政的に今後も非常に潤沢であると言い切れる自治体はほとんどないだろう。すなわち，どの自治体においても限られた資源を有効に活用

して公共サービスを維持していかなければならない。そのようななかで，ポイントとなるのは住民・市民の声や力をどのようにまちづくりに生かしていくことができるかという意味での「市民参加」の問題である。つまり，限られた資源の配分において，何を選択して進めていくのか，その優先順位を決める上で住民の多様な意見を集約するプロセスが重要となるからである。

ところで，地方分権化が進む現代におけるまちづくりへの市民参加については，「制度」としての参加と「市民活動」という形での参加という2つの側面から理解しておきたい。2つの参加について，それぞれの意味するところは次のように整理することができる。

「制度」としての市民参加とは，いわゆる行政過程への市民参加を中心とする「市民参画」が該当するといえよう。例えば，市民参画における制度化の具体例として，1990年代から各地の自治体で「市民参加条例」「自治基本条例」「パブリック・コメント条例」などの名称で，まちづくり全般にかかわる参加の条例化が進められている例があげられる。その他，社会資本整備にかかわる計画づくりの多くの場面で，パブリック・インボルブメント（Public Involvement, 以下PI）が活用され始めている背景にも法律改正の影響がある[1]。市町村マスタープランや河川整備計画等へ地域住民の意向を反映させる意味で，市民参加の手法は積極的に制度として取り入れられている。

一方，近年の市民活動の隆盛を通して，市民活動を通した市民参加もまちづくりの主体としての役割の実質化が図られているといえるだろう。高齢者福祉や子育て支援等の社会福祉分野や阪神・淡路大震災を契機とする災害支援分野などにおいて，ボランティアやNPOといった市民活動団体の活躍は目ざましいものがある。介護保険法や特定非営利活動促進法（NPO法）の整備も背景として，市民活動には従来の公共部門の補完的役割のみならず，新たな役割が社会的に広く認知されるとともに広く期待されているといえよう。

本章の目的は，市民参画という「参加の制度化」と市民活動の「社会的役割の実質化」を通して，市民参加による地域再生の可能性について考察すること

である．次節以降では，まず参加の変遷を簡単に整理した上で，市民参画の意義と市民活動の役割を位置づけ，地域再生との関連について述べたい．

2．「市民参加・市民参画」の変遷－参加するのは誰か

2.1　1960～70年代の参加—住民運動とモデル・コミュニティ

　1962年の全国総合開発計画に続いて，1969年には新全国総合開発計画といった産業公害に直結する大規模開発計画が多数発表され，これらが地域の自然・社会環境に大きな悪影響をもたらすことに対する激しい住民運動が各地で展開された（松原・似田貝　1976）．住民運動が実際にコンビナート建設などの開発計画を阻止する役割を担った事実は，住民運動の政治的有効性を示すものであり，運動という参加形態の一般化をもたらした．

　一方，都市の地域社会においても，急激な都市化がもたらす生活環境の不備や悪化に対して，生活環境の改善を求める運動が活発になった．市民としての権利意識を身に付けた都市住民によって担われた市民運動は，1960～70年代にかけて大都市圏を中心として革新自治体を誕生させる原動力ともなった．さらに，革新行政が主導する形で自治体が提供する公共サービスの充実につながったことも事実である．

　1971～73年には，住民参加の場づくりとしてのモデル・コミュニティ事業によって全国のモデル地区に核となるコミュニティセンターなどの建設が進められ，センターを場として住民の自主的なコミュニティ活動が期待された．同時に，センターの管理運営の他，地域行事や福祉活動など地域問題の解決のための地域住民の意見集約を行う住民組織の制度化（コミュニティ協議会・住区協議会など）も進められ，町内会や自治会以外の住民参加の仕組みづくりが行われた．

　この時期の「参加」は，社会計画・都市計画への住民からの意思表明としての「権力との対抗関係の参加」（武川　2006）であり，当事者としての参加による住民運動は，参加することが政策決定に反映されることを例証するものと

なった。また，コミュニティ施策を通して，行政との協力や住民相互の意見集約による地域問題の解決の場として，コミュニティが住民参加の単位と認知されるようになったといえる。

2.2 1980〜90年代の参加—財政再建・参加型福祉から地方分権化へ

1980年代に入ると，経済の停滞に伴い社会政策は低成長を前提としたものに転換せざるを得なくなった。特に，福祉政策はこれまでの施設中心ケアからサービスの担い手として家族や近隣を中心とする自助・共助のテコ入れを行う地域福祉政策が重視された。同時に，個人のボランティアや民間非営利団体による高齢者福祉サービス供給としての「住民参加型在宅福祉活動」が注目されたのである。

1980年代に全国に誕生した住民参加型在宅福祉活動は，地域住民が互助団体を作り，会員制によって有償でホームヘルプサービスや給食・移送サービスなどの高齢者福祉サービスを行うものである。高齢者介護の当事者としての女性を担い手の中心として，各地でのボランタリーな地域福祉活動が活発化し，1990年代以降はNPO化が進んだ例もある。

また，民間福祉活動をけん引してきた社会福祉協議会（以下，社協）は，施設から在宅・地域福祉への転換とともに1980年代からは積極的に在宅福祉サービス事業を展開する「事業型社協」が打ち出された。全国の自治体に在宅福祉サービス供給の事業所としての社協ボランティアセンターが次々と誕生したのである。社協は，民間団体とはいえ，地縁組織を基盤に地域に根差した包括的な福祉活動を担ってきたとともに，人事や財政面において行政とのつながりは強い。社協が地域を網羅する全国組織であり，行政との距離も近い点が，1980年代の「参加型福祉」としての参加の制度化を中軸として先導してきたとみることができる。

1990年代に入ると，NPM（New Public Management：新公共管理）の概念と手法が地方自治体行政に浸透するようになる[2]。NPMとは民間の経営手法を

行政部門へ応用するマネジメントの方法であり、財政赤字や公的サービスの硬直化などの改善を目的とし、競争原理の導入・目標設定と評価・顧客主義・独立採算制などを行政部門に取り入れようというものである。日本では、公共事業における入札制度の積極的な導入や行政・政策評価のシステム化などが地方自治体を中心に取り入れられた。

参加論とのかかわりでみると、NPMの思想を背景に、自治体政策における2つの方向での参加が進められた。

一つは、行政・政策の評価における住民・市民参加である。事業実施後の住民満足度アンケート調査の実施、また評価委員会などの組織を立ち上げてそこに市民を公募委員等で参加させるものなど多様な手法が展開された[3]。行政評価自体が一般化するとともに、評価の妥当性や評価結果をどう生かすかなど、多くの課題もあるが、公共事業の情報公開と行政評価への市民参加は、これまで行政によって画一的に決定されてきた「公」のありかたを再考する方向にもつながる。近年の地方分権化の流れとともに行政評価への参加は、公共性の再規定の問題に直結するものとなっている。

自治体政策において参加が進められたもう一つの例は都市計画分野である。1990年代に入ると財政問題悪化とともに開発のための公共事業そのものの合理化が注目された。開発一辺倒のハード事業という画一的な方式による政策は経済的な負担が大きいだけでなく、多様な市民のニーズを反映できないとして、先にふれたPI (Public Involvement) の活用などが注目されたのである。さらに、1980年代のバブル期における無秩序な開発への反省もあり、都市計画における分権的な都市づくりへの転換が図られた。1992年の都市計画法改正によって計画策定における住民参加の推進が盛り込まれたことにより、開発や土地利用にかかわる参加が「まちづくり条例」等のローカルルールとして採用された。

1990年代は自治体政策において住民＝消費者としての参加に加えて、新たな分野として社会資本整備にかかわる参加といった双方での参加の制度化が進められたといえよう。

2.3 2000年代からの参加―担い手としての参加と制度化

　荒木昭次郎は，1980～90年代の参加にかかわる議論はそれ以前の「権力との対抗関係としての参加」（武川 2006）論とは異なる「第2世代の参加論」としてとらえられることを指摘し，参加を政策志向的に理解することによる「協働論」として位置づけられると述べている（荒木 1996）。具体的には，地域課題の設定と政策の選択・形成，政策の実施と評価という一連の政策過程に，住民の参加を位置づけることにより，顧客・消費者としてだけではない「担い手」としての積極的な参加を住民に要請する流れをとらえての指摘といえよう。

　このような意味で，担い手としての参加を政策過程に制度的に位置づけようとする動きは，2000年代以降の社会福祉分野において特に顕著である[4]。2000年の社会福祉法の改正に伴い，それまでの分野別福祉を総合化する形で自治体の地域福祉計画が位置づけられるとともに，計画におけるローカル・コミュニティ（小学校区レベル）の重視と計画策定と施策の実施への積極的な住民参加が打ち出された。すなわち，住民の意見が反映されるための参加の保障と促進が明確に地域福祉計画に規定された。さらには，計画の実行にあたってさまざまな地域福祉サービスの担い手としてNPOやボランティアなどの市民活動団体の役割への期待が寄せられている[5]。このような社会福祉政策の「地域化」は，行政サービスの補完的役割を主とする1980年代の参加型福祉から，行政との協力関係によるサービス提供への住民参加や公共サービスの担い手としての市民活動団体の中心化への変化でもある。このような変化を，いわゆる「協働」への移行と理解できよう。しかし，「協働」における参加が「小さな政府」化による公的領域の削減による参加なのか，意思決定も含めた「公共の措定」の上での参加なのかによって「協働」の意味合いもかなり異なったものとなる。つまり，業務委託などを主とする行政下請け的な協働なのか，自治としての協働なのかといった「協働の二重性」が指摘できるからである。

　以上，みてきたような参加の変遷は，国家・行政と住民・市民の関係性の変

化を示している.すなわち,国家・行政によって規定された「公共」政策によって統治される住民・市民という上下の関係から,両者の協力によって公共領域が再編されるという関係への変化である.参加の形も「押し付けられる公共に反対する当事者運動」(住民・市民運動)から,ボランタリーな相互扶助としての参加や評価主体としての消費者的参加,さらには「新しい公共」の言説の下での担い手としての参加といういくつかの参加パターンへと変化しているといえよう.

2000年代以降,「協働」の担い手としてNPOやボランティアなどさまざまな地域住民活動や市民活動が大いに期待されているなかにあって,これらの活動に対する参加の制度化は望ましい自治コミュニティの布石となるのかについてはさらなる実証的な検討が必要であろう.

3. まちづくりの「公共」性は誰が規定するのか
―制度としての参画の意義と役割

3.1 行政への信頼と市民の「消費者」化

「協働」という形での参加の制度化が進む現在にあって,あらためて浮上する問題は「誰による,どのような参加なのか」という主体にかかわる点である.この点は,新たな公共領域を措定するのは誰か,ということにもつながる.分権化が進められるなか,それぞれの自治体において何を「公共」として選択するのか,その決定にどのような形で誰が参加するのかが問われるからである.

優先されるべき公共が何か,についてはステークホルダーとしての市民の性格や属性にも左右される.子育て家庭であれば子育て支援,老親の介護を担う家族は高齢者福祉など,誰しも当事者としてかかわる問題や自らの生活に近い分野を優先すべきと考えるのは理解できよう.1960～70年代,社会資本の不足に対して当事者として声をあげ,連帯の下で運動しサービスの公共化が図られてきたことは,そういったリアルな生活経験に基づくニーズが公共性をもつことを国家に対して認めさせた点で一定の成果であった.

しかし，1990年代以降，NPMの手法が自治体の行政評価に取り入れられるケースや，各種の計画・施策づくりのプロセスに制度として市民参加の手法が導入されるなかで，かつての住民運動の時代の「行政vs住民」といった図式は変化している。すなわち，対立の構造ではなく，協力・協働の仕組みが求められていることはこれまで記述してきたとおりである。市民参画が行政過程に制度として組み込まれ，市民アンケート・パブリックコメントや各種審議会委員の公募化や市民説明会の実施など，今や全国の自治体でさまざまな市民参画の手法が取り入れられている。

一方で，公募委員のなり手が少ないことや市民の意見表明が自治体へのクレームの申し立ての場となるといったケースも少なくない。なぜ，制度としての市民参加が市民の意見の集約に有効に機能するものにならないのだろうか。問題は，参加する市民の位置づけが顧客や消費者となっている点にあると思われる。公共サービスは税の再分配によるものであり，対価を支払ってサービスを受け取る民間のビジネスとは異なるはずであるが，近年の地方分権化の流れは一方に小さな政府化という新自由主義的な色合いを濃くしている。規制緩和や民営化を進め，ビジネスの原則であるコスト削減や顧客満足度といった視点を公共サービスに持ち込もうとする動きは加速している。その結果，個人の経済的状況によって公共サービスへのアクセスが制限されることもやむなし，あるいはサービスの不足・不満は個別に行政側に申し立てることを普通とする風潮が高まっているように思われる。つまり，制度としての市民参画は，多様な市民に門戸を広げているようにみえて，内実は顧客となり得る声の大きな「自立した」市民が参加できるものであり，それ以外の参加できない市民を排除している可能性も捨てきれないのではないか[6]。同時に，公共サービスに市場イメージが過剰にもちこまれることは，市民同士を分断し，個としての私生活主義にさらに埋没させる。

近年，経済の停滞状況が続くなかで，生活保護制度や児童扶養手当などに対する制度運用の適正化を求める議論が折に触れて発せられる。国が巨額の財政

赤字を抱えるなかで無駄をなくそうとする方向性が誤っているわけではないが，適正化という文脈で運用が硬直的になることによって，本来必要とする人々に保護が届かないこともある。セーフティネットとしての保護制度や手当制度は，本来，行政への信頼や市民同士の信頼の上に成り立っているといってよい。市場論理によって制度におけるコストカットや運用の標準化のみが強調されることは，社会の多様性を排除し，まさに公共サービスの「公共性」の基盤となる信頼の喪失につながるといえよう。

　先に述べた「協働」による参加が意思決定や公共を措定するものとなるためには，このような意味での市民同士の信頼や行政への信頼が必要である。さらに，「協働」は自治体レベルでのローカルな関係性であり，その基盤としての信頼の意識は住民としてくらす地域社会に対する意識として理解できよう。つまり，コミュニティ意識の問題であり，これらについては既に1970年代の日本の都市社会学における多くのコミュニティに関する先行研究がある。当時は背景となる文脈が都市化であったことに対して，現在はグローバル化や格差社会化といった要因が新たな社会変動として考察されなければならない。いずれにしても，コミュニティがテーマとなるのは社会変動による地域社会の分断や溶解であり，それに対する連帯の可能性が問われる。現代の地域社会状況における連帯については，「公共性」のための市民・行政の信頼関係の側面から，コミュニティ研究の蓄積を生かした検討が必要である。

3.2　民主主義のあり方と市民参画

　制度としての市民参画の問題点として，市民の「消費者」化という点について述べたが，では市民参画の手法を自治体が用いることの意義や役割はどこにあるのだろうか。

　従来，自治体首長選挙や議会議員選挙への投票を通じた参加は，議会制民主主義の基本であり，多数決の論理に従って民意が反映される過程である。一方で，社会の多様性や参加のアクセスの機会の不平等性を考慮すると，少数者の

意見への配慮が必要となる。地方分権化は，既述したように自治体によって政策の優先順位は異なるという意味では「ローカルな公共性」に基づく公共サービスの決定が前提であり，地域の実情に合わせた多様な意見のすり合わせによる公共の措定が求められる。つまり，少数派や多様な意見をどのように調整するかという実際の討議の場・コミュニケーションの場として市民参画の手法は活用されるべきではないだろうか。

　近年，欧米を中心とする政治学・政治哲学の分野で熟議的（討議的）民主主義という議論が盛んである。代議制民主主義だけを民主主義とするのではなく，直接的なコミュニケーションによる話し合いの仕組みを政策的な決定の場に実現すべきとする考え方である。枠組みとしての社会が大規模化・複雑化しているなかにあって，選挙だけでは民主主義が実現できないことや，自治体におけるNPMの概念の浸透に伴う柔軟な対応が求められることが背景といえよう。もともとはドイツの社会学者ハーバーマスのコミュニケーション的行為による公共圏を問う理論が根拠となっている。ハーバーマスの議論はかなり抽象度が高いが，誤解を恐れずに簡略化するならば，人々の自由な討論が生みだす公共圏での合意が政治的決定過程に生かされることが民主主義の正統性を担保するということであろう。

　熟議的民主主義の実現は，理念として政治的不平等・排除を是正することにおかれるが，もう一つの効果は，参加による市民の共同意識や意思決定調整能力を向上させるという点である。換言すれば，市民参画の手法が直接的な小規模での話し合い（熟議）として用いられることにより，市民自身がまちづくりへの参加と必要性を自覚する機会になり得るということである[7]。多様な意見に配慮した上で合意を図ることは簡単ではないし，時間と労力を要する。しかし，このような過程は分権化社会において市民の意見をまちづくりに反映させる意味での「合理性」につながるという価値を理解する場となる可能性をもっているといえる。

　熟議の場は，行政に対して市民が自分の意見を通すクレーム対応が目的では

なく，利害関係を含めて多様な意見を出した上で，何を「公」とするのか市民が行政との協力の下で決める場となるのが望ましい。行政にとっても，市民参画は常に市民の意見を「顧客」として聞くのではなく，また敵対する場でもなく，お互いの信頼関係を形成するツールとして活用されるべきであろう。

4．「協働」の時代における市民活動の位置づけ

4.1 市民活動の社会的認知の高まり

　1995年の阪神・淡路大震災において，全国から集まった災害ボランティアの現場での活躍も機運となり，1998年には特定非営利活動促進法（NPO法）が成立した。1995年が「ボランティア元年」と称されるゆえんである。これ以降，NPO・ボランティアを含むいわゆる自発的な市民参加による市民活動は，公（行政）とも私企業とも異なる新たな社会的セクターとしての役割が認知されるようになったといえる。今や，市民活動は，これまで「ボランティア」にイメージされてきた自己を犠牲に他者に奉仕するようなハードルの高いものではなく，誰もが参加できる多様な活動の場があることが共有されている。

　ところで，NPO・ボランティアを含む市民活動にかかわる議論では，その社会的役割や理念において，これまでの公（政府・行政）に代わる民の活躍という文脈でその可能性に期待するものは多い。すなわち，硬直的な行政サービスの限界を前提に，国家に代わる新たな市民社会を担う主体として市民活動が取り上げられる声は根強い。例えば，阪神・淡路大震災の際の被災者支援や地域復興支援における多くのボランティア研究において，ボランタリーな市民活動が行政の手が届かない役割やきめ細かな対応を行ったという事例は数多い。政府・公の失敗や限界を市民活動が補完した，あるいは失敗を市民活動がフォローをしたという事実はある側面では存在したといえるし，その点に自発的な市民参加によるボランタリーな市民活動の創発性や魅力があるのも事実である[8]。

　一方で，その後の市民活動の法制度化と「新しい公共」政策における言説に

おいて，強調されてきたのはNPOをめぐる経済的自立性＝自主財源の確保と「協働」のための組織としてのマネジメント力等である[9]。自治体の財政難を背景に，行政による公領域を縮小し，NPOは「協働」の名の下での行政サービスの下請け化や経営の安定性のための事業化・商業化の問題に対峙するようになったといえる。全国的に市民活動が活発化するとともにNPO法人も増加するなか，競争の中で「強いNPO」と自立していない「弱いNPO」といった階層化の問題も現実にある。NPOや市民活動を経営的な視点を強調してとらえることは，活動の多様性を無視し，ボランティア・NPOの社会的役割の可能性を狭めてしまう危険性もあるのではないか。

仁平典宏は一連の研究において，市民活動が「新しい公共」の枠組みにおいて期待されることをネオリベラリズムとの共振問題としてとらえている（仁平2005；2011）。すなわち「ボランティア活動は，いかにそれが『自発的』に行われていようとも，行政コストを減らし社会に適合的な『主体』を用意する」ものであり，新たな管理形態を支えるにすぎないこと，パートナーシップという形で活性化する「市民社会」はネオリベラリズムに同調し作動条件となっていると批判的に論じる（仁平 2011：18-19）。仁平に代表される批判は，マクロな視点からの市民活動の政治性に対する批判と理解できる。国家による公的サービスは限界があるとして，それに代わる市民活動・NPOに期待し称揚しようとする視点の陥穽を鋭く突いた指摘という意味では重要である。従来の単純な「市民社会論＝国家に代わって民」の図式の再考を迫るものであるといえよう。

しかし，このような批判に現場の市民活動はどのように応えられるのかという点は容易ではない。現実には，社会的役割を実際に担う市民活動のありようは多様であり，さらにいうとローカルな地域課題に根ざす地道な活動を行うものが多数である。田中重好が指摘するように，ボランティアやNPOを含めた市民活動は，新たな市民社会の担い手というよりも現実の地域社会の問題の解決に取り組む「地域的公共性」の担い手でもある。つまり，現場では自治体行

政とコミュニティ，NPO や専門家といった異なる主体が相互に連携しつつ，地域社会の共同性を基に「地域的公共性」を模索している（田中 2010）。

市民活動の認知度が高くなり，法制度化も進むなかで，各地でそれぞれの地域課題に取り組む団体自体は増加し，活動は活発であるとともに，組織のあり方や活動の仕組みは多様である。その意味では，すべての市民活動を「国家に代わって自立した市民社会の担い手」という視点でとらえるのは無理があるし，むしろ活動が行われている地域社会の状況など地域的な文脈に即して考察することが必要であろう。とりわけ，行政と市民活動とのかかわりについて，どのような連携のあり方を通して地域課題の解決に臨もうとしているのかは現実のまちづくりを考える上で重要な論点である。

4.2　市民活動の地域性と行政との距離

ここでは，市民活動と行政のかかわりについて，地域性と行政との距離の取り方という側面から探る糸口として，地方都市と大都市を比較する形で提示したい。紹介するデータは山口県周南市と神奈川県横浜市の市民活動団体の実態調査の一部である[10]。

まず，団体の経済規模を比較しよう。年間予算規模は，周南市では活動予算50万円未満の団体が全体の6割なのに対し，横浜市の場合は10万円未満21.5％，10〜50万円未満18.8％，50〜100万円未満9.8％で，100万円未満が全体の約50％を占める。一方で年間600万円以上が全体の約20％，2,000万円以上だけでも10％を占めている。周南市と比較すると，経済規模における団体の二極化が横浜市の特徴でもある。

次に，活動における問題と行政とのかかわりについてみよう。活動における問題は，周南市では人的課題（人材不足や固定化）が約50％，活動資金不足が約15％，横浜市でも人的課題（人材確保など）が30％，活動資金の課題が20％強となっており，経済的課題と人材難の2つが問題となっている点は両市に共通している。

一方で，横浜市では，これらの課題解決について「行政に期待」が24％なのに対し，「自前で解決」が69％と高い。つまり，団体の課題解決における自立志向が横浜市の特徴にもなっている。このことの背景として，日常的な行政との関係性が影響していると思われる。行政とのかかわりについて，周南市では約40％の団体が行政からの補助金提供を受け，情報提供と活動拠点の提供がそれぞれ30％強，相談と研修がそれぞれ約20％ずつとなっている。一方，横浜市では資金補助が20％強，情報提供や場所提供が合わせて40％であるのに対し，全体の30％は行政と「かかわりなし」と答えている。必要とする行政による支援については，周南市では約30％が活動資金助成，約20％が公共施設の提供と回答しているのに対し，横浜市では経済的援助を求めるのは全体の20％程度で，むしろ行政支援は「必要最小限にすべき」「団体の自主性を重んじる支援」への支持が全体の50％強にも上る。まとめると，行政とのかかわりや行政支援への期待という点では周南市と対照的に，横浜市の市民活動団体の自立志向の強さが際立っている。

　実際，福祉分野などを中心に予算規模の大きな事業型NPOや，ファンドとして経済的支援を行えるような民間の中間支援組織も台頭しているのが横浜市の現状であり，調査結果にある経済規模の二極化もふまえると，市民活動の階層化が進んでいるともいえよう。さらに，市民活動団体自体の経済的自立志向の強さや，行政に対しては経済的支援も含めて団体の自主性を重んじる支援への期待が高いことなどから，「行政にはお金は出しても口や手は出さないでほしい」というのが横浜市の市民活動団体の特徴であろう。それに対して，小規模ながら身近な地域社会での活動を持続するために，行政ともできるだけ協力して活動したい，行政にはそのための支援を期待するというのが周南市の市民活動団体であり，「行政とはお金の面も含めて一緒に活動したい」とする志向がこれらのデータから読み取れる。

　これらの比較をふまえて，周南市の市民活動団体は行政に対して依存的で，横浜市の市民活動団体は自立的とする解釈は尚早であろう。ここに表れている

団体の志向性は，単なる「依存度」としてだけでなく，行政への「信頼度」の相違としても解釈できると思われるからである。

　都市的な地域であるほど市民活動の「民」としての要素が際立つといえる。つまりビジネスとして経営が支えられるようなニーズもあるし，商業的な形で成り立つ市場があるのが都市でもある。従って，経営論的な意味で市民活動の自立性を問う議論は都市的な地域であるほどなじむといえるだろう。一方で，資本も市場もない地方都市では，市民活動と行政との協力や連携は必定である。協力や連携することによって，地域社会に根ざした公共的な活動として支えられる面がある。すなわち，大都市と地方小都市では市民活動団体と行政との距離の取り方が異なり，それを前提としたそれぞれの「協働」のつながり方によってローカルな形での「公共性」が発動するのではないだろうか。

5．結語―地域再生と市民社会

　最後に，地域再生を考える上での市民参画・市民活動の役割と可能性について述べておきたい。

　まず，「地域再生」の用語がここまで流布している背景には，近年の地域政策の流れがあることはいうまでもない。内閣府のホームページでは「地域再生制度とは，地域経済の活性化，地域における雇用機会の創出その他の地域の活力の再生を総合的かつ効果的に推進するため，地域が行う自主的かつ自立的な取組を国が支援するもの」と記述されており，政策用語としての「地域再生」は経済的活性化の意味で用いられているとともに，地域の自立性を促すものであることがわかる[11]。地域再生制度自体も，各自治体からさまざまな分野での「地域再生」プランを提示させ，その中で国が認定したものに補助などの経済的支援を優先して行うものである。つまり，「地域再生」の名の下では，「薄く，広く，平等」といった従来の公共政策的志向ではなく，選択と集中といった市場モデルが席巻し，地域間競争はさらに加速しているというのが現状ではないだろうか。

このような「地域再生」におけるネオリベラリズム的志向性は，本章で述べてきた市民の消費者化や市民活動の商業化や階層化といった点とも呼応するものである。行政・自治体か市民セクターかといった二者択一の議論や，行政・自治体の撤退を前提とする「自立したNPO」「自立した個人」を希求する議論は，市民間・市民活動団体間の分断や市民と行政・自治体との分断を生むだけにならないだろうか。さらに各主体間の競争が激化することは，地域社会そのものが疲弊していくことにもつながる。

　「地域再生」の実質的な意味は，単純にいえばそこに住む人々のためのよりよいまちづくりであろう。多くの自治体において，人材も経済的資源も多くはない。分権化の中での資源の有効活用を考えるならば，そこに住む人々の意見をどのように集約して当該自治体のまちづくりにおける「公共」を自分たちで決められるか，そこに住む人々の社会活動をどのようにまちづくりに生かすことができるかという2点である。だからこそ，改めて方法としての市民参画の実効性が重要であり，ボランタリーな参加による市民活動団体が地域の実情に合わせて持続的に活動できることが望ましい。「市民社会」を，個人や組織の自立性のみでなりたつとする規範的なものではなく，共同性を基盤とする地域社会の多様な主体による多様な連携や協力のすがたとして現実的にとらえることが地域再生を考える上で求められよう。

注

1) 1992年の都市計画法改正や1997年の河川法改正により，公共工事を進めるにあたり，計画の早い段階から市民等の関係者に積極的に情報を提供し，コミュニケーションを図りながら，市民の意見を計画に反映する取り組みとしてPIが位置づけられている。
2) NPMの考え方は，1980年代のイギリスやアメリカにおける自治体財政健全化をめざした経験から影響を受けている。
3) 地方自治体における行政評価は，1996年から始まった三重県における事務事業評価などが先発の例として有名である。行政評価の取り組みにおける課題につい

ては，速水（2001）を参照していただきたい。
4）武川はこの流れを「地域福祉の主流化」と表現している（武川 2006）。
5）地域福祉計画を例とする社会計画のローカル化と市民活動団体の関係については別稿に述べている（速水 2015）。
6）排除される市民とは，高齢者や子ども・障がい者などケアを必要とする人々をはじめ，社会的弱者とされる人々はもとより，参加のアクセスに乏しい人々が該当する。
7）近年，よく用いられるワークショップなどもそのための手法である。重要なことは，合意するということが目的ではなく，直接の対面的な話し合いを行うことで，一つの問題に対する意見の多様性を確認するというプロセスにあるといえよう。
8）代表的なものとして，似田貝香門らによるボランティア研究（似田貝 2008），西山志保によるボランティア論（西山 2007）などがあげられる。
9）例えば，田中（2011）では，政府がNPOの支援を行うことは市民の自発性を損ねてしまうため，個人やNPOの自助努力にのみ支援すべきとして，自立性を強調する議論が展開されている。
10）2つの調査は各市の市民活動支援センターに登録している団体を対象に行われた。調査は主に郵送法で行い，周南市は295団体のうち168団体（回収率56.95％），横浜市は1,333団体のうち489団体（回収率36.7％）から回答を得られた。なお周南市の調査は2013年に山口大学社会学コースの社会学調査実習の一環で行われ，筆者は実施主体である。一方，横浜市の調査は2004年に横浜市市民協働推進事業本部（当時）が実施し，㈱地域環境計画が集計と分析を行ったもので，筆者は客員研究員として報告書の作成を行った。2つの調査は全く同じ調査票ではないため，比較可能な項目のうち，必要なものをここでは提示している。
11）https://www.kantei.go.jp/jp/singi/tiiki/tiikisaisei/ を参照のこと（2015年11月20日取得）。

引用・参考文献

荒木昭次郎「自治行政における公私協働論―参加論の発展形態として」『東海大学政治経済学部紀要』第28号 1996 pp.1-11。

速水聖子「地方自治体における行政評価の課題」『地域研究』第4号 2001 pp.61-76。

――「コミュニティの制度化をめぐる課題と展望―『参加』概念と担い手の複数性の視点から」『山口大学文学会志』第64号 2014 pp.27-44。

――「市民活動団体の現状と市民活動支援の制度化に関する考察―山口県周南市を事例として」『山口大学文学会志』第65号 2015。
松原治郎・似田貝香門『住民運動の論理―運動の展開過程・課題と展望』学陽書房 1976。
仁平典宏「ボランティア活動とネオリベラリズムの共振問題を再考する」『社会学評論』56(2) 2005 pp.485-499。
――「ボランティアと政治をつなぎ直すために―ネオリベラリズム以降の市民社会と敵対性の位置」『ボランタリズム研究』創刊号 2011 pp.13-24。
西山志保『改訂版:ボランティア活動の論理―ボランタリズムとサブシステンス』東信堂 2007。
似田貝香門『自立支援の実践知―阪神・淡路大震災と共同・市民社会』東信堂 2008。
武川正吾『地域福祉の主流化』法律文化社 2006。
玉野和志「コミュニティ政策の批判にどう応えるか―討議的民主主義の視点から」『コミュニティ政策』12 2014 pp.58-75。
田中弥生『市民社会政策論』明石書店 2011。
田中重好『地域から生まれる公共性―公共性と共同性の交点』ミネルヴァ書房 2010。
植村邦彦『市民社会とは何か―基本概念の系譜』平凡社新書 2010。
山口大学人文学部社会学コース『周南市の市民活動団体の組織と活動に関する調査―2013年度社会学調査実習報告書』2014。
横浜市市民協働推進事業本部「市民活動団体実態調査報告書」2005。

7章 「協働のまちづくり」の課題と展望

坂 本 俊 彦

1.「協働のまちづくり」の現状・背景・意義

1.1 「協働のまちづくり」施策の現状

現在,「協働のまちづくり」施策は,一種のブームのような状況となっている。「地方公共団体における行政改革の取組状況に関する調査」(総務省 2015)によれば,「地域における協働の推進」に関する施策を実施した自治体(市区

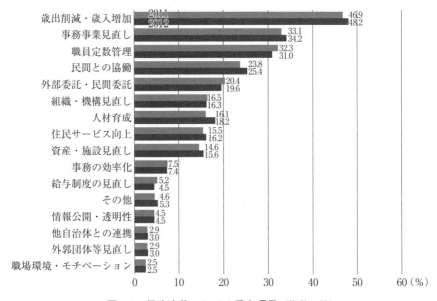

図7.1　行政改革における重点項目(複数回答)

出所）http://www.soumu.go.jp/iken/main.html より筆者作成

町村)は1,319団体で全体の75.8%である(2014年10月1日現在)。また,2011年および2012年の同調査では,行政改革15項目から「重点項目」を3つまで選ぶ設問があり,これに「民間との協働」を選んだ自治体は,2011年に426団体(23.8%),2012年に439団体(25.4%)であり,いずれも15項目のうち第4位に位置している(図7.1)。

このように,多数の自治体が「協働のまちづくり」施策に取り組んでいるのはなぜか。本節では,その背景と意義について整理しておきたい。

1.2 「協働のまちづくり」施策の背景

「協働のまちづくり」施策の背景には,国の「地方分権改革」および「地方行政改革」推進政策がある。これらは,1970年代の財政危機,1980年代における「国と地方との役割分担」の再検討,1990年代における地方分権推進計画策定を経て,1999年の「地方分権一括法」(地方自治法等の改正)によって具体化された。これにより,介護保険制度に象徴されるように,自治体が政策上の責任をもつ行政事務および公共サービスが大幅に拡大することとなった。

住民に身近なところで政策が決定されることは,その決定過程が可視化され,世帯構成の変化に伴う「ニーズ多様化」に対応する公共サービス供給の可能性が高まるため,受益者である住民にとって望ましい。しかし,その実効性を担保するためには,1)自治体の制度設計力,2)多様な公共サービス供給主体の存在,3)公共サービス供給を支える財源,等の条件を整える必要がある。財源の多くを国に依存してきた自治体は,これらの条件を自前で整える見込みをもつことができず,近隣自治体との合併を選択した。1999年3月時点で3,232あった自治体(市町村)数は,2014年4月時点で1,718とほぼ半減した。

さらに,自治体の財政破綻回避を最優先課題とした国は,2005年に「地方公共団体における行政改革推進のための新たな指針」を自治体に通知,8領域20項目以上にわたる行政改革メニューを提示し,「集中改革プラン」と称する包括的行政改革計画の策定と実施を勧奨,実施状況をホームページ上に公表する

などしてその徹底を図っている（総務省 2015）。

　このような国の圧力もあり，多くの自治体は，職員定数の削減，給与水準の引き下げ，事務事業の削減，事務の効率化等，財政破綻の回避を目的とする「行政改革」に取り組むことになった。しかし，これらの取り組みは，「ニーズ多様化」への対応という観点からは，その前提条件である3）「公共サービス供給を支える財源」を整備するものに過ぎない。その実績を踏まえ，「協働事業促進に関する制度設計」と「公共サービス供給主体の育成支援」という1）2）の条件整備に着手することで，初めて「ニーズ多様化」への対応という政策理念を実現する道筋が見えてくるのである。

1.3 「協働のまちづくり」の意義

　行政改革の一環として自治体が主導しているため，「協働のまちづくり」は，財政健全化を「偽装」するためのタテマエではないかと怪しむ住民は多い。また，自治体職員にすらそのような認識をもつものが多いのではないか。確かに，この施策が，「安上がり」な公共サービスの実現を意図して実施される場合があることは，否定できない事実である。しかし，それは次節で確認するように，「協働3原則」および各種の「協働ルール」の遵守により改善の余地があり，不毛な批判合戦に時を浪費すべきではない。この施策には，「ニーズ多様化」への対応と通底する本質的な意義がある。それは，住民が，自ら公共経営に参加することにより，受益と負担の対応関係を理解し，居住地域においてどのような公共経営のあり方が最適なのかを考える契機となるということである。

　我が国における公共経営のいびつさは，根源的には，住民の無関心，あるいは受益者としての立場に固執し，税負担者・経営者としての立場を十分に自覚していないことに求められる。「負担はできるだけ少なく，公共サービスはできるだけ多く」という非合理な要求は，自治体経営を圧迫しやがて破綻に追い込むことになる。その回避を各種の「交付金」「補助金」で支え巧妙に統制してきたのが国であり，結果として，国に対する自治体の行財政依存が恒常化し，

「ニーズ多様化」に対応する環境整備が後手に回ってきたのである。

　自治体は経営責任を負う立場にあるため，その関心がともすれば財政問題に偏向してしまう。これを「ニーズ多様化」に引き寄せ，バランスのとれた公共経営を実現するためには，住民が，政策の決定過程および執行過程に参加し，納税者としての合理的判断力を高め，公共経営のあり方について合意を形成していく必要がある。自治体にどのような公共経営を担わせるべきか，自治体と住民との最適な役割分担とはいかなるものか。自治体と国はどのような関係にあるべきか。これらの点について，（行政職員を含む）住民が協議を重ね，合意を図る機運が生じる点にこそ，「協働のまちづくり」の本質的な意義を見出すべきなのである。

2．自治体による推進体制の整備

2.1 「協働3原則」の遵守

　「協働のまちづくり」とは，「ニーズ多様化」により頻発する地域課題の解決に，異なる主体が，何らかの役割分担に基づき連携して取り組むことである。役割分担には多様な形態が想定されるが，公共サービスの「安上がり」な提供のみを目的とする「協働の偽装」に陥らないためには，連携主体が「目的共有」「相互理解」「対等性」の「協働3原則」を遵守することが求められる。

　「目的共有の原則」とは，地域課題の把握，解決優先順位の検討，住民間の合意形成，課題解決事業の企画・実施・評価・改善の各過程において，多様な視点から十分な協議を行い，連携主体間において合意形成を図ることである。複数の主体が協働事業を実施する意義は「ニーズ多様化」に対応するためであることから，これは，「協働3原則」の中でも最上位に位置すべき原則である。連携主体が合意なしに事業を実施した場合，実施過程において混乱が生じ，事業が中止に追い込まれるなど，連携の逆効果が生じることになる。また，事業の契機が，一方から他方に対する強制によるもの，また，委託金や信用の獲得を主目的とするものである場合，主体間の「合意」は形式的なものとなり，多

様な視点から協議される可能性に乏しいことから，協働事業とはみなしえない。あくまで，目的を実質的に共有しこれを最優先に展開することが，協働事業の条件である。

そして，目的共有の過程に不可欠なのが，「相互理解の原則」である。これは，字義どおり，連携主体間の特性を相互に理解し尊重するということである。単独実施と比較して合意形成に多大な時間と労力を費やすことになるにもかかわらず，複数主体が連携することの意義は何か。それは，主体の異質性にある。地域課題の把握，解決優先順位の検討，住民間の合意形成，事業の企画・実施・評価の各過程において，異なるアイディアやアプローチの可能性を協議でき，その実施過程では異なる資源を動員することができる。その結果として，単独ではなし得なかった課題の解決が図られる。これが「協働」がもたらす理想的な展開であり，生産性の観点からみた協働事業の意義なのである。連携主体は事業実施にあたり，互いの異質性を十分に認識し，その特性が課題解決にどのように役立つのか見極める必要がある。その見極めがつかないのであれば，あえて協働事業を実施すべきではない。

さらに，実質的な目的共有，異質性の相互理解，この2つの原則を保障する条件が，「対等性の原則」である。連携主体の間に，人力・組織力，財力，情報力，その他の資源動員力に著しい格差が存在し，優位にある連携主体がこの格差を利用して事業を推し進めようとすると，目的共有を軽視した連携事業，異質性に無理解な連携事業が展開されやすくなるが，これでは，「協働」による生産性の向上を期待することはできない。この原則は，資源動員力に格差がある主体が協働する際には，優位にある連携主体が格段の配慮を以て臨む必要があることを訴えているのである。とくに，自治体が住民団体との協働事業を実施する際に，留意すべき原則であるといえよう。

2.2 協働ルールの明文化

「協働のまちづくり」施策に着手するにあたり，自治体は，「協働3原則」を

反映させた「協働のルール」─条例，推進計画，事業マニュアル等─を，住民および民間団体との協議を通して策定する必要がある。この施策の目的は，公共経営の新たな制度構築にあるため，「条例」の制定および「推進計画」の策定により，施策の継続性を確保する必要がある。また，協働主体と想定される自治体と民間団体とでは，資源動員力に著しい格差が想定されるので，協働事業実施過程におけるルールを定めた「事業マニュアル」の制作も必須である。その内容は，自治体と住民との協働に関するものであるから，制作過程においても住民各層を委員とし，十分な意見交換による合意形成が可能となるワークショップの手法を用いることが望ましい。また，制作後は，これを協働主体に遵守させるため，評価機能をもつ委員会を設置し，実施状況を監督させる必要がある。既出の調査によれば，制作手法は不明であるが，2014年の調査時点で，70～80の自治体が条例もしくは推進計画を策定しているという（総務省 2015）。

2.3 推進体制の整備と公募提案型協働事業の実施

自治体は，この施策を担当する主務部局を設置し「推進計画」に基づく事業の進行管理を図るとともに，各部局におけるこの施策の遂行を促す必要がある。主務部局は，各部局と民間団体とを結びつける媒介者としての役割をもつとともに，協働事業の実施における「協働3原則」「協働ルール」遵守についてチェックする役割を担う。この媒介・チェックの過程は，協働理念を普及させる最も重要な機会であるため，時間と労力を惜しまず取り組む必要がある。一部の職員，部局に任せ切りにせず，首長主導の下，全庁をあげた推進支援体制の構築が必要である。具体的には，職員研修により協働理念の普及を図るとともに，各部局における協働推進員の配置，予算要求時における協働加点制の導入等により，協働理念が通常業務に反映されるような制度構築を図る必要がある。

将来的には，協働理念に基づく連携事業が各部局と民間団体との間で自然発生的に展開し，主務部局はその調整やルールチェックを主任務とすることが理

想である．しかし，現時点では，何らかの誘因が必要であり，その代表例が「公募提案型協働事業」である．これは，各部局および民間団体に対して課題解決型事業を公募し，審査を経て実施事業を選定，事業経費を公費で賄うというものであり，2014年の時点で130余の自治体が取り組んでいる（総務省 2015）．

この事業は，協働事業の「モデル」として実施するものであるため，その内容は，「ニーズ多様化」に応えるものであり，かつ協働することで初めて実現可能となるものが求められる．また，企画・実施・評価の各段階において，協働主体どうしが繰り返し協議の場をもつなど，「協働ルール」の遵守が求められる．なお，協働理念の浸透が不十分な状況では，各部局が単独で実施していた行政事務を経費削減の目的で民間団体に請け負わせる「業務委託」，あるいはメンバーが実施したい事業を活動資金獲得や公的信用獲得の目的で提案するという「資金・信用稼ぎ」などの協働の「偽装」が多々発生する可能性がある．主務部局には，このような事態に対し，事業の成約件数に拘ることなく，協働理念の普及の観点から十分な調整を行うことが期待される．

3．協働主体の質的向上を図るプログラム

3.1 プログラム導入をめぐる論点

「協働のまちづくり」をすすめるためには，協働主体となりうる，地域課題解決事業に意欲があり，かつ一定のノウハウを有する住民団体が，地域社会に存在していなければならない．しかし，公共経営は自治体のみが担うべきであるという考えが根強いため，現状では，そのような住民団体，ならびにこれを支持し積極的に参画する住民は少数に留まっている．それゆえ，住民および住民団体が協働主体としての質的向上を図るためのプログラムが必要となる．これは，事業の計画実施に関するものと，人材の発掘育成に関するものとに大別できる．ここでは，プログラムの内容について検討する前に，誰がプログラムの実施主体になるか，という重要な論点に触れておきたい．

実施主体として望ましいのは，地域づくりの主体としての住民団体である．

住民団体が，地域社会における課題の解決に取り組むため，自らの課題解決能力と人材育成能力の質的向上を目指し，自治体をはじめとする外部組織・外部人材がこれを支援する，という状態が理想である。しかし，現状では，このような志向性をもつ住民団体は限られる。やむを得ず，自治体が，実施主体としてこれらのプログラムを主導することになりがちである。

しかし，ここで，慎重な検討が必要である。推進体制の整備，「協働3原則」「協働ルール」の遵守など，自治体および自治体職員が協働主体としての質を確保し，住民および住民団体から一定の評価を得ていない段階で，これらのプログラムを主導するとどうなるか。プログラムの導入は，地域づくりに関する既存の手法に改善を迫ることになる。自治体が，率先垂範し既存の手法を改めていなければ，住民および住民団体が，改善提案に同意するとは想像しにくい。「自治体が，自分たちがやるべきことを住民に押しつけている」という根強い批判に油を注ぎ「協働のまちづくり」そのものが立ちゆかなくなる危険さえある。少なくとも，自治体と住民が「ともに」変わっていく過程を共有する覚悟と見込みがないのであれば，プログラムの導入は時期尚早と判断すべきである。

3.2 地域づくりに役立つ「地域づくり計画」の策定事業

住民団体の多くは，会員間の親睦・交流を主目的としており，地域課題の解決志向は一様でない。自治体の要請を受け課題解決事業に参加することはあるが，それは，自治体の企画に労力と時間を割いて「協力」しているという認識である。その営みが地域課題の解決に一定の役割を果たしていることは疑いない。しかし，「協力」に留まる限り，住民団体が，課題解決主体に求められる手法——地域課題の把握，解決優先順位の検討，住民間の合意形成，課題解決事業の企画・実施・評価・改善など——を修得することは困難である。

そこで，近年よく取り組まれているのが，「地域づくり計画」の策定である。これは，地域社会の将来像，分野別課題，解決方針，解決事業例，実施主体，実施期間，などを記載したもので，小地域における地域づくりの見取り図とい

うべきものである。具体的な作業としては，①住民対象質問紙調査による「地域課題の把握」，②住民どうしの話し合い（ワークショップ）による「解決優先順位の検討」「住民間の合意形成」「課題解決事業の企画」などが行われる。このプログラムを実施する意義は，課題解決手法の修得のみに留まらない。自前では調達困難である質問紙調査手法，話し合い技法などを，外部組織・人材から得るため，計画策定過程自体が，協働事業を体験する機会となる。また，話し合いを繰り返すなかで，地域社会の将来は，国や自治体ではなく，住民が自律的に決め，その責任も住民が負う，という理念の普及が図られる。これらは，住民が政策の決定過程および執行過程に参加し，納税者としての合理的判断力を高め，公共経営のあり方について合意形成を図るという「協働のまちづくり」の本旨に沿うものであり，多くの地域で実施されることが期待される。

　なお，協働主体として関与する外部組織・人材は，策定主体である住民団体の自律性を尊重し，その要請に応え協力するという従的スタンスで臨むべきである。補助金交付などで策定を誘導する，予算切れを理由として終期を年度内に設定させるなど，外部組織・人材からの支援の受け容れが，計画策定における他律性を強める事態は，極力，避けなければならない。

3.3 地域づくりに役立つ啓発事業と研修事業

　住民団体が抱える課題の一つが，後継者となる担い手の発掘育成である。既存の手法は，活動関係者の人脈による勧誘であるが，新規獲得者数に限界があり，また活動の閉鎖性を引き起こすことが懸念される。他方，協働理念の普及とその実践のためには，住民を対象とする啓発事業および研修事業が必要であるが，講演会や研修会を開くには多大な労力を要するため，効果的な方法の検討が必要となる。このような状況の下で，自治体が企画運営し，住民団体が受講者の動員を図るという啓発事業や研修事業が行われている。

　これらの事業の課題は，受講者数で事業評価を行うため，事業の実施が自己目的化していることである。地域づくりの経験や関心が異なる受講者に等しく

一定の満足感を与える必要があるため，啓発事業の内容は，知名度の高い講師による，全国的な先進事例，普遍性の高い手法の紹介が中心となる。内容によっては一定の「啓発」効果を期待できるが，それが受講者のその後の実践にどのように活かされるかは未知数である。教養を高めるのみならず実践上の効果を志向するなら，啓発事業は，研修事業と連動を図り実施することが望ましい。

では，どのような研修事業を企画すべきか。啓発事業とは異なり，先進事例や普遍的手法の紹介のみでは，明らかに不適切である。なぜなら，地域づくりを目的とする研修事業は，受講者に対し，課題解決を担う者として，小地域の状況に即し多様な手法を応用実践する能力を修得させなければならないからである。それは，受講者の居住地域に頻出する新規課題を題材とし，その地域における旧来の手法では対処困難となっている要因を検討することによって，高められる能力である。

それゆえ，地域づくりの担い手育成を目的とする研修事業は，課題発生現場に近いところで企画実施すべきである。そして，その中心的役割は，住民団体が担わなければならない。住民団体が，啓発事業を承けて研修事業を企画実施し，その結果，当該地域における人材育成および課題解決がすすむこと，これを到達目標として，啓発事業および研修事業のあり方を考えるべきなのである。

4．住民団体による人材発掘事業の事例

4.1 研修事業の概要と協働事業としての特徴

ここでは，住民団体による人材発掘事業の事例として，A県B市C地区（人口約2,500人の都市近郊農村地域）において「C連合自治会」が2010年度から2013年度にかけて実施した研修会について取り上げてみたい。

この研修会の特徴の一つは，対象者を年齢で3層に区分したことである。具体的には，昭和20年代生まれで当時56歳～65歳を対象とする「熟年の部」（2010年度実施），昭和30年代～昭和50年代生まれで当時27歳～56歳を対象とする「青

表7.1 「熟年の部」のプログラム概要

プログラム		内容とねらい
第1回 (2010.12.12) 受講44名	○講演①「生涯現役！熟年世代の生きがいづくり」	高齢期の生きがいづくりのため「地域デビュー」が必要であることを認識する。
	○ワークショップ① 「他者紹介」	相互に「他己紹介」しあうことで，地域に友人をつくるきっかけを得る。
第2回 (2011.1.22) 受講40名	○講演② 「C地区はこんなところ」	人口動態グラフや地域活動写真等を用いた説明を受けC地区の現状に対し理解を深める。
	○ワークショップ② 「夢見る私のセカンドライフ」	C地区でどのようなセカンドライフを送りたいか考えるきっかけを得る。
第3回 (2011.2.19) 受講31名	○話題提供 「私の地域デビュー」	地域づくりに取り組む3名の住民の体験談を傾聴し地域デビュー後の具体的なイメージを持つ。
	○ワークショップ③「私はこうして地域に飛び出したい」	受講者自身が自らの地域デビューの計画を語り合い，実施意欲を高める。

※タイトルは趣旨を損ねない程度に一部簡略化している

壮年の部」（2011年度実施），昭和20年以前生まれで当時70歳以上を対象とする「高齢者の部」（2013年度実施）として実施している。その長所は，ライフステージ別にきめ細かなプログラムを企画することができる点にある。例えば，「熟年の部」のプログラムは表7.1のようになっている。

　高齢化が進むなかで，戦後世代が地域づくりとどのようにかかわりをもつかが，今後10～20年の地域社会のありように大きな影響を与えるものと推測される。「熟年の部」における研修目的は，これまで地域づくりとは疎遠であった，戦後世代住民の参加を引き出すことにあった。

　表7.1からわかるように，研修プログラムは，この目的を見据え綿密に計画されている。第1回は，①学識経験者の講演によって定年後・子育て後の「地域デビュー」の必要性について認識し，②他己紹介によって受講者相互の関係づくりを行った。第2回は，③連合会長によるC地区の現状報告によって

地区の特性と課題を共有し、④受講者どうしの話し合いよってC地区におけるセカンドライフのあり方を考えるきっかけをもった。第3回は、⑤C地区で地域デビューを果たし地域づくりに取り組む住民の講話によって具体的なイメージをもち、⑥受講者どうしで自身の地域デビュー計画を語り合った。

　各回のプログラムは、高度な見識と豊富な経験をもつ連合会長および連合会役員と、かれらがコーディネートした行政職員、市民活動家、大学教員との協議によって形作られていった。研修会当日においても、市民活動家はファシリテーターとして各回の話し合いの円滑な進行に貢献し、大学教員は講師として講演するとともに各回の受講者対象事後アンケートの分析、さらに数年後には参加者フォローアップ調査の分析を行っている。また、ファシリテーターにはB市の専門家登録派遣制度から謝金・旅費が、また大学教員には地域貢献業務として所属大学から共同研究費の拠出があった。このように、住民団体が、自ら外部組織・人材をコーディネートすることで、目的に適する充実した研修プログラムを企画実施することができたのである。住民団体を中心とする「協働のまちづくり」の具体的なあり方の一例が、ここに示されているといえよう。

　研修会は、各回とも土曜日あるいは日曜日の午後、休憩を挟んで約150分間にわたり実施された。受講者に対して毎回実施した事後アンケートの結果をみると、常に回答者の7割から8割がプログラムを「今後に役に立つ」面白い体験だったと肯定的に評価しており、総じて満足度は高かったといえる。

4.2　「自治会推薦」「年齢別選抜」による人材発掘の意義

　この研修会の特徴の一つは、「自治会推薦」および「年齢別選抜」という受講者募集方法にある。具体的には、主催者であるC連合自治会が、構成16単位自治会に対し、特定の年齢に限定した数名の受講者の推薦を依頼している。年齢別に受講者を集めることができた理由は、自治会という、住民に最も身近な組織のネットワーク力を活かすことができたからである。そしてこのことは、人材発掘事業について、新しい方法を提起するものでもある。

地域社会における既存の人材発掘方法は，地域活動関係者が自身の「人脈」を活用して参加を呼びかけるものである。新規参加者は，勧誘者の仲介により活動組織に溶け込みやすく，活動ならびに活動組織の運営は円滑に進みやすい。しかし，この方法では，地域づくりへの参加機会が私的な人脈に限定されてしまい，活動組織の閉鎖性を引き起こしてしまう。活動者の人脈に連ならない住民の反発と離反を招きやすく，異なる人脈や価値観によって担われる活動に対する許容力（柔軟性）を欠いてしまうのである。このことは，少子高齢化と人口減少によって後継者不足が深刻化するとともに「ニーズ多様化」への対応に迫られている地域社会にとって，看過できない問題である。

これに対して，「自治会推薦」による「年齢別選抜」は，年齢という客観的条件を付与することで，活動者の私的「人脈」への過度な依存を抑制し一定の「開放性」を担保するとともに，受講者に対しては，自治会を代表するものとして地域づくり参加への「使命感」と「公益性」を付与することになる。これは，旧来の手法が招く「閉鎖性」を和らげ，「ニーズ多様化」への柔軟な対応を可能にしていくのではないだろうか。

このような募集方法が可能だった背景として，C連合自治会とこれを構成する単位自治会との緊密な連携体制，ならびに単位自治会に対する地域住民の帰属意識の高さがあるものと思われる。受講者推薦のために人選と斡旋の労を担った単位自治会役員の方々の努力に心から敬意を表したい。類似の条件をもつ地域社会においては取り組む価値のある募集方法であると考えられる。

4.3　研修事業の評価

この研修会は，どのような効果をあげたといえるだろうか。研修プログラムが受講生の「意識変容」を促し，変容した意識が一定の条件を得て「行動変容（活動参加）」に結びついたことが明らかになれば，そこに一定の効果を認めることができる。そこで，研修会終了後3年を経過した2014年2月に，筆者がC連合自治会との共同研究として実施した質問紙調査の結果から，その効果の一

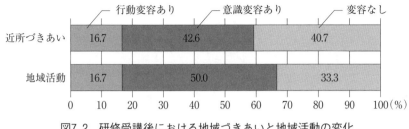

図7.2 研修受講後における地域づきあいと地域活動の変化

端を確認してみたい。なお，この調査は，「熟年の部」受講者54名全員が回答している。

まず，受講者の「意識変容」についてみると，図示していないが，研修受講によって「地域貢献意欲」が高まったとする受講者は29.6％であった。また，図7.2に示したように，「近所づきあい」については，「行動変容あり（近所づきあいが深まった）」16.7％，「意識変容あり（近所づきあいを大切にしようという想いが強まった）」42.6％，「地域活動」については，「行動変容あり（地域活動との関わりが深まった）」16.7％，「意識変容あり（地域活動に参加しようという想いが強まった）」50.0％，となっている。研修を受講したことで，受講者の3割が地域貢献意欲を高めるとともに，受講者の6割前後が近所づきあいや地域活動に対する関心を高め，さらにその一部が行動変容に至っていることがわかる。

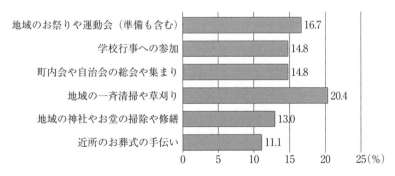

図7.3 研修受講後に新規参加した地域活動

それでは，受講生は，具体的にどのような活動に参加するようになったのだろうか。図7.3をみると，受講者のうちの1割〜2割程度が，既存の6つの地域活動に新規参加するようになったことがわかる。

さらに，地域課題解決を目的とする新たな活動も生じている。それは，研修受講者を中心に計24人の会員制グループとして結成された「ふれあい農園クラブ」の活動である。構成員の年齢は65歳〜74歳が中心で，年会費1,000円で運営されている。活動内容は，地域内の農園において，キクやジャガイモなどの花卉，根菜類を栽培するものであるが，自家消費のみならず，近隣住民や近隣施設に対する配布・販売も積極的に行うことで，地域社会との接点ももっている。農業従事者の高齢化により休耕田が広がりその管理に悩む地域は多いが，農業地域であるC地区も同様の問題を抱えている。それゆえ，「ふれあい農園クラブ」の活動は，自然共生型の社会参加機会を求める高齢者による地域解決型事業の一つとして，評価されるものである。

以上のように，住民団体による人材発掘事業は，研修内容に地域特性を色濃く反映させることができ，自らのコーディネートにより外部組織・人材を活用することによって，一定の成果をあげることが可能であると思われる。

5．「協働のまちづくり」の展望

「協働型」の連携事業では，「協働3原則」「協働ルール」に基づき，地域課題の把握，解決優先順位の検討，住民間の合意形成，課題解決事業の企画・実施・評価・改善の過程について，連携主体間の協議により実質的な合意を図る必要がある。それは，「ニーズ多様化」への対応を目的とする手法だからである。他方，「協働3原則」「協働ルール」を欠いたものが「業務委託型」の連携事業である。自治体が単独で目的および事業内容に関する「仕様書」を提示，委託金の獲得，信用の維持等を目的とする住民団体が無条件でこれを受託し事業を遂行するもので，「経費削減」を目的とする手法として広く用いられている。

問題は，「協働型」の連携事業と称しながら，実質的には「委託型」の連携事業を展開している場合である。このような「偽装」が協働ブームのなかで蔓延し，住民や住民団体の信頼を失うことが強く懸念される。これまで，公共課題解決の担い手として独占的立場にあった自治体は，人力・組織力，財力，情報力などで圧倒的な優位に立ち，多くの住民団体を実質的に「下請け」として活用してきたという事実がある。経費削減のため，「下請け」を量的に増やすことに主眼があるのであれば，「協働のまちづくり」の看板を掲げてはならない。

　他方，住民ならびに住民団体は，協働理念に対する理解を深めるとともに，公共経営に対する積極的な参画を心がけるべきである。自治体に対する財政支出削減の圧力は，国からだけではなく，住民からも生じている。一部住民が非合理な「低負担高サービス」を追求し，有力議員等を通じて自治体に圧力をかけ利益誘導を図るというあり方は政治不信を招き，公共経営に対する関心を低下させてしまう。公共経営により多くの住民や住民団体が関心をもち，受益と負担の妥当性についての議論を正面から行い，納税者として責任ある態度をとることが必要である。「協働のまちづくり」事業にかかわることで，そのような住民ならびに民間団体が少しでも多く育成されることが期待される。

　「協働のまちづくり」とは，「ニーズ多様化」への対応を目的として展開すべきものであり，それは，1）自治体の制度設計能力，2）多様なサービス供給主体の存在，3）サービス供給を支える財源，に加え，4）納税者としての住民の合理的判断，5）住民の政策決定過程と執行過程への参加，という条件を地域社会に整える取り組みである。「協働3原則」ならびに「協働ルール」を踏まえ，自治体と住民および住民団体が互いに真摯な態度で向き合うことによって初めて，再生の可能性が地域社会に訪れるのではないだろうか。

■引用・参考文献

荒木昭次郎『協働型自治行政の理念と実際』敬文堂 2012。
荒木昭次郎・黒木誉之・久原美樹子・澤田道夫『現代自治行政学の基礎理論―地方自治の理論的地平を拓く』成文堂 2012。
月刊地方自治職員研修編集部編『臨時増刊号74　住民参加の考え方・すすめ方―自治を深化させる方法論』公職研 2003。
今川晃・新川達郎・山口道昭編『地域力を高めるこれからの協働―ファシリテータ育成テキスト』第一法規 2005。
今瀬政司『地域主権時代の新しい公共―希望を拓くNPOと自治・協働改革』学芸出版社 2011。
中川幾郎編『コミュニティ再生のための地域自治のしくみと実践』学芸出版社 2011。
恩田守雄『共助の地域づくり―公共社会学の視点』学文社 2008。
佐藤徹・髙橋秀行・増原直樹・森賢三『新説市民参加―その理論と実際』公人社 2005。
世古一穂『参加と協働のデザイン―NPO・行政・企業の役割を再考する』学芸出版社 2009。
総務省「地方公共団体における行政改革の取り組み状況に関する調査」http://www.soumu.go.jp/iken/main.html（2015年10月12日取得）
山崎丈夫『地域コミュニティ論―地域分権への協働の構図　三訂版』自治休研究社 2009。
山崎仁朗編『日本コミュニティ政策の検証―自治体内分権と地域自治へ向けて』東信堂 2014。

8章 災害復興と地域再生

横 田 尚 俊

1. はじめに―災害復興，復興まちづくり，地域再生

　20世紀の終わりから，日本では大災害が頻発するようになってきている。なかでも，1995年1月17日に発生し，6,400人を超える死者を出した阪神・淡路大震災と，2011年3月11日に発生し，地震後の大津波により，およそ2万人という「阪神」をはるかに上回る犠牲者を生み出した東日本大震災とは，その被害規模からも，社会に対するダメージの深さからも，歴史に残る大災害であった。後者は，未曾有の原発事故をともなう巨大複合災害であり，政府による警戒区域等の設定や広範囲にわたる放射性物質の拡散とともに，十数万人に及ぶ人々が広域・遠隔避難を余儀なくされた。震災から5年以上を経過した現在も，多くの人々が，ふるさとに帰ったり元の生活に戻ったりする目処も立たぬままに，長期避難生活を送っている。

　一般的には，災害にともなう被害の様相や社会的課題，それらに直面した人間・組織の対応行動は，時間的局面とともに推移していく。災害社会学においては，おおむね，緊急対応期，応急復旧期，復旧・復興期といった時期区分に基づいて，災害過程の分析が行われる。このうち「地域社会の再生」が直接の課題となるのは，おもに復旧・復興期においてである。

　宮原浩二郎によれば，災害復旧とは「原型復帰」を意味するもので，被災し破壊された施設や機能を災害前の状態に戻すことである。具体的には，ライフラインの修復・回復や公共施設の再建などが該当する。これに対して，災害復興では，復旧以上の望ましい状態を創出し，被災前と同等かそれ以上によい街

や生活環境，地域社会などを再建していくことがイメージされている。阪神・淡路大震災の被災自治体では「創造的復興」なる目標が掲げられたが，そこで意図されていたのは，長期的で総合的な地域全体の改善や創造であった（宮原 2006：7-16)[1]。

　災害復興には，被災市街地や集落の物的基盤の再建と，地域の経済・産業や文化，福祉，人間関係などの再建・再生（生活再建）とが含まれる。そのような意味で，復興まちづくりは，地域再生をめざす諸主体の苦難に満ちた取り組みである。

　むろん，被災者個人・世帯の生活再建と地域社会の復興・再生とは必ずしも一致するとは限らない。被災者が地域から離れ，移動することによって，個々の生活再建をなしとげようとしたり，あるいは実際になしとげたりする場合も少なくないからである。東日本大震災の福島第1原発事故によって遠隔避難を余儀なくされた被災者には，そのような選択をせざるをえない人々が多数含まれている。

　とはいえ，ほとんどの災害において，「なるべく元の地域・場所に戻って生活を再建したい」と希望する住民が大半を占めるのもまた現実である。この章でも，個々の被災住民の生活再建と地域の基盤整備，物的施設の再建や文化行事，人間関係などの回復・再編とは並行して進められていくという前提で，議論を進めていきたい。「原型復帰」であるか「創造的復興」であるかを問わず，両者を含めて復興と解釈し，その過程で展開される被災住民および住民組織や関係者・関係団体（行政や事業者，支援のボランティアなど）が，お互いに交渉したり協力したりしながら，地域再生をめざして行われる活動・取り組みを復興まちづくりと呼ぶことにする。

　その意味で，復興と地域再生とはほぼ重なり合うが，復旧・復興期が終了したとしても，災害による社会文化的な剝奪状況を克服しつつ，地域の親睦や課題解決をめざす関係者の努力は続けられていく。具体的な災害事例では，どの時点で復興まちづくりが終了し，いつから日常の地域住民活動やコミュニティ

づくりに移行したのか，明確な時期区分をすることが困難なケースも数多い。公的な復興事業の完了という指標を除けば，両者は連続しているのであり，復興まちづくりが一段落した後も地域再生に向けた不断の取り組みは続けられていくことを想定して，以下の議論を展開していくことにする。

2．災害復興をめぐる政策の特質と展開

2.1 都市基盤整備としての災害復興政策

　災害復興の過程（復興事業・復興まちづくりの速さ・成果など）は，さまざまな要因に影響を受ける。ざっとあげるだけでも，災害の種類，物理的強度と規模，被災地域社会の特性と保有資源量，政府・自治体の災害対応と復興政策，被災地をとりまく社会の活力や支援力などの要因が考えられよう。なかでも，政府・自治体の復興政策や法定事業の実施は，復興まちづくりのゆくえを大きく規定する。大規模災害の被災地では，行政による強力な規制とリーダーシップの下で，街区の再建や災害復興事業が実施され，被災地域の人口流動（住民の流出と新たな住民の流入）が促されたり，地域社会における産業構成や組織，リーダーシップなどの再編成が生じたりするのである。

　そもそも，災害復興という概念は，日本の災害関連法体系や災害・防災対策において，長らく公式には位置づけられず，個別の災害ごとに建築規制が布かれたり，都市基盤整備の手法が適用されたりするのが一般的であった（宮原 2006：10）。しかも，古くは関東大震災からの復旧・復興や戦災復興に代表されるように，復興とは近代的な都市空間形成と街路などの都市基盤を整備することであり，被災者の生活再建支援は復興政策から除外されてきたのである（小泉 2016：160）。

　こうした手法は，阪神・淡路大震災の復興過程にも顕著に表れている。神戸市を中心とする被災市街地に建築基準法第84条に基づく建築制限が課された後で，震災から約1ヵ月後の2月中下旬には，神戸市震災復興緊急整備条例と被災市街地復興特別措置法が制定・公布された。条例に基づいて，被害の大き

かった市街地5,887haが震災復興促進地域に指定されるとともに，「特別措置法」によって，2年間の建築規制措置や復興都市計画事業に対する国庫補助率の上乗せ措置などが導入された。

これを受けて，3月中旬には，都市計画決定に基づく事業実施地区の線引き・色分けが行われ，被災市街地は，①事業実施地区（「黒地地域」），②重点復興地域（「灰色地域」），③震災復興促進地域（「白地地域」）に区分された。3地域全体のわずか4.0％を占めるに過ぎない①には，土地区画整理事業や市街地再開発事業といった法定事業が導入され，②には，共同・協調建て替えに対する補助事業などが適用されることになったのである。

①に導入された法定事業は，道路拡幅やオープンスペースの整備，不燃化などにより都市の防災性を担保しようとするものだが，建築制限や土地区画整理にともなう減歩，さらには事業完了までに長い時間を要する点（復興の長期化）など，被災住民・地権者に大きな負担を強いるものであったため，各地で都市計画決定に対する強い抗議や反発の声が上がっていった。兵庫県や神戸市はこれを受けて，都市計画決定に基づく法定事業の詳細部分については「住民参加」により決定する，そのための住民・地権者の意見集約の場としてまちづくり協議会を設置するという「二段階都市計画」の復興まちづくりを推進する姿勢を示した。その結果，②の区域内も含めて，神戸市内だけで100近いまちづくり協議会が結成されていったが，①の区域の少なからぬ地域で事業をめぐる葛藤は容易にうまらず，復興まちづくりの道程は長期化していった。それにともなって，住民流出が相次いだり，事業への賛否がその後の地域社会の人間関係に深い亀裂を生み出したりするなど，こうした復興手法が地域再生に及ぼした逆機能もあらわになっていった。

むろん，被災自治体からみれば，国の法律に縛られた事業手法を導入する限り，住民への柔軟な対応には限界があるといわざるをえない。とはいえ，減歩を限りなくゼロにするような区画整理案や大規模な住宅の共同再建を前提に敷地を一体化して区画整理の形式的条件をクリアしようとした提案など，土地区

画整理事業を活用しつつ，被災住民の負担をより軽減し，地域内における無用のコンフリクトを回避しうるような工夫や提案が，いくつかのまちづくり協議会では論議されていたのである。そうした提案を包摂することができれば，阪神・淡路大震災における復興まちづくりはまた異なった様相を呈したであろう。その意味で，復興まちづくりの教訓は「従来の法定都市計画・事業からより柔軟で多様な都市計画・事業へのパラダイム転換」（安藤 2004：329）にほかならない。

　阪神・淡路大震災を教訓に，東京都や都区部のように，想定される大規模災害に備えて復興対策の基本方針や体制，手法などをあらかじめ準備するという「事前復興」計画を用意し，これをマニュアル化する自治体も現れてきた。その後，都市・集落の基盤整備という意味での復興政策の枠組みは，東日本大震災を契機に成立した，大規模災害からの復興に関する法律（2013年6月公布）によって整備され，現在に至っている。そこで明示されているのは，大規模災害発生時には政府が復興基本方針を示し，その枠内で必要に応じて都道府県が復興方針を定め，市町村が土地利用や市街地形成に関する復興計画を策定するというしくみである。復興計画や復興事業の実施に当たり，政府の許認可を緩和して，市町村が柔軟に事業が進められるよう特例を設けるという文言も挿入されているが，東日本大震災においても，具体的な復興事業には，土地区画整理事業や防災集団移転促進事業など既存の事業手法がおもに用いられている。

2.2　生活再建をめぐる災害復興政策の転換

　阪神・淡路大震災は，都市基盤整備に偏重した復興政策のゆがみや問題点をあらわにする一方で，それまで欠落していた生活再建支援に対する国民世論の関心を喚起し，政策転換を引き起こした。

　被災者の生活再建に関しては，住宅再建補償をめぐる要求とそれに対する政策形成の動向を振り返る必要がある。被災者個人，あるいは世帯・事業者への生活再建支援制度としては，一定の制限の下で支給される災害弔慰金や災害障

害見舞金，さらに利子補給や償還期間の据え置きなどの措置を講じた各種資金貸し付けや融資制度があり，それら以外では善意で集まった義援金の配分が行われるというのが通例であった。

　より踏み込んだ公的被災者支援の一環として，住宅再建補償問題が政策形成の場面で争点となったのは，雲仙普賢岳災害（1991〜96年）においてであった。但し，このときは，「警戒区域」の設定により自宅に立ち入ることができなくなった住民への補償を主眼とするものであった。政府の権限で立ち入りを禁止し財産が滅失したのに，何らの補償措置もないのは法政策上の欠陥であるとして，島原市や深江町の自治体と住民が一体となって運動を展開したが，中央政府の政策を転換させることはできなかった。義援金の配分などにより，事実上の住宅再建支援金が給付されたこともあって，結果的に，矛盾はそれほど顕在化しなかったともいえる。

　これに対して，阪神・淡路大震災では，都市部が壊滅的な被害を受けたため，住居を失う被災者数も膨大な数にのぼり，義援金の配分で住宅再建の見通しをつけることは不可能になった。こうしたなか，被災者の住宅再建や生活再建を支援する政策の実現，あるいは立法を求める運動が広範に展開されることとなった。ひとつは，兵庫県や日本弁護士連合会，日本生活協同組合連合会などが提案した，住宅と家財を有する全世帯を対象とした住宅再建共済制度の実現を求める運動であり，もうひとつは，被災者や市民グループが中心となって提案した，公的支援法案の立法化を求める市民運動である。

　前者は，全国知事会の場でも協議されたが，全国民が一律の負担をする強制加入型共済制度を設けることについては，知事の間でも異論があり，合意を得るには至らなかった[2]。このため運動の焦点は，後者の公的支援法案に移っていった。国は，「自然災害によって生じた個人の被害を政府が補償することはできない」，「住宅という私有財産の形成に公費を支給することはできない」，「個人の被害はあくまで地震保険などに加入することで対応すべきだ」といった姿勢をあくまで崩さず，一方，「市民＝議員立法推進本部」など市民運動の

側は,「公費による被災者個人の支援は海外でも実施されている」,「住宅は憲法で保障された基本的人権の一部である」といった主張を掲げて,公的支援法案の制定を求める署名活動や超党派の国会議員への働きかけを強めていった。一部のマス・メディアもキャンペーンを張って,こうした市民の運動を支援した。

その結果,1998年5月に,与野党6党の議員提案による被災者生活再建支援法が成立した。この法律は,都道府県が拠出する基金と国の支出により,自然災害(激甚災害)の被災者に最高100万円を給付することができるようにしたものだが,上限額は市民運動の要求よりも大幅に切り下げられ,所得制限の条項も加えられるなど,折衷的な内容となった。何よりも,給付を受けても住宅本体への支出は認められず,「生活に通常必要な物品」である家財道具やその修理費,住居の移転費用などに使途が限定されることとなった。生活再建支援政策は前進し,その意味で「霞ヶ関の壁に開けた小さな穴」であることは確かだが(毎日新聞大阪本社震災取材班編 1998:162-196),政府は「住宅という私有財産形成に公費は支給できない」という姿勢を崩さず,生活再建支援に関する公共性の論理をめぐって,政府官僚サイドと被災者・市民との間で意見対立が続いた[3]。

こうした動向に一石を投じたのが,2000年10月に発生した鳥取県西部地震における鳥取県の対応であった。この地震は高齢化が著しく進む過疎農山村地域を襲い,被災地の住宅の4割近くが全半壊の被害を受けたが,県知事の迅速な決断により,県と市町村が公費を捻出し住宅の建て替えに最高300万円を支給する住宅復興補助事業(翌年,被災者住宅再建支援条例へと制度化)が設けられた。この事業では,国が公共性を認めてこなかった住宅本体の再建に公費(補助金)が投入されるとともに,支給に当たっての所得制限もつけられなかった。鳥取県側の公共性の論理は,そのまま放っておくと住民は住めなくなり,結果として過疎農山村から人口が流出すれば地域社会そのものが崩壊する(地域社会を維持するために公費の投入が必要である)というものであった。

この鳥取県の政策は，生活再建支援をめぐる公共性の論理を事実上大きく転換させ，2003年8月の宮城県北部地震など，その後の自然災害においても，県が独自の住宅再建支援制度を設け，被災者に一定額を支給するという方式が広がっていった。そうした政策的潮流が勢いを増すなかで，2004年3月に生活再建支援法改正が行われ，全壊世帯への支給最高額が300万円に改められるとともに，自宅が全半壊した世帯に解体撤去費などを支給する居住安定支援制度が設けられた。そして，ついに2007年11月に生活再建支援法は再度改正され，支援金の申請手続きが簡略化されるとともに，住宅の被害程度と再建方法に応じて，使途制限を設けずに定額（最高300万円）を支給する方式へと変更された。ここにおいて，市民的公共性の論理が，生活再建支援をめぐる官の公共性の論理を転換させたといえ，災害政策の展開において画期的な出来事となった。

これと並行して，復興基金を利用して被災者の生活再建を支援するしくみも徐々に拡大してきている。基金による生活再建支援は，雲仙岳災害対策基金以降に活発化し，阪神・淡路大震災復興基金や中越大震災復興基金，それに東日本大震災復興基金などにそのノウハウが継承され，事業メニューがさらに充実化するという経緯をたどっている。これら基金は公費がベースになっているとはいえ，行政ではなく独立した財団・公益団体が管理・運営を担うことによって，多様で柔軟な支援事業を用意し実施することが可能となっている。住宅や農林水産業施設，集会所などの小さな施設・設備整備はもとより，健康・福祉にかかわる事業や，空き家の利用，市民イベント・文化行事の開催，商店街再開，新規の起業などに対する支援やボランティア支援なども，基金事業として展開されるようになってきているのである。

3．復興まちづくりを促す社会の力

これまでの災害において，硬直した復興政策と制度（基盤整備事業）が被災者の生活再建や被災地の復興まちづくりを阻害したり，苦しめたりしているケース（塩崎賢明のいう「復興〈災害〉」）が多いのは事実である。他方で，被災

地域社会の復興に向けた住民の力量―地域の資源動員力や合意形成力を含めたコミュニティの回復力―や，復興まちづくりにおける主体形成のあり方が，復興・地域再生の現実を左右することも明らかになっている。大規模災害により街区や集落の物的基盤が大きく破壊された地域では，行政や専門家の支援を得て復興事業による基盤整備を進めつつ，法制度や基金事業の支援メニューなどを活用しながら，被災住民の生活再建と地域社会の復興・再生を主体的に進めていかなければならないからである。

以下，この節では，被災コミュニティの回復力が震災復興・地域再生を促した事例と，地域住民と復興まちづくりを支援するボランティアとの協力・協働によって地域再生への取り組みが続けられた事例とをとりあげ，それぞれの取り組みの意義と背景に言及したい。

3.1 災害復興における土着型コミュニティの回復力
―福岡県西方沖地震における福岡市・玄界島の復興過程

2005年3月20日，午前10時53分に，福岡県西方沖を震源とするM7.0の地震が発生し，福岡市中央区など市中心部で震度6弱を記録した。この災害により，福岡市内では死者1名，負傷者1,000名あまりが出たほか，5,000棟を超える住家被害も生じた。特に住家・建物の全壊被害が大きかったのが，博多湾の沖合約20kmのところに浮かぶ玄界島であり，市内の全壊棟数141のうち107棟は玄界島での被害であった[4]。

玄界島は周囲4.4kmの離島で，博多湾側の南斜面に集落が形成されており，被災当時，約230世帯700人ほどが居住していた。島の就業者の半数は漁業従事者である。

この地震により，玄界島では19名の負傷者が出るとともに，集落が位置する斜面地で地盤崩壊が発生し，大半の家屋が宅地もろとも破壊されてしまったため，全壊率がきわだって高くなったのである。集落を走る階段状の路地もあちこちで崩壊し，斜面地を根本的に再整備しない限り，島民がそのまま居住する

ことは困難な事態に立ち至った。

災害後の対応の中心となったのは，玄界島漁協と地元自治会であり，港に近い漁協事務所を拠点に，漁協役員や自治会長など10名の役職リーダーが集まって，島内の被害状況と島民の安否を確認していった。島民は津波を警戒して，高台の神社や公園，小学校など5ヵ所に避難していたが，「被害が大きく，家で食事をしたり眠ったりできるような状況ではない。早めに対応をした方がよい」と彼らは判断し，福岡市と避難場所について交渉した上で，10名の役職者を除く住民全員の島外避難（市内の体育館への避難）に踏み切った。

その後，仮設住宅の設置と復興方針について検討するために，5月初旬に，住民の発意によって，玄界島復興対策検討委員会（以下では「復興委」と略称）が発足した。委員のうち13名は住民の選挙により選出され，残り14名は各種団体の代表者によって占められたが，メンバーの中核をなしたのはやはり漁協と自治会の役職層であった。仮設住宅については，島内の港に近い平地部分と，島外市街地の海沿いに位置する公園とに設置し，漁業従事者は前者に入居することで合意が成立した。5月下旬の島民総会では，「島に戻って住み続ける」ことを前提に復興対策を要望していくことを決議し，市に住宅・宅地とインフラの一体的整備を要望した。

住宅被害が比較的軽微だった住民と，道路が寸断され，住宅被害も大きく，自主再建が不可能な住民とでは，再建への意向が異なり，復興方針の決定は難航したが，「復興委」のリーダーが「島民が心を一つにして取り組まないと復興は実現しない」と何度も住民に呼びかけた結果，島内斜面地の宅地整備を優先することへの合意が成立した。7月には，早期復興を可能にするために，市が被災者の土地・建物を買収した上で，斜面地の宅地・道路整備を一体的に実施する手法，小規模住宅地区改良事業の導入が決定された。「復興委」は住民意向調査の結果，事業終了後の住宅再建希望世帯が約50世帯であることを把握し，再建困難な，あるいは住宅再建を希望しない住民には，港に近い平地部分に公営住宅（県営65戸，市営50戸）を整備して，そこに入居してもらうという

方針を立て，住民・行政の承諾を得た。避難路を兼ねた，自動車が通行可能な幅員（4m）の道路を新たに斜面地に通すことや，市営住宅にエレベーターを設置し，ブリッジによって建物上階部分と斜面地とをつないだ，住民の移動通路を整備することなども復興計画に盛り込まれ，翌2006年以降，事業として実施されていったのである。

　「復興委」も行政も，3年以内に復興するという目標で取り組んだ結果，総事業費に約100億円をかけて復興事業は2008年3月に完了し，島民の9割以上が玄界島に帰還した。それとともに「復興委」は解散したが，復興後の地域振興・地域再生にも取り組むべきだという住民の声に基づいて，翌年1月に島民総会が開催され，新たに島づくり推進協議会を設立することが決議された。島内8団体から2名ずつの委員が選出され，同年夏（7〜9月）の日曜日には，「協議会」主催の直販市（島で加工された海産物の販売イベント）が開催されるようになったほか，漁船で玄界島の周囲を巡るクルージングや，島外からの自主防災視察研修希望者の受け入れなども開始された。

　このように，震災復興と地域再生の取り組みが迅速かつ順調に進捗していった背景には，行政側が復興事業を適用するにあたって，当初，導入を検討した土地区画整理事業を断念し，地域の実情に合う事業を採用した点も看過できない。だが，それ以上に，住民の個別事情に基づく意向が噴出したとしても，それらに一定の配慮がなされるなら，役職リーダーの下で迅速に団結し，合意を実現しうるというコミュニティの特性をあげなければならないだろう。玄界島には消防署が存在せず，日頃から島民の防火意識が高く，皆が協力して島を危機から守ろうとする意識も強いといわれている。水上消防団分団とともに少年少女防火クラブが存在し，島民は子どものころからそこに参加することが慣行となっている。

　高橋和雄が2008年12月に実施した住民意識調査の結果では，「復興が早く進んだ理由は何か」という問い（複数回答）に対して，「行政の指導」（82.2%）に続き，「玄界島で住宅を再建・確保したいという島民の強い思い」（60.5%），

「島内の結束，きずなの強さ」（52.7％），「復興対策検討委員会のリーダーシップ」（48.1％）といった回答が上位を占めており，復興が進捗した背景に，愛郷心や土着型コミュニティの求心力・結束力が存在することを島民自身が自認しているようすがうかがわれる（高橋 2016：152）。同様なコミュニティの特性は他の離島・農山村などでもみられるものであろうが，玄界島の災害復興過程には，土着型コミュニティの回復力（resilience）が具現していると解釈することができる。

むろん，他方で，復興後の島では人口減少が進行しており（2015年9月末時点で，住民基本台帳ベースの人口は約480人），主力産業である漁業への従事者も，従事したいという青年層も，次第に減少してきている。毎年3月20日を「防災の日」として，島全体で防災訓練が実施されているが，高橋の調査によると，帰島後，郊外ニュータウンのような装いで斜面地に再建された集落では，震災前に比べて島内のつきあいが減少したという兆候も現れている（高橋 2016：139-140）。その意味で，ポスト復興期の地域再生への取り組みをどのように進めていくかが，玄界島が抱える現在の課題だといえよう。

3.2 復興まちづくりにおける地域住民とボランティアとの協働
―阪神・淡路大震災における神戸市長田区御蔵地区の復興まちづくり―

1995年1月17日早朝に発生した阪神・淡路大震災は，建物・家屋の倒壊と延焼火災により，神戸市をはじめとする既成市街地に甚大な被害を生み出した。神戸市内でも，古い住宅や店舗，工場などが混在し密集した長田区の被害は特に大きいものであった。ここでとりあげる神戸市長田区御蔵通5，6丁目地区（以下，御蔵地区と略称）もインナーシティの典型的な住工混在地区であり，古い木造住宅や金属・機械，ケミカルシューズ製造工場などが混在し，314世帯，735人（1990年の国勢調査データ）が暮らしていた。震災による家屋の倒壊と延焼火災により壊滅的な被害を受けたことから，神戸市により「黒地地域」に指定され，土地区画整理事業が導入されることとなった。そこで，高齢の自治会

リーダー層に代わり，50代を中心とする自治会のサブリーダー層，子供会役員，事業所経営者らが中心となって，まちづくり協議会が結成された。協議会は，区画整理に対する住民・地権者の意向の集約と調整，行政との交渉にあたるとともに，共同再建事業の実現に向かって協議を進めていった。

土地区画整理事業が導入された他地区と同様に，御蔵地区でも，復興まちづくりに向けた住民の取り組みは苦難に満ちたものとなり，区画整理に伴う減歩や公園・道路の配置をめぐって，住民間の合意を得る作業は困難を極めた。協議会では1996年に建築家ボランティアの支援を受けて，区画整理と住宅の共同再建とを組み合わせた独自の復興計画案（地区面積の4分の1を共同再建地区とし，空き地を設けることによって区画整理道路に代替するという案）を作成したが，これは共同再建に参加する住民・地権者を具体的に確定するにまで至らず，また行政側にも，土地区画整理の枠内におさまらない事業だとして，受け入れられなかった。その後，97～98年にかけて，共同再建に関する事業計画の練り直しが行われ，当初よりも大幅にプランを縮小する形（地権者9名）で共同再建は実現に向かっていった（横田・浦野ほか 2002：5-23）。

しかしながら，ここで強調しなければならないのは，御蔵地区における復興まちづくりが当初から住民とボランティアとの二人三脚で行われ，お互いが協力・協働の体制を構築していく過程で地域住民の態度変容（共同性への覚醒）が生じ，それが地域再生に向けたさまざまな自主的活動につながっていった点である。御蔵地区には，震災後，若者を中心とする多くの救援ボランティアが神戸市外の各地から訪れたが，そのうちの数名が現地にとどまり，「まち・コミュニケーション」というまちづくりボランティアグループを結成し，区画整理や共同再建に対する住民の意向調査やまちづくり協議会の事務局機能を支援する役割を果たしていったのである。彼らのこうした活動が可能になったのは，ボランティアの献身的な活動に心を打たれた事業所経営者（地権者でまちづくり協議会の役員）が，自らの仮設事務所の一画を無償で貸与するなど，活動に対するさまざまな援助を行ったからであった。そして，この経営者は，共同再

建事業にも積極的に参加し，自らの権利床を地域の集会所兼拠点施設として住民とボランティアに開放したのである。

　土地区画整理事業に区切りがついてからも，住民とボランティアとの信頼関係に基づいて，高齢者に対するミニ・デイサービスや「ふれあい喫茶」，パソコン教室，震災の教訓を地域外の人々に伝えるための「御蔵学校」（講座を中心としたイベント），古民家を移設・活用した集会所づくりといった多彩な活動が，震災後10年あまりにわたって続けられた。御蔵地区では，震災後，土地区画整理事業を機に転出する住民が相次ぎ，居住人口の流動化が進行していた。地域社会の再編成を迫られるなかで，住民とボランティアとの協働による新たな地域再生への取り組みが展開されていったのである[5]。

　だが，この取り組みは，2006年末に大きな転機を迎えることとなった。まちづくり協議会とボランティアとが実施しようとした新規事業に，阪神・淡路大震災復興基金からの助成金交付が内定したことを契機に，自治会の役職層から反発の声が噴出し，まちづくり協議会が解散する事態となったのである。地域のリーダーシップをめぐる人間関係もからんでいるため，その原因や社会的背景をここで摘出することは難しいが，地域外部とのネットワークを積極的に活用しながら取り組みを進めてきたまちづくり協議会のボランタリズムと，自治会の町内共同体型組織文化との衝突が引き起こした事件であったとみなすこともできるだろう。明確な復興課題が地域住民の眼からとらえにくくなった時期に，復興まちづくりとポスト復興期の地域再生とのはざまで生じた摩擦であった。

4．おわりに—復興まちづくり・地域再生を担う主体のあり方をめぐって

　復興まちづくりの対称的な2事例を，被災地域社会の主体形成やコミュニティの特質などに着目しながら分析してきたが，これらを類型的に位置づけると図8.1のようになる。当該地域が，土着型の地域社会か流動型の地域社会かという軸と，コミュニティ単独での（あるいはコミュニティが支援者を包摂した）

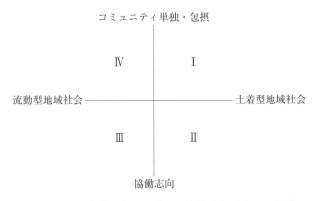

図8.1 地域再生をめざした復興まちづくりの類型

取り組みか，被災地域住民とボランティア・NPOなど外部の支援者との協働による取り組みかという軸を交差させると，4つのタイプに区分することが可能となる。このうち，本章で注目したのはⅠとⅢのタイプである。

福岡県西方沖地震からの復興・地域再生に取り組んだ玄界島の事例は，図のⅠ（「土着─コミュニティ単独・包摂型」）だとみなすことができる。島内は壊滅的な被害を受けて，大規模な基盤整備を進めざるをえなかったが，行政と住民，および住民間の合意形成が比較的スムーズに進むとともに，「3年以内の島内帰還」という目標も実現された。離島コミュニティという特性もあり，土着型コミュニティの求心力と回復力とが復興まちづくりの基盤になったと考えられる。かつての雲仙普賢岳災害における「島原コミュニティ」の復興過程（鈴木編 1998）も，基金の活用や専門家による支援を受けながら，このタイプの取り組みによって地域の復興・再生をめざした事例だといえよう。既存のコミュニティ，地域住民組織の役職リーダー層が，被災住民の意向を集約しつつ行政と交渉し，希望する住民が「ふるさと」で被災前の生活を回復することをめざしたのが，これらの復興まちづくりである。

これに対して，Ⅱの「土着─協働志向型」には，新潟中越地震における被災地，山古志村などの復興まちづくりが該当するだろう。中越地震の被災地では，

土着型コミュニティの回復力とともに，災害後の応急復旧および復興を支援したボランティア・専門家ネットワークの厚みと彼らが果たした役割にも社会的注目が集まった（松井 2011）。

また，Ⅳの「流動—コミュニティ単独・包摂型」は，阪神・淡路大震災後の神戸市を中心とした被災市街地において，有力な地権者や住民リーダーがまちづくり協議会を主導して，行政と住民，および住民間の合意形成を図り，土地区画整理事業などの復興事業を進めていった事例に適合する。

Ⅲの「流動—協働志向型」はⅠの対極をなす類型であり，本章でとりあげた神戸市長田区御蔵地区のように，被災地域住民とその組織（まちづくり協議会）がボランティア・NPOなどとの協力・協働によって地域再生に取り組んでいった事例に該当する。御蔵地区の場合，そのような協働のしくみが必ずしも順調に持続したわけではないが，復興まちづくりのプロセスで住民と復興支援ボランティアたちがともに汗をかいて整備した公園や震災のモニュメント，古民家を移築した集会施設などは，活動の遺産として，今も地域住民のさまざまな行事の中で活用されている。復興まちづくり支援を担ってきた「まち・コミュニケーション」は認定NPO法人となり，今も御蔵地区に拠点を置きつつ，地域への修学旅行生の見学・学習受け入れや東日本大震災被災地への復興支援にも取り組んでいる[6]。

どのタイプが復興・地域再生において有効に機能するのかは，被災した地域社会の特性や災害の規模・特質によって異なる。復興まちづくりが「挫折」したケースも含めて，現実の形態は多様だとしかいいようがない。但し，Ⅰのような体制を構築できない地域では，外部からの支援の力をどのように活用するかで，復興まちづくりの成否が左右されるのではなかろうか。特に，人口の流動性が高い都市部における災害復興であるほど，また，破壊力の大きい大規模災害の被災地であるほど，被災住民・地域住民組織（当事者）と支援者・支援団体とが協力・協働の体制を組み，復興事業メニューを戦略的に活用したり，住民に益する活動を工夫したりしながら，地域再生に取り組む必要性も増して

くる。本章では，そのような協働型の復興・地域再生を可能にする社会的条件については，十分に検討することができなかった。今後追究し，解明すべき災害復興研究の課題である。

注

1) 但し，宮原は，復興概念がしばしば開発主義的で過大な基盤整備に結びつきがちである点を批判している（宮原 2006：17-21）。
2) 兵庫県は独自に，2005年にフェニックス共済（兵庫県住宅再建共済制度）を制度化している。
3) 被災者生活再建支援法は，阪神・淡路大震災にさかのぼって適用されることはなかったが，衆参両院の付帯決議により，これに代わる措置として，阪神・淡路大震災復興基金（9千億円）より被災者に被災者自立支援金（最高額150万円）が支給された。
4) 以下の，玄界島における震災後の復興過程に関しては，福岡市都市整備局玄界島復興担当部（2008）や高橋（2016）などの文献を参考にしたほか，2010年9月に実施した玄界島島づくり推進協議会および福岡市（行政）に対する聞き取り調査のデータをもとに記述した。
5) 「まち・コミュニケーション」の調査によると，2011年8月30日の時点で，御蔵地区における震災後の人口回復率はおよそ83％となっている。また，震災で被害を受け地区内再建を果たした店舗は57軒中18軒（31.6％），工場は44軒中12軒（27.3％）である。
6) 「まち・コミュニケーション」は，2012年12月にNPO法人格を取得し，その後，2015年2月に認定NPO法人となり，現在に至っている。なお，「まち・コミュニケーション」の組織と活動や，御蔵地区における復興まちづくりの経緯については，以下の団体ホームページを参照してほしい。
http://park15.wakwak.com/~m-comi/

引用・参考文献

安藤元夫（2004）『阪神・淡路大震災　復興都市計画事業・まちづくり』学芸出版社.
福岡市都市整備局玄界島復興担当部（2008）『玄界島震災復興記録誌』福岡市
岩崎信彦・浦野正樹・似田貝香門ほか編（1999）『阪神・淡路大震災の社会学（3）復興・防災まちづくりの社会学』昭和堂.
小泉秀樹（2015）「復興とコミュニティ論再考」似田貝香門・吉原直樹編『震災と市民1』東京大学出版会, pp.159-181.
神戸新聞社編（2005）『守れいのちを―阪神・淡路大震災10年後の報告』神戸新聞総合出版センター.
毎日新聞大阪本社震災取材班編（1998）『法律を「つくった」記者たち―「被災者生活再建支援法」成立まで』六甲出版.
松井克浩（2011）『震災・復興の社会学』リベルタ出版.
三浦典子（1991）『流動型社会の研究』恒星社厚生閣
宮原浩二郎（2006）「〈復興〉とは何か」『先端社会研究』5, 関西学院大学出版会, pp.5-38.
宮定章（2006）「住民とボランティアが担った御蔵地区のまちづくり」佐藤滋・饗庭伸・真野洋介編『復興まちづくりの時代』建築資料研究社, pp.46-51.
塩崎賢明（2014）『復興〈災害〉』岩波書店.
鈴木広編（1998）『災害都市の研究』九州大学出版会.
高橋和雄（2016）『玄界島の震災復興に学ぶ』古今書院.
田中重好・舩橋晴俊・正村俊之編（2013）『東日本大震災と社会学』ミネルヴァ書房
浦野正樹・大矢根淳・吉川忠寛編（2007）『復興コミュニティ論入門』弘文堂.
横田尚俊（2014）「戦後日本における災害・防災政策の展開」『山口大學文學會誌』64, pp.1-26.
横田尚俊・浦野正樹（2006）「災害とまちづくり」岩崎信彦・矢澤澄子監修, 玉野和志・三本松政之編『地域社会の政策とガバナンス』（地域社会学講座3）東信堂, pp.103-118.
横田尚俊・浦野正樹・大矢根淳・木村明子・菅磨志保（2002）『大規模都市災害に伴うコミュニティの復興・再編過程』第一住宅建設協会.

第3部
まちづくりの実践と地域再生

9章 山村集落の地域再生とむらづくりのための基本認識
―山村高齢者の生きがい調査から限界集落論を検討する

山 本　　努

1．はじめに―「本当に農山村はダメなのか？」という問題

　今日，限界集落の概念ほど社会に浸透した社会学概念は少ないだろう。「社会学の言説や，他の社会科学の概念や理論，知見は，それが何であれ研究しようとしている対象のなかに絶えず『循環的に出入りして行く』」（ギデンズ [Giddens, A.] 1993：61）といわれる。この点からいえば，限界集落は社会学概念の優等生的な位置にあるといえるだろう。

　しかし，これは「『農山村はダメ』論の大合唱を行っているかのようだ」（徳野 2015：6）と批判的に指摘される事態でもある。社会に広くゆき渡った概念であるが故に，限界集落論への疑問や批判も出てきている。批判の要点はつぎのように整理できる（山本 2013：169-183）。

(1) 限界集落概念が集落の生活をみることなく，外部から「限界」と決めつけることへの疑問
(2) 限界という「呼び方」（ネーミング）の問題
(3) 限界集落は本当に消滅するのかという疑問
(4) 高齢化率を限界集落の指標にすることへの疑問
(5) 限界集落概念が過疎概念を否定することへの疑問

　本章では，これらの限界集落論への疑問のうち，主に(1)にかかわる問題を，山村（限界集落）高齢者の生きがい調査に依拠して，検討したい。言い換えれば，本章で考えるのは，「本当に農山村はダメなのか？」という問題である。この答え次第で，地域再生もむらづくりも基本的コンセプトが大きく変わって

くる。したがって，本章の課題は非常に重要である。最近は限界集落論に依拠して，撤退の農村計画（林 2011）という議論まで出てきている。はたしてこのような認識は妥当なのか。本章ではこのような問題を考えたい。

2．山村（限界集落）高齢者の生きがい研究の系譜
　　──先行研究の検討

　本章の目的は山村（限界集落）高齢者の生きがい意識の研究である。そこで，山村（限界集落）高齢者の生きがい調査について先行研究をみておこう。これについて先行研究は少ない。しかし，この問題については，大野晃の提唱した，限界集落論の影響は非常に大きい。限界集落とは「65歳以上の高齢者が集落人口の半数を超え，冠婚葬祭をはじめとする田役，道役などの社会的共同生活の維持が困難な状態におかれた集落」（大野 2007：132）と定義される。この限界集落では，高齢者の暮らしは非常に暗い。大野によれば，限界集落高齢者の状況は，以下のようである。重要な記述なので，やや長くなるが引用しよう。

　　「独居老人の滞留する場と化したむら。人影もなく，一日誰とも口をきかずにテレビを相手に夕暮れを待つ老人。時折，天気が良ければ野良仕事に出て，自分で食べる野菜畑の手入れをし，年間36万円の年金だけが頼りの家計に，移動のスーパーのタマゴの棚に思案しながら手をのばすシワがれた顔。
　　バスの路線の廃止に交通手段（あし）を失し，タクシーで気の重い病院通い。一ヶ月分の薬をたのみ，断られ，二週間分の薬を手に魚屋で干モノを買い家路を急ぐ。テレビニュースの声だけが聞こえているトタン屋根の家が女主人の帰りを待っているむら。
　　家の周囲を見渡せば，苔むした石垣が階段状に連なり，かつて棚田であった痕跡をそこにとどめている杉林。何年も人の手が入らず，間伐はおろか枝打ちさえされないまま放置されている"線香林"。日が射さず下草

も生えない枯れ枝で覆われている地表面。野鳥のさえずりもなく，枯れ枝を踏む乾いた音以外に何も聞こえてこない"沈黙の林"。田や畑に植林された杉に，年ごとに包囲の輪を狭められ，息をこらして暮らしている老人」（大野 2007：132）。

　大野（2007：132）は「これが病める現代山村の偽らざる姿」であるという。ほぼ同様の見解を示すのが曽根英二（2010）である。
　これに対して，限界集落論とは相当異なる農山村高齢者像を示す論者もいる。徳野貞雄（1998）などがそれだが，ここでは農山村高齢者の利点がむしろ強調される。農山村高齢者は，元気であれば農作業を続け生涯現役でいられるし，地域社会から期待もされている。これらのことから，都市の高齢者と比べて，農山村の高齢者は恵まれているというのである（徳野 1998：154-156）。
　さらには，山村集落の状況は非常に厳しいが，高齢者の生活を支える仕組みはまだ滅び去っていない。たとえば，木下謙治（2003）によれば，山村高齢者の暮らしは他出した子どもとのネットワークでなんとか命脈を保っている。また山村高齢者の暮らしは，家族（別居子），自然，農業（作物），同じ集落に住む人々（集団参加，集落維持活動），生活費の安さ，土地に対する愛着などによっても支えられている（高野 2008；吉岡 2010）。
　これらの論稿に示される共通点は限界集落論への疑義である。つまり，山村集落にも人々は現に生活しているのであり，「『限界』というレッテルを貼ることは，…ためらわざるを得ない」（吉岡 2010）と考えるのである[1]。高野（2008）のいい方を借りれば，「集落での生活を端から見ればかなり厳しいようにうつるが，（集落の：山本補筆）女性独居高齢者4人の生活は，深刻な状況ばかりではない」ということになる[2]。

3．調査の課題と方法

　先行研究の検討から，山村（限界集落）高齢者の生きがい研究には，2つの

系譜があることがわかった。限界集落論（大野 2007；曽根 2010）とそれに対する異論（徳野 1998；木下 2003；高野 2008；吉岡 2010）である。

ただし，これらの研究は，山村高齢者生きがい研究そのものというよりは，山村高齢者（生活構造）研究とでもよんだ方が正確である。山村高齢者生きがい研究は，このように山村高齢者（生活構造）研究の一部として展開してきた。

くわえて，これらの調査研究の主な手法は質的調査（モノグラフ）である。もちろん，質的モノグラフは意味のある研究である。しかし，調査票を用いた量的調査も必要である。それによって，山村高齢者の生きがい意識の高低などが検討できるからである。例えば，山村高齢者は限界集落論 前述 2. の描くような，「悲惨」といってよいような境遇なのであろうか。そうであれば，山村高齢者の生きがい意識は他の地域と比べて，かなり低いものになるはずである。このような知見は質的調査からは得られない。そこで，本章の課題は，山村（限界集落）高齢者の生きがい意識に関する量的（質問紙）調査の分析となる。なお，本章で山村とは，山村振興法の定める振興山村（表9.1）としておきたい[3]。振興山村の分布は図9.1のようである。

表9.1 山村振興法の定める振興山村

- 指定要件…「旧市町村（昭和25年2月1日時点の市町村）単位に林野率（昭和35年）75％以上かつ人口密度（昭和35年）1.16人／町歩未満等」（農林水産省ウェブサイト「山村とは」：http://www.maff.go.jp/j/nousin/tiiki/sanson/s_about/index.html）。
- 山村面積：1,785万 ha（全国の47％，2010年）
- 山村人口：393万人（全国の3％，2010年）
- 「振興山村」を有する市町村の数は，全国で734（全市町村数の43％，2014年4月1日）
- 高齢化率（65歳以上割合）：山村…34.1％（2010年），全国…23.0％（2010年全国）
  ＊人口，高齢化率は国勢調査による

156　第3部　まちづくりの実践と地域再生

図9.1　振興山村の分布

出所）農林水産省ウェブサイト「山村とは」
　　　http://www.maff.go.jp/j/nousin/tiiki/sanson/s_about/

4．調査地域と調査方法の概要

　調査地域と調査方法についての概要を示す。
　① 調査地域：広島市佐伯区湯来町Ａ地区内の4つの地域，20歳以上の全住

民621人。
- 湯来町は2005年4月25日に広島市佐伯区に編入（平成の大合併）。
- 同町は2015年4月1日現在，全域が振興山村に指定されている。
- 調査を実施したA地区は高齢化率52.4%（2010年12月住民基本台帳）であり，限界集落の量的基準（高齢化率50%）を超えている（本章153頁，大野 2007：132）。
- また，A地区は全国の山村の高齢化率（34.1%，表9.1）と比較してもかなり高齢化の進んだ地区である。
- さらに，A地区内の2つの地域は無医地区[4]でもある。

つまり，当該調査地域は全国の山村一般と比べても，条件不利的な性格がかなり強い地域である。

② 調査期間：2012年6月11日〜7月21日　　③ 調査方法：質問紙調査
④ 227人（37%）回収。配布は町内会長の協力を得て各世帯へ配布，回収方法は郵送。

5．生きがい調査の基本的知見
―どのくらいの人が生きがいを感じているか？どんなことに生きがいを感じているか？

それでは，調査の基本的知見から確認したい。本章では高齢者は70歳以上としたい。これは，いくつかの老人線の調査から[5]，70歳以上を高齢者と考える者が多かったためである（山本 2013：115）[6]。

そこで，図9.2を見るとまず，A地区の高齢者（70歳以上）の7割程度（70.4%）は生きがいを「十分」あるいは「まあ」感じて暮らしている。つまり，山村限界集落高齢者の大部分は生きがいをもった人々である。ただし，この数字は非高齢者（60歳代以下）の75.2%よりもやや低い。つまり，加齢とともに生きがいを感じる者の割合は少し減退すると思われる。このような結果は他の過疎地域高齢者調査でも得られているので，一応，信頼できる知見と思われる[7]。

158　第3部　まちづくりの実践と地域再生

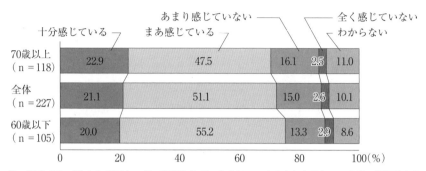

注：調査では，「あなたは現在，どの程度生きがいを感じていますか」と尋ねて，上記の選択肢からあてはまるもの一つに○をつけてもらった。全体（227人）には年齢が不明の者を含む。

図9.2　生きがい感—山村限界集落A地区調査

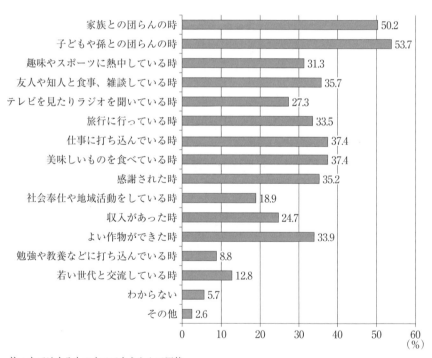

注：あてはまるものすべてをえらんで回答

図9.3　生きがいを感じる時—山村限界集落A地区調査（複数回答）

では，人々はどのような時に生きがいを感じるのだろうか。それを示したのが図9.3である。これによれば，生きがいを感じる時は，大枠，「家族」⇨「自分の楽しみ」「仕事」「社会」「農業」⇨「お金」の順番で3段階の6領域に整理できる。具体的には，下記のような対応である。

「家族」……「子どもや孫との団らん」53.7%，「家族と団らん」50.2%

⇩

「自分の楽しみ」……「美味しいもの食べる」37.4%，「旅行」33.5%，「趣味・スポーツ」31.3%，「テレビ，ラジオ」27.3%
「仕事」……「仕事に打ち込む」37.4%
「社会」……「友人，知人と食事，雑談」35.7%，「感謝された時」35.2%
「農業」……「よい作物ができた」33.9%

⇩

「お金」……「収入があった時」24.7%

6．生きがいを感じる時―高齢者，非高齢者比較

この生きがいを感じる時の調査結果を年齢別で比較したのが表9.2である。これによれば，高齢者（70歳代以上）と非高齢者（60歳代以下）で生きがいを感じる時に違いがある。表9.2の○囲みの番号は選ばれた割合の多い順で順位をつけたものだが，それによれば，以下のような違いを指摘できる。

まず高齢者では，生きがいを感じる時は，「家族①②」⇨「農業③」⇨「自分の楽しみ④⑤⑦」「仕事⑥」⇨「社会⑧⑨」の順番で4段階程度の5領域に整理できる。非高齢者では，「家族①②」⇨「社会③④」「仕事④」⇨「自分の楽しみ④⑦⑨」⇨「お金⑧」の順番で同じく4段階程度の5領域に整理できる（表9.2の○囲みの番号参照）。

ここから，高齢者と非高齢者の生きがいを比較すると以下の点が指摘できる。

表9.2 生きがいを感じる時—山村限界集落A地区調査（複数回答）
—高齢者（70歳代以上），非高齢者（60歳代以下）比較

(%)

	60歳代以下	70歳代以上
その他	3.7	0.8
わからない	4.6	5.9
若い世代と交流している時	7.4	17.8
勉強や教養などに打ち込んでいる時	10.2	6.8
よい作物ができた時（農業）	26.9	③39.8
収入があった時（お金）	⑧34.3	16.1
社会奉仕や地域活動をしている時	18.5	19.5
感謝された時（社会）	③43.5	⑨28.0
美味しいものを食べている時（自分の楽しみ）	④39.8	④35.6
仕事に打ち込んでいる時（仕事）	④39.8	⑥33.9
旅行に行っている時（自分の楽しみ）	⑨31.5	⑤34.7
テレビを見たりラジオを聞いている時（自分の楽しみ）	21.3	⑦33.1
友人や知人と食事，雑談している時（社会）	④39.8	⑧32.2
趣味やスポーツに熱中している時（自分の楽しみ）	⑦38.0	25.4
子どもや孫との団らんの時（家族）	②45.4	①60.2
家族との団らんの時（家族）	①50.9	②50.0

注：○囲みの数字は順位。ただし，比較的上位の割合にのみ付した

- 「家族」が生きがいとしてもっとも多く選ばれるということは高齢者も非高齢者も同じである。したがって，生きがいの基底にあるのは「家族」である。ただし，高齢者では，「子どもや孫との団らん」が，非高齢者では「家族と団らん」がより生きがいになっている。
- 高齢者では，「家族」についで多く選ばれる「生きがい」は「農業」である。これは，今回調査のような農山村高齢者の大きな特色であると思われる。
- 高齢者では，「社会」の後退が見られる。特に「感謝」の後退は大きい（非

高齢者43.5%⇨高齢者28.0%）。
- あわせて高齢者では，「お金」の後退がみられる（非高齢者34.3%⇨高齢者16.1%）。
- 「仕事」と「自分の楽しみ」は大きな違いはみられない。ただし，高齢者における，「テレビ・ラジオ」の拡大（非高齢者21.3%⇨高齢者33.1%），「趣味・スポーツ」の縮小（非高齢者38.0%⇨高齢者25.4%）がみられる。高齢者の生きがいにおける，若干の受動化が指摘できるのかもしれない。

これらから示唆されるのはつぎのようである。高齢者の生きがいにおいては，「社会」「お金」からの後退，さらに一部では「自分の楽しみ」の受動化が見られる。しかし，高齢者の生きがいは，「家族」と「農業」によって大きく支えられている。特に「農業」は高齢者になって大きくでてくる生きがいであり，「社会」「お金」からの後退を埋める重要な「生きがい」である。また，「農業」は山村限界集落を含めて農村高齢者の生きがいの特色とも考えられる。

具体的には，高齢者の「生きがいを感じる時」は，下記のような対応である。

「家族」……「子どもや孫との団らん」60.2%，「家族と団らん」50.0%

⇩

「農業」……「よい作物ができた」39.8%

⇩

「自分の楽しみ」……「美味しいもの食べる」35.6%，「旅行」34.7%，
　　　　　　　　　「テレビ，ラジオ」33.1%
「仕事」……「仕事に打ち込む」33.9%

⇩

「社会」……「友人，知人と食事，雑談」32.2%，「感謝された時」28.0%

また，非高齢者では，下記のような対応である。

「家族」……「家族との団らんの」50.9%，「子どもや孫との団らん」45.4%

⇩

「社会」……「感謝された時」43.5%，「友人，知人と食事，雑談」39.8%
「仕事」……「仕事に打ち込む」39.8%

⇩

「自分の楽しみ」……「美味しいものを食べる」39.8%，
　　　　　　　　　「趣味，スポーツ」38.0%，「旅行」31.5%

⇩

「お金」……「収入があった時」34.3%

7．生きがいの地域比較
—山村限界集落，山村過疎小市，全国（都市）

　さてそれでは，高齢者で生きがいを感じる者の割合は地域によって違うのだろうか。この問題は，限界集落論の妥当性を検討するにあたり，非常に重要な課題である。先にみたように，限界集落の限界性は高齢者の生活構造や意識にでてくるからである（2．参照）。

　そこでここでは，山村限界集落（A地区）と山村過疎小市（広島県庄原市）と全国の生きがい意識の調査結果を比較したい。なお，ここでは，全国調査のデータが60歳以上であるので，A地区のデータも60歳以上の数字を用いる。また，庄原市のデータは65歳以上が対象の調査であるので，65歳以上データで見ていく。庄原市は山村振興法の定める山村を含む中国山地の過疎小市であり，2002年調査当時の人口は21,370人（2000年国勢調査）である。

　なお，これらの調査では「あなたは，現在，どの程度生きがい（喜びや楽しみ）を感じていますか」と質問しており，質問のワーディングはほぼ同じであ

表9.3 生きがい感（山村限界集落A地区調査，60歳以上：合計166人）

	十分感じている	まあ感じている	あまり感じていない	全く感じていない	わからない	合　計
2012年調査	22.3%	50.6%	14.5%	3.0%	9.6%	100.0% 166人

表9.4 生きがい感（全国60歳以上，庄原市65歳以上）

	十分感じている	多少感じている	あまり感じていない	全く感じていない	わからない	合計
2014年全国調査	16.6%	52.6%	24.5%	3.9%	2.4%	100.0% 3,687人
	とても感じている	やや感じている	あまり感じていない	ほとんど感じない	—	合計
2002年庄原市調査	41.0%	43.8%	12.6%	2.7%	—	100.0% 1,131人

出所）・2014年全国調査：内閣府政策統括官共生社会政策担当「平成26年度高齢者の日常生活に関する調査結果」，調査対象は全国60歳以上の男女。郵送配布，郵送回収法による調査
・2002年庄原市調査：調査対象は要介護認定を受けていない広島県庄原市65歳以上の男女。郵送配布，郵送回収法による調査。山本（2013：187-189），参照

る。ただし，「喜びや楽しみ」というカッコ内の挿入が全国調査にのみある。この挿入の効果は僅かであろうが，全国調査において，生きがい感を増す可能性はあるだろう。また，回答の選択肢は表9.3，表9.4のとおりであり，こちらもほぼ同じとみてよいだろう。庄原市調査のみ「わからない」の選択肢がないが（表9.4），これを勘案しても，ここでの結論は変わらない。この点は念のため付記しておく。ここで比較する3つの調査はいずれも自記式調査であり，郵送で回収されている。この点はデータの比較に重要な点なのであるが，これについては山本（2016：62-63）をご覧いただきたい。

そこで，調査結果を比較すると，生きがいを「十分」（とても）ないし「まあ」（多少）（やや）感じているものの割合は，全国69.2%⇒山村限界集落（A

表9.5 2014年全国調査のサンプル構成：地域別

(%)

大都市	人口10万以上の市（大都市を除く）	人口10万未満の市	郡部（町村）	合　計
24.1	40.5	24.7	10.6	100.0

注：大都市は東京都部と政令指定都市（2014年調査時点）を含む
出所）2014年全国調査：内閣府政策統括官共生社会政策担当「平成26年度高齢者の日常生活に関する調査結果」

地区）72.9%⇨過疎小市（庄原市）84.8%，となる。ここから，生きがいを感じる者の割合は，「全国≒山村限界集落（A地区）＜過疎小市（庄原市）」となる。

さらには，生きがいを「十分」（とても）感じているもののみでみれば，全国16.6%⇨山村限界集落（A地区）22.3%⇨過疎小市（庄原市）41.0%，となる。ここから，生きがいを「十分」（とても）感じるものの割合は，「全国＜山村限界集落（A地区）＜過疎小市（庄原市）」となる。

以上から，総じていえば，高齢者の生きがい意識がもっとも高いのは過疎小市である。ついで，生きがい意識の高いのはあえていえば山村限界集落であり，もっとも生きがい意識が低いのが全国となる。

ただし，全国調査のサンプルは大部分（9割程度）が大都市，市部からのものである（表9.5）。したがって，全国調査の結果はほぼ都市（市部）の実態を示すものと理解してよい。ここから，高齢者の生きがい意識は，過疎小市でもっとも高く，山村限界集落が中間で，もっとも低いのが都市（市部）となる。

8．むすび―限界集落論への疑問，過疎地域はむしろ住みよい所である可能性がある

本章の調査分析から示唆される重要な論点は，過疎地域や限界集落は高齢者にとってむしろ住みよい地域である可能性があるということである。昨今，限界集落論のみならず，撤退の農村計画という議論まででてきている。これらの議論で強調される重要な論点の一つが，「過疎集落の高齢者の苦悩」である。

限界集落論での高齢者の記述は先にみたので，撤退の農村計画の方をみておこう。ここに出てくる高齢者は，自動車が利用できない，病気がちの，いよいよ生活が成り立たなくなった高齢者である。このような高齢者像から「過疎集落の高齢者の苦悩」が語られる（林 2011）。限界集落論にしろ，撤退の農村計画にしろ，高齢者の姿は非常に弱々しい。しかし，このような語られ方には，違和感をもたざるをえない[8]。

　本章のA地区調査の結果では，「生きがい」感を「全く」あるいは「あまり」感じられない高齢者は合計で2割に満たない（図9.2，表9.3）。この人々は，総じていえば，限界集落論や撤退の農村計画の描く高齢者である。しかし，それは，決して，山村限界集落高齢者のマジョリティではない。しかも，「生きがい」を感じられない高齢者はむしろ，都市（市部）に多く，3割程度（28.4％）におよぶ（表9.4，2014年全国調査，参照）。

　逆にいえば，A地区の調査によれば，
- 山村限界集落高齢者の大部分（7割程度）は生きがいをもった人々であり，
- その生きがいは，「家族」や「農業」や「自分の楽しみ」や「仕事」や「社会」に支えられている。

　これらの知見から示唆されるのは，限界集落論や農村の撤退計画とは相当異なる山村高齢者の姿である。この状況を理解するには，資料1の新聞記事は大いに参考になる。この記事の地域は本章の調査地域の一部であるが，集落の生活共同（防衛）の機能はまだ生きている。ここでは「二重三重の人間関係」で高齢者の暮らしを守っているのである。ここにあるのは，現代の諸問題にそれなりの反撃力，対応力をもつ，山村限界集落の姿である。

資料9.1 山村限界集落の集落機能（朝日新聞記事，2012年6月23日）

■注

1) 限界集落概念へのこのような批判は山本（2013：169-183）が「限界集落概念が生活を見ないことへの批判」とよんだものである。
2) 高野（2008）や吉岡（2010）の示す状況を理解するには，後掲の資料9.1は示唆的である。
3) この法律において「山村」とは，「林野面積の占める比率が高く，交通条件及び経済的，文化的諸条件に恵まれず，産業基盤及び生活環境の整備等が他の地域

に比較して十分に行われていない山間地その他の地域」と定義される（農林水産省「山村振興法の一部を改正する法律のあらまし」平成27年6月）。

4）無医地区とは，「医療機関のない地域で，当該地区の中心的な場所を起点として，おおむね半径4kmの区域内に50人以上が居住している地区であって，かつ容易に医療機関を利用することができない地区」（厚生労働省ウェブサイト http://www.mhlw.go.jp/toukei/list/76-16.html：無医地区等調査「用語の解説」参照）と定義される。

5）老人線とは，「一定の暦年齢以上の人々を"老人"と定義するための人為的，便宜的な境界線。老人というカテゴリーを暦年齢で具体的に確定したもの」である（浜口ほか編 1996：477）。本章で用いた山本（2013：115）の中津江村調査では，「あなたは何歳から高齢者だと思いますか」と質問した。老人線は老人の社会学的概念とセットで議論されるが，これについては，大道（1966：39-82）を参照。

6）本章では高齢者（70歳代以上）と非高齢者（60歳代以下）を比較するが，その回答者の内訳は，
- 高齢者……70歳代59％，80歳以上41％
- 非高齢者……60歳代45％，50歳代27％，40歳代15％，30歳代8％，20歳代5％，

である。したがって，以下本章における非高齢者とは60歳代から50歳代の層が中核であることを留意願いたい。

7）ほぼ同様の調査結果は，広島県過疎地域での調査（広島県庄原市，2002年調査実施，表9.6）参照。ここでも加齢とともに生きがいを感じるものの割合は落ちている。

表9.6 生きがい感（年齢別）

	とても感じる	やや感じる	あまり感じない	ほとんど感じない	合　計
65～69歳	47.9%	41.3%	9.2%	1.6%	315人
70～74歳	44.6%	43.5%	9.8%	2.1%	336人
75～79歳	40.2%	46.2%	12.4%	1.2%	249人
80～84歳	26.2%	47.0%	21.5%	5.4%	149人
85歳以上	32.9%	40.0%	18.8%	8.2%	85人

出所）山本（2013：187-189）

8) ただし，このような社会的弱者としての高齢者像（問題）をすべて否定する意図はない。実際，筆者自身もそのような問題を過疎地域高齢者の自殺問題を例にとって問題提起したこともある（山本 1996）。しかし，それはあくまで，過疎問題の範疇であって，限界集落論や「撤退の農村計画」論の範疇ではない。

引用・参考文献

大道安次郎『老人社会学の展開』ミネルヴァ書房 1966。
ギデンズ, A., 松尾精文ほか訳『近代とはいかなる時代か？』而立書房 1993。
浜口晴彦ほか編『現代エイジング辞典』早稲田大学出版部 1996 p.477。
林直樹「過疎集落からはじまる国土利用の戦略的再構築」『週刊　農林』2114号 2011年4月5日 農林出版社 2011 pp.8-9。
木下謙治「高齢者と家族―九州と山口の調査から」『西日本社会学会年報』創刊号 2003 pp.3-13。
大野晃「限界集落論からみた集落の変動と山村の再生」日本村落研究学会編『むらの社会を研究する―フィールドからの発想』農文協 2007 pp.131-138。
曽根英二『限界集落―吾の村なれば』日本経済新聞出版社 2010。
高野和良「地域の高齢化と福祉」堤マサエ・徳野貞雄・山本努編『地方からの社会学―農と古里の再生をもとめて』学文社 2008 pp.118-139。
徳野貞雄「少子化時代の農山村社会―『人口増加型パラダイム』からの脱却をめざして」山本努・徳野貞雄・加来和典・高野和良『現代農山村の社会分析』学文社 1998 pp.138-170。
――「人口減少時代の地域社会モデルの構築を目指して―『地方創生』への疑義」徳野貞雄監修『暮らしの視点からの地方再生―地域と生活の社会学』九州大学出版会 2015 pp.1-36。
山本努『現代過疎問題の研究』恒星社厚生閣 1996。
――『人口還流（Uターン）と過疎農山村の社会学』学文社 2013。
――「限界集落高齢者の生きがい意識―中国山地の山村調査から」『生きがい研究』22号 2016 pp.48-67。
吉岡雅光「限界集落の限界とは」『立正大学人文科学研究所年報』48号 2010 pp.17-30。

＊付記：本章は山本研究代表の科学研究費 研究課題番号：23530676（2011年4月～2015年3月），研究課題番号：15K03853（2015年4月～2019年3月），および，高野和良九州大学教授研究代表の科学研究費 研究課題番号：

25380740（2013年4月〜2016年3月）による研究成果の一部である。また，本章は山本（2016）を，本書の問題意識に合わせて改稿している。ただし，結論に変更はない。

なお，本章のA地区調査は県立広島大学山本研究室の仲正人（大学院生），肥後加苗（大学院生），岡畑舞（学部生），佃明里（学部生），塚本直巳（大学院OB）の各氏とともに行った（括弧内は調査時点）。皆さまに感謝致します。

10章 類縁関係に基づく移住者のコミュニティ形成

叶 堂 隆 三

1. 類縁関係とコミュニティ

　近年，地域生活や日常生活の維持に果たすコミュニティの役割に住民の期待が高まっている。その一方で，都市化や生活の私化が進行する現代では，コミュニティが保持してきた機能の低下や弱体化が一般的な社会的趨勢とみられている。

　こうしたなか，コミュニティの存続がとりわけ困難とされる都市社会で，強固な社会関係，力強いコミュニティが存続する事例が「発見」されてきたのも事実である。1980年代以降，関西の都市地域において九州・沖縄の島嶼や北陸地域等の出身者の同郷集団や同郷者の集住地，同郷・同業者の組織，さらに在日韓国・朝鮮人の集住地の存在が明らかにされ，出身地域の文化の定植，都市生活を送る上で移住者が取り結んでいる社会関係，移住者が形成する社会組織に着目する実証的研究が進んでいる。

1.1 下位文化と類縁関係

　実際には，こうした同郷者間の同郷関係・同業関係や民族関係は，「都市マイノリティ層」に限定される程度である（西村 2006：9）。しかし，同郷関係・民族関係を内包する広範な社会関係が設定できるならば，地域社会における基盤的な社会関係の一つに位置づけることが可能である。

　この包括的な社会関係に着目し，「下位文化（subculture）」と名付けたのはフィッシャー（Fischer, C. S）である。彼は，下位文化の成員を国籍・宗教・

職業あるいはライフサイクルにおける特定の段階といった共通の特性を共有したり，趣味・疾病・性的選好・イデオロギー等の顕著な特徴を共有している人々と定義する（Fischer 2002：278-279）。とりわけ同じ趣味やファンといった関係性は，バウマン（Bauman, Z.）によれば，個人を近隣等から越境させ結びつける掛け釘の役目を果たし，いわば「ペグ・コミュニティ」が形成される（Bauman 2008：27-28, 100）。

　つまり下位文化は，同じ趣味といった結びつきの内容に比重が置かれる概念で，そのコミュニティは，全体社会・地域社会からの分化（コミュニティの解体）を前提に幅広いエリアにおける特定の事項に基づく人々の再編といえる。そのため，下位文化の概念から立ち現れるコミュニティのイメージは空間的で，いわばネットワーク型である。

　一方，包括的な関係性に対して，「類縁（affinity）関係」が用いられる場合がある。下位文化と同様に特性や内容を包含する概念であるものの，類縁関係は成員の間の結びつき—関係性—に比重が置かれる。一般に類縁は強固な関係性を指し，しばしば類縁関係を基盤にする集団・共同体の形成が指摘される（Beck, Giddens, Lash 1997：379-380）。つまり，類縁関係と下位文化は類似しつつも，下位文化は全体社会から特定の内容に基づく分化，一方，類縁関係は成員間の関係性に力点を置く概念といえる。その意味で後者は，複数の内容に基づく関係性の重複—関係性の強度—等の把握を可能にする。

1.2 類縁関係とコミュニティ

　コミュニティに関する議論で，コミュニティ存続論の代表的事例とされるのがガンズの「都市の村人たち」（Gans 2006）である。コミュニティの存続が困難とされる都市社会のボストン市ウエストエンド地区において，村人のつき合いを思わせるような濃厚な社会関係の「発見」事例である。ガンズの記述するウエストエンド地区は，最初の定住者のアイルランド系移民がわずかに残るなかで，移民第1世代・第2世代のイタリア系世帯が半数弱を占めるイタリア系

移住者を主とするコミュニティであった。

ガンズは第二次世界大戦後のアメリカ社会への同化を指摘しつつも，地区のカトリック教会が，アイルランド系移住者の定住以降，地域の最も中心の機関であることを明らかにする。すなわち，この地区のカトリック教会が多くの地域組織・地域の学校と関係を保持し，宗教領域にとどまらず地区の生活全般に関与する制度としてコミュニティの維持に関与することを明らかにした（Gans 1982：25-29）。

移民社会でキリスト教の伝統のあるアメリカ社会では，ウエストエンドのような移民のコミュニティはありふれ，教会が地区の中心機関であることに格別の地域的特徴は見出されない。そのためウエストエンド地区は，アメリカの一般的な都市コミュニティの一つとみなされていた。しかし，ウエストエンド地区の事例をもとに日本のコミュニティの存続を議論する場合，アメリカのコミュニティ研究で当然の前提とされる2つの類縁関係—民族関係と宗教関係—の重複によって「補強」されたコミュニティである点に留意する必要がある。

1.3 類縁関係に基づくコミュニティ

先にふれた同郷・民族関係に基づく集住地は，日本では少数にすぎない。しかし，多様な類縁関係が把握できるならば，地域社会の中に類縁関係にある一定層の人々が発見される可能性がある。さらに地域社会の中で，類縁関係がさまざまに制度化—組織化やコミュニティ形成—しているならば，コミュニティの維持・再生に関する新たな方策が生まれる可能性がある。

こうした関心から，類縁関係とその制度化の社会的特徴を把握するためのいくつかの観点を示したい。

第1の観点は，類縁関係の関係性である。とりわけ複数の類縁関係が重複する場合である。ウエストエンド地区の場合は，コミュニティにおける民族関係と宗教関係の重複であった。こうした関係の重複は，人々を結ぶ非常に強い社会関係性になる。

第2の観点は，類縁関係が集住をともなう場合，地域内の類縁関係者の比率である。ウエストエンド地区の場合，宗教関係（カトリック）が約5分の3，民族関係（イタリア系）が半分弱で，かなりの住民が宗教関係で結ばれ，さらに民族関係が重なるコミュニティであった。

第3の観点は，類縁関係の制度化である。フィッシャーは，下位文化の制度化は関係者の人口規模（臨界量）を要因とするとみる。しかし，ウエストエンド地区のイタリア系住民の場合，最初の定住者（アイルランド系）の設立した教会施設の利用によって実現する。この点において，人口規模を主な要因としつつも，歴史的背景の把握が必要である。

2．類縁関係に基づくコミュニティの形成と展開①──都市における宗教コミュニティ

日本の地域社会における類縁関係の存在とコミュニティ形成の事例を紹介しよう。まず，都市地域において同郷関係・類縁関係・同業関係の重複するコミュニティ形成の事例をみていきたい。

2.1 奄美出身者の鴨池地区への集住（同郷関係）

明治以降，鹿児島市は甲突川の西（南）部に都市が発展する。第二次世界大戦前の奄美大島出身者の居住地も生業の大島紬の生産過程に不可欠な河川の存在と西（南）部の安価な地価が要因となって，甲突川沿いから甲突川南側に展開する。

また，第二次世界大戦後，南西諸島の行政分離に伴う海外引揚者・疎開引揚者の奄美への渡航制限（足止め）により鹿児島港周辺に渡航困難の離島出身者が滞留する。鹿児島市は対策として，渡航制限の離島出身者に対して鹿児島市西部の海軍飛行場跡地を代替地とし，1戸平均30㎡の土地を貸与する。その結果，行政の住宅政策に由来する鴨池地区（郡元町・真砂町の一部，後に三和町）に戸数1,980戸の集住地が誕生する（鹿児島市戦災復興誌編集委員会 1982：142-

143)。

　一方，行政分離した奄美地域で大島紬の生産・販売が停滞する。鹿児島への連鎖的移動（密航）が数多く発生し，鴨池地区への集住が進行する。当時の移動に関して，カトリック修道会のあるシスターは，「終戦後の昭和27年ごろだったと思います。鹿児島に行けば仕事（大島紬）ができるからと，私たち家族は住み慣れた島に……思い出を残して鹿児島に……参りました。……仕事にも恵まれ，約1年後に三和町に住居を求めました」（鴨池50実行委員会　2002：27）と記す。

2.2　同業関係—鹿児島市における大島紬の展開

　奄美大島の大島紬は，奄美大島北部の龍郷地区・笠利地区および名瀬地区の家内工業として織られてきた。明治以降は鹿児島市でも生産されるようになり，主要な工業生産品に位置づけられる。甲突川周辺は，大島紬の工場や従業員の住宅，関連の業者の店が並び，鹿児島市の織物工業の中心地区として発展する。大正時代，大島紬は空前の人気を博し奄美大島から人々が競って移住し，大島紬の生産に従事し，大正期，鹿児島市で279工場が操業する（鹿児島市史編さん委員会　1970：363-364）。こうした状況の一端について，「私の家は大正8年8月，鹿児島に一家移転して中村に落ち着いた。翌9年1月，下荒田町に移転して工場を建設，女工も20名採用，指宿村の湯というところに分工場を建て，総計60数名を保有した」（名瀬市史・下巻　1983：569-570，『旬刊奄美界』昭和38年1月1日号に掲載された）と記されている。鹿児島市での紬工場の展開は，比較的小規模のために容易に起業できたこと，起業に専門的経験を要しないこと，大島紬の製造の経験に富む職工が奄美地域から鹿児島市に集住したことによる（鹿児島市　1955：547）。

　空襲による壊滅的被害にあった第二次世界大戦後も南西諸島の行政分離に伴う交通・物流の制限のため奄美大島産の大島紬の生産・販売の大幅減少という状況のなかで，奄美地域からの移住（密航）者を労働力に加えた大島紬の生産

が再開する。奄美地域の出身者の集住地となった鴨池地区（とりわけ三和町）では，住民の多くが大島紬のさまざまな製造工程に関与し，同業関係で結ばれるようになる。

2.3 宗教関係—奄美大島および鹿児島市における特徴

　ところで，奄美地域はカトリック信徒が多い地域で，2012年現在，6万人台の人口規模の地域に30を超える教会が所在する。一方，1教会の平均信徒数は全国平均を大きく下回る124人である。すなわち，教会の多くは司祭が常駐しない巡回教会で，集落を単位としたかなり小規模な信仰共同体である。こうした特徴は，明治中期以降のキリスト教（カトリック）の布教が集落単位の宣教・集団洗礼であったことの反映である。信仰が集落単位で受容された理由として，奄美大島の濃密な親族関係を背景に有力者の入信が親族・近隣に広まったこと，奄美大島のカトリック地区の多くが紬織の生産地で生産活動が安定していたことが指摘されている。すなわち，集落を基盤づける濃密な親族関係と職業関係が地主—小作関係，紬の織主—織子という上下関係と重複していたことで，集団受洗が進んだといわれる（安斎 1984：18-19, 28-29）。さらに宣教の海外修道会や教会による集落住民の生活救済も背景の一つに加えられる。

　奄美地域におけるこうした信仰の展開によって，一説には鹿児島教区の信徒の7割強が奄美に系譜をもつとされる。表10.1は，約40年前の鴨池小教区の地区（班）別の奄美出身世帯の比率である。当時の鴨池教会全体の状況をみると，奄美の系譜者は世帯数で半数強，信徒数で3分の2弱に及ぶ。地区では，第二次世界大戦後の集住地である三和町が奄美出身信徒の全世帯の5分の2を占め，次に第二次世界大戦前の集住地の下荒田町が7分の1を占める。さらに各地区内に占める奄美出身者数をみれば，奄美出身者が7割以上を占める地区は，三和町・宇宿町・下荒田・真砂町である。

　鹿児島教区全体の奄美の系譜者の比率を考えれば，とりわけ突出した状況とはいえないものの，生産条件と地価に基づいた戦前からの集住地の下荒田町，

表10.1　鴨池教会　地区別の奄美出身世帯数（1975年）

	班 （高麗町）	班 （上之園町）	班 （上荒田）	班 （荒田）	班 （下荒田）
地区の全信徒世帯数	12	13	28	21	42
奄美出身世帯比率	58.3	46.2	39.3	23.8	57.1
奄美出身全世帯に占める各地区の出身世帯の比率	4.1	3.5	6.4	2.9	14.0

	班 （鴨池）	班 （田上）	班 （郡元）	班 （真砂）	班 （三和町）
地区の全信徒世帯数	49	14	20	18	81
奄美出身世帯比率	20.4	50.0	30.0	61.1	86.4
奄美出身全世帯に占める各地区の出身世帯の比率	5.8	4.1	3.5	6.4	40.7

	班 （新栄町）	班 （宇宿町）	純心 聖母会	その他 修道会	総　計 （平均）
地区の全信徒世帯数	13	12	—	—	323
奄美出身世帯比率	53.8	66.7	—	—	53.3
奄美出身全世帯に占める各地区の出身世帯の比率	4.1	4.7	—	—	100.0

　鹿児島市の住宅政策に基づいた戦後の集住地の三和町および近隣の真砂町に奄美出身者・系譜者が集中する状況，こうした状況が西方の宇宿町に広がっている状況が明らかである。

　さらに，表10.2から，奄美出身・系譜者の集住地が，鹿児島市および鴨池地区内の繊維工業関係の事業所・従業者数の多い地域と重なることがわかる。とりわけ事業所数と従業者数がほぼ同じ数を示す家内工業が真砂本町・三和町に集中し，なかでも三和町の比率が高く，同業関係が重複する状況が明らかである。とはいえ，鴨池地区における人口増加傾向のなかで，鴨池教会の信徒数はわずかな比率に低下している。

表10.2 鹿児島市の繊維工業・製造

業　種		甲突川付近(北側)		甲突川付近(南側)		鴨池小教区周辺	
		実数	比率	実数	比率	実数	比率
繊維工業	事業所数	4	2.9	14	10.0	4	2.9
	従業員数	9	1.3	19	2.8	9	1.3
衣類その他の繊維製品製造	事業所数	9	15.8	7	12.3	9	15.8
	従業員数	55	11.6	42	8.8	55	11.6

業　種		鴨池小教区							
		田上台	高麗町	上荒田町	荒田	下荒田	鴨池新町	鴨池	南郡元東郡元
繊維工業	事業所数	3		2	3	3	1	1	
	従業員数	34		25	11	19	1	5	
衣類その他の繊維製品製造	事業所数	1	3	2		2		2	2
	従業員数	7	81	16		4		15	3

業　種		鴨池小教区							
		真砂町	真砂本町	三和町	宇宿町・宇宿	新栄町	唐湊	実数	比率
繊維工業	事業所数	2	40	36	1	1	2	95	67.9
	従業員数	3	45	37	6	7	174	367	53.5
衣類その他の繊維製品製造	事業所数			1	1	3		17	29.8
	従業員数			3	3	14		146	30.7

注：甲突川付近（北側）は平之町・照国町・船津町・南林寺町・甲突町・新屋敷町・新照国町，甲突川付近（南側）は明和・原良・薬師・常盤・西田・武，鴨池小教区周辺は紫原・桜ヶ丘の各町の合計である
　：比率は鹿児島市の総数に対するものである
出所）「鹿児島市の事業所（平成18年事業所・企業統計調査結果）」

2.4 鴨池地区における宗教コミュニティの形成

　明治中期以降，鹿児島市でカトリックの宣教が始まる。大正以降，鹿児島はカナダの修道会が担当する。しかし，その後のカトリック排斥のなかで，修道会が鹿児島から引きあげ，鹿児島市の信徒数は数世帯にまで激減したといわれる（ザビエル教会広報委員会編 1992：50-51）。

　第二次世界大戦後の1949年にザビエル教会が建設され，1955年には鹿児島教区が誕生する。その後の鹿児島市の人口と市域の拡大にともなって，ザビエル教会から鴨池教会・吉野教会・玉里教会が分離する（ザビエル教会広報委員会 1992：51-52）。このうち鴨池教会の設立は，教区（司牧区）の主導である。教会建設の中心的役割を担った信徒によれば，「三和町方面からザビエル教会への道が遠いことと（当時はバスなどなかった）市は南部方面へ発展するとの考えから」，当時の教区長が「鴨池方面に新しい聖堂を建設すべく，土地購入を計画」する（鴨池50実行委員会 2002：2）。当時の鹿児島はバチカン直轄の司牧区で長崎教区が担当し，鴨池教会の土地・建物はバチカンの費用という。一方，奄美の出身者の三和町等への集住で「まとまった信者集団が形成」（鴨池50実行委員会 2002：2）されたことが契機となったこと，土地購入や建物の払い下げの実務や建設作業を担ったのが鴨池地区の篤実な信徒であったことから，「奄美出身者の教会」とみられたようである。

　1952年に設立された鴨池教会（小教区）の範域は甲突川南（西）側で，この当時の小教区の信徒世帯数53戸，信徒数155人であった。その後，近接地の紫原地区に鴨池地区等の奄美出身者が転出して紫原地区に班が形成され，さらに紫原地区の信者の鴨池教会への交通の便と市内の教会を増やすという鹿児島教区の方針から，1971年，紫原地区に教会が設立され鴨池小教区から独立する。

　1955年，鴨池教会内に幼稚園が設立され，信徒数も，1960年代には877人に増加する。幼稚園の園児も増加し教会新築の機運が生じ，信徒の廃品回収等の活動で資金を用意し，1967年に完成する。旧聖堂の資材は，三和町の教会の集会所の改築に利用される。新教会では，青年組織支部の設立，地域活動として

ロビーの一般開放（談話やビデオ映画の上映），ガールスカウト活動等を行っている（鴨池50実行委員会 2002：8-10）。

3．類縁関係に基づくコミュニティの形成と展開②
―農村における宗教コミュニティ

次に，農村地域における類縁関係と同郷関係・同業関係・親族関係の重複によるコミュニティの形成の事例をみていきたい。

3.1 宮崎県田野村鷺瀬原への開拓移住―法光坊集落の形成

田野村鷺瀬原―現在の宮崎市法光坊集落―への開拓移住は昭和初期である。その草分けは，長崎県西彼杵半島外海地区（長崎市外海町）の出津小教区の2家族である。

宮崎県は，明治中期以降，さまざまな開拓移住政策を講じてきた。大正期，政府による開拓政策の開墾助成法（1919年）の公布後，宮崎県は開墾地移住奨励規程を制定し，移住予定地37ヵ所，面積3,000町歩に開拓移住世帯1,000戸を誘致する開墾地移住者誘致計画を立案して全国に頒布する。

宮崎県の計画を知った草分けの2信徒は，1926年，宮崎県に出向き耕地課で誘致計画の説明を受け，田野村鷺瀬原に移住願いを提出する。しかし，2人の移住願いは宮崎県の開拓規定（30町歩以上の農地と10戸以上の移住世帯）を満たすものでなかった。そのため，宮崎県を再訪して田野村長の協力を得た上で，要望を再提出し受理される。

宮崎県の作成した法光坊協同施行地設計書の指示に従って開拓移住の準備を進め，1927（昭和2）年，さらに1家族を加えた3家族で田野に移住する。このうち1家族はすぐに他出したものの，同年中に佐世保市の信徒の2家族が移住し，4家族で開墾に着手する。おそらく，宮崎県や田野村との開拓移住の交渉の中で，5世帯規模の開拓移住を前倒し認可の条件として，最終的に，宮崎県は開墾農地法の新農村建設に必要な10戸以上の移住世帯，田野村長は大正期

に村が立案した開拓計画の20戸の世帯の移住を求めたと推測される。

その後に鷺瀬原に長崎県の信徒家族の移住が進む。1928年に佐世保市（大潟町・黒島）から２家族，初期の開墾作業が一段落した1929年に五島等から３家族，1930年に佐世保市（大潟町・黒島）等から４家族が移住し，さらに1931年に１家族，1932年に２家族，1935年に５家族が移住して，21家族からなる新農村（法光坊集落）が形成される。すなわち，行政の開墾施策によって長崎県のカトリック信徒が田野地区鷺瀬原に連鎖的に移動したといえる。

当時の集落人口は147人（男性84人，女性63人）で，１世帯平均の世帯員数は７人である。鷺瀬原の開拓地は台地にあり，農業用水・生活用水の確保が最大の問題という過酷な生活・生産状況にあった。

3.2 宗教コミュニティの形成―田野教会の設立

法光坊集落の全世帯が宗教関係で結ばれ，移住後は草分けの信徒宅を民家御堂としてミサが行われる。出身地から遠く離れた開拓集落で信仰生活が維持できたのは，宮崎県がイタリア修道会の司牧地であり，宮崎市から鉄道を利用してイタリア人神父が交代で来訪したためである（70年のあゆみ編集委員会2000：7）。つまり，国際的な類縁（宗教）関係が宮崎の開拓地で発動したことで，移住地で信仰の持続が実現する。

さらに，新農村の建設を目的とする農林省の開墾地移住奨励制度に対応した宮崎県開墾地移住奨励規程の共同建造物（公会堂，共同作業場，病院，神社，仏閣，飲料水設備）の奨励金を利用して，移住のわずか２年後（1929年）に６世帯にすぎない法光坊集落に田野教会が設立される。当時の状況について「我々移住民は皆カトリック教，即ちキリスト教なので最大の精神的慰安なる教会が無いのを感じ，宮崎市内の天主公教会をたづね，当時の神父，チマツチ管区長を始め其の他各神父様方も同情同意，理かい下されぜひ共教会建設の必要となり，村・県・教会当局の熱意なる御援助を得まして土地４反歩を買い入れ昭和３年12月から教会建設に我々６家族は，元クワ畑を地ならしし，建設中にも大工，

左官たちの小使をし、約半ヶ年かかつて待ほうの教会が出来上がり、昭和4年6月15日には、教会当局は勿論県知事代理・田野村長・学校長・その他有志多数ご臨席の許に献堂式を盛大に挙げ」たと草分けの信徒が記す。

なお、法光坊地区に、1940年、イタリア修道会の指導下の宮崎カリタス修道女会の最初の支部である田野修道院が設立され、1983年には経済的面を含めた信徒の主導で新しい教会堂が設立されている。

3.3 信徒の移住と定住

表10.3は、1927年に移住した草分けの2家族および1927〜29年の間に移住した8家族に関して、10家族間の親族関係・地縁関係・類縁（宗教）関係を示したものである。草分けの開拓移住後の2年間の移住は、長崎県における類縁関係・地縁関係、さらに何家族かは親族関係が重複する強い社会関係が発動したことが判明する。

表10.3 10家族の間の社会関係

	70年のあゆみ 移住時期	親族関係 （推定を含む）	地縁関係 （推定を含む）	類縁関係
1	1927	—	No.2	○
2	1927	—	No.1	○
—	1927	No.1	No.1・2	○
3	1927	No.7	No.2	○
4	1927	—	No.2	○
5	1928	—	No.2	○
6	1928	No.2	No.2	○
7	1929	—	No.9	○
8	1929	—	—	○
9	1929	No.3	No.7	○

次に，表10.4は1930〜35年に移住した12家族の社会関係を示したものである。草分けの家族あるいは1929年までの移住家族との間に親族関係・地縁関係・類縁関係の三重の社会関係が存在し，さらに12家族の間にも社会関係が形成されていることがわかる。すなわち，強固な社会関係の発動で長崎県の信徒家族の田野地区の台地への開拓集住が促進・連鎖し，わずか数年のうちに20家族からなる新農村が形成されたのである。

表10.4　1930〜35年に移住した12家族

70年のあゆみ	移住時期	親族関係 （推定を含む）	地縁関係 （推定を含む）	類縁関係
10	1930	No.2・No.6	No.2・No.6	○
11	1930	No.2・No.6	No.2・No.6	○
12	1930	No.9・No.13	No.6・No.7・No.9・No.10・No.11・No.13・No.17	○
13	1930	No.9・No.12・No.17	No.6・No.7・No.9・No.10・No.11・No.17	○
14	1931	No.1	No.1・No.2	○
15	1932	No.21	No.3・No.4・No.5	○
16	1932	No.2・No.6・No.10・No.11	No.1・No.2	○
17	1935	No.9・No.12・No.13	No.6・No.7・No.9・No.10・No.11・No.12	○
18	1935	—	—	○
19	1935	—	—	○
20	1935	—	—	○
21	1935	No.2・No.15	No.6	○

3.4 第2世代・第3世代の定住とイエの拡大とその背景

　長崎から開拓移住して来た家族の多くが法光坊集落に定住し、各家族ではイエが次代に継承され、分家が創出されていく。表10.5は、1935年までに移住した21家族のうち16家族の第2世代を示したものである（なお、第2世代には、親世代とともに開拓移住した子ども世代を含める）。多くの家族が法光坊集落に定住し、幅広い期間の中で第1世代から第2世代、表示していないが、さらに第3世代にイエが継承されるとともに、多数の分家が創出されて、世帯数が倍増する。分家の創出における法光坊集落の特徴といえるのが、第2世代の女性の（別姓を含む）分家が集落内外に数多く創出されたことである。表示していないが、第3世代も同様である。

　また、第2世代の配偶者の出身地に関して、開拓移住者の郷里の長崎県と法光坊集落の家族の一員が共に存在する。前者に関して、配偶者の出身地は出身地区に限定されず、長崎県内の各地区が含まれているものの、婚姻関係を通して出身地との関係が維持される状況が判明する。後者に関して、集落内の婚姻によって多くの開拓移住の家族が新たな親族関係で結ばれ、その結果、集落の多くの家族の間に親族関係が形成されたことがわかる。こうした傾向は、第3世代でも継続する。

　ところで、戦前期の1家族平均約1.5町歩の法光坊集落の農地は、戦後期に新たな農地が開拓・加算された記録はない。そのために、法光坊集落における分家の創出は、各家族の農地の拡大とは別の要因によるものである。実際、1935年までに法光坊集落に開拓移住した家族のうち現在も居住する14家族の職業状況に関して、第2世代には、農業従事の分家が存在するものの、本分家ともに農業外に職が転じた2家族を含め農業以外の職の世帯が4家族現れている。こうした傾向はさらに進行し、1980年以降、集落の世帯の離農傾向・非農家化が進行する。

　すなわち、法光坊集落における非農家の分家の創出の背景には、第1に、法光坊集落が長崎のカトリック信仰の南九州での数少ない飛地（enclave）という

表10.5　第2世代の状況

家族番号	イエの継承時期	イエの継承者	妻(配偶者)の出身地	妻(配偶者)の旧所属教会	妻(配偶者)の旧姓	法光坊に居住の兄弟 1	法光坊に居住の兄弟 2	法光坊に居住の兄弟 3〜	他出等の兄弟 1	他出等の兄弟 2〜
1	開拓移住期	長男	大村市	—	—	次男	—	—	—	—
2	戦後期	長男	法光坊	田野	No.9	—	—	—	—	—
3	—	長男以外の男子	相ノ浦	未信者	—	—	—	—	長崎に残る	長崎に残る
4	—	長男	法光坊	田野	No.21	女子：夫	—	—	—	—
5	—	女子	法光坊	田野	No.15	夫	—	—	—	—
6	—	長男	—	—	—	—	—	—	宮崎市内	宮崎市内・宮崎市内
7	—	長男	—	—	—	次男：妻はNo.12	三男：妻は上五島冷水教会	次女	長女：シスター	四男：名古屋、四女：熊本
8	開拓移住期	長男	相ノ浦	浅子	No.13と同姓	—	—	—	—	—
9	—	長男以外の男子	下五島	水ノ浦？	S	—	—	—	—	—
10	—	長男	—	—	—	次男	—	—	—	—
11	昭和30〜40年代	長男	法光坊	田野	No.9	長女：夫がNo.7	五男	六男	宮崎教会	水巻教会
12	—	—	—	—	—	—	—	—	—	—
13	昭和30〜40年代	長男以外の男子	出津	出津	Y	長女：夫がNo.15	次女：夫	—	長男：山梨	次男：ブラジル
14	昭和30〜40年代	長男	上五島	青砂ヶ浦	—	次男	三男：1957年に上五島から法光坊に移住	長男・次男・三男を含めて6人居住。うち女性2人はW姓。No.6と婚姻	—	—
15	—	長男	法光坊	田野	No.4	長女：夫が	—	—	宮崎教会	シスター、シスター
21	—	—	—	—	—	—	—	—	—	—

注：聞き取り調査が実施できなかった世帯の状況を除いて掲示している

様相を帯びるため，集落の家族・世帯間の婚姻，家の非相続者の流出阻止，流出した家族員の還流につながったと推測される。第2に，従来の鉄道交通に加えて，自動車交通（国道・高速道路）の普及と隣接する清武地区の工業団地・ハイテクパーク，学園都市としての整備で，田野地区が宮崎市の郊外，清武地区の通勤圏となる地域状況の変化による影響が指摘できる。

4．類縁関係に基づくコミュニティの形成

　日本における類縁関係の存在とその制度化に光を当てるために，2つの宗教コミュニティの事例を紹介した。類縁関係は幅広い社会領域・内容に及ぶために，多様なコミュニティ形態が存在するものの，これらの事例を通してその特徴の一端を指摘したい。

　まず，類縁関係が他の社会関係としばしば重複する点である。鴨池教会の場合，宗教関係に同郷関係・同業関係が重複し，法光坊集落（田野教会）の場合，宗教関係に同郷関係・同業関係・親族関係が重複し，社会関係の重複によって宗教コミュニティが補強されると推測される。すなわち，類縁関係には，趣味等の単一の類縁関係に基づくバウマンの「ペグ・コミュニティ」から多重の社会関係の重複する補強されたコミュニティまでの多様な形態が存在することである。

　次に，地域における類縁関係者の集住傾向である。類縁関係は共的・私的領域に属する関係のために行政（施策）と距離のある社会関係である。しかし，いずれの事例も行政の政策が集住の基盤となった点が興味深い。しかし，鴨池地区の場合，三和地区における市有地の各世帯への払下げ面積が狭小地であったために，次世代（とりわけ分家）等の地区内居住が不可能で，鹿児島市の西方に新たな集住地区が誕生する。法光坊集落の場合，田野教会が宮崎県内陸部の数少ない教会という事情と各家族の土地所有によって，集落内外での分家の創出や婚姻女性の居住が進む。その一方で，都市化（鴨池地区）・郊外化（法光坊集落）による非信徒世帯の居住も進行して，類縁関係世帯の比率が低下する

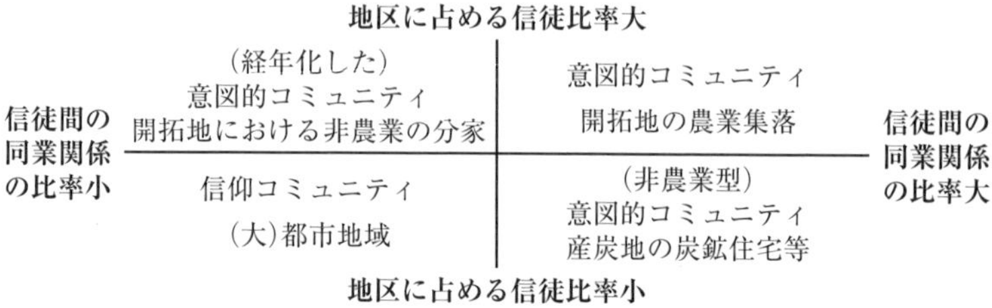

```
              地区に占める信徒比率大
             （経年化した）
              意図的コミュニティ         意図的コミュニティ
  信徒間の  開拓地における非農業の分家      開拓地の農業集落      信徒間の
  同業関係  ─────────────┼─────────────  同業関係
  の比率小     信仰コミュニティ          （非農業型）         の比率大
             （大）都市地域            意図的コミュニティ
                                 産炭地の炭鉱住宅等
              地区に占める信徒比率小
```

図10.1 宗教コミュニティの類型

傾向がみられる。

図10.1は，地区に占める類縁関係者の比率および類縁関係性と他の社会関係との重複のうち同業関係の比率を2軸として，宗教コミュニティを類型化したものである。都市地域の鴨池地区は，類縁（宗教）関係の集住地とはいえ地区全体に占める信徒比率は低い一方で，信徒の多くが同業（大島紬）関係で結ばれ，「（非農業型）意図的コミュニティ」に位置づけられるものの，信徒間の同業関係の比率の低下によって「信仰コミュニティ」に移行する状況にある。一方，宮崎県の内陸部の法光坊集落は，地区住民の大半が類縁（宗教）関係と同業（農業）関係で結ばれる「意図的コミュニティ」から地区の郊外化によって同業（農業）関係の比率が低下する「（経年化した）意図的コミュニティ」に移行する状況にある。

さらに，類縁関係の最初の制度化が，類縁関係者の人口規模（いわゆる臨界量）を必ずしも要因としないことである。鴨池地区の場合，最初の教会堂は国内外の信仰関係と信徒のイニシアティブ・労働奉仕によって設立され，その後の教会堂の新築において信徒増（人口規模）が要因となる。法光坊集落の場合，国の政策（新農村建設の共同建物）・国際的な信仰関係（国際修道会）および信徒の労働奉仕によって最初の教会堂が設立される。新教会堂の設立は信徒世帯の増加した時期で，この時，人口規模を背景とする。

すなわち，類縁関係の制度化には，まず基盤となる類縁関係者の人口規模（集住・連鎖的移動）に行政の政策（住宅政策・開拓政策）が関与し，最初の制度

化(教会の設立)に宗教関係の脱埋め込み性(系列関係)や行政の政策が関係し,制度化のきっかけ要因に宗教関係の特徴といえる篤実家のイニシアティブが関係するのである。人口規模(臨界量)が主要な要因となるのは,次の展開においてである。もちろん類縁関係にも多様な関係性や特徴が存在し,また類縁関係の脱埋め込み性(系列関係)の有無も相まって,制度化の時期や状況に差異が生じると考えられる。

　類縁関係のうち本章で紹介した宗教関係は,世俗化の進行によって関係性の弱化が指摘される関係性である。しかし,多重の社会関係性が補強するコミュニティが存在するのも事実である。趣味等の関係性に基づくペグ・コミュニティが広がる傾向にあるなかで,都市社会における同郷関係・民族関係の「発見」に加えて,宗教関係の場合,氏子・檀家組織を類縁関係性に位置づけることや未知の類縁関係の「発見」が期待される。類縁関係に基盤づけられた地域社会への認識が高まることで,新たな地域社会の編成の可能性が開かれよう。

引用・参考文献

安斎伸『南島におけるキリスト教の受容』第一書房 1984。

Bauman, Z., *Community: Seeking Safety in an Insecure World*, Polity Press 2001. (奥井智之訳『コミュニティ―安全と自由の戦場』筑摩書房 2008)

Beck U., Giddens A., Lash. S., *Reflexive Modernization : Politics and Tradition and Aesthetics in the Modern Social Order*, Polity Press, 1994. (松尾精文・小幡正敏・叶堂隆三訳『再帰的近代化―近現代における政治,伝統,美的原理』而立書房 1997)

Fischer, C. S., *To Dowell Among Friends: Personal Networks in Town and City*, University of Chicago Press, 1982. (松本康・前田尚子訳『友人のあいだで暮らす―北カリフォルニアのパーソナル・ネットワーク』未來社 2002)

Gans, H. J., *The Urban Villagers: group and class in the life of Italian-Americans*, The Free Press 1982. (松本康訳『都市の村人たち―イタリア系アメリカ人の階級分化と都市再開発』ハーベスト社 2006)

鹿児島市『鹿児島市のおいたち』1955。

鹿児島市戦災復興誌編集委員会『鹿児島市戦災誌』鹿児島市役所 1982。
鹿児島市史編さん委員会『鹿児島市史Ⅱ』鹿児島市長 1970。
鴨池50実行委員会『カトリック鴨池教会50年の歩み』2002。
宮崎県開拓史編さん委員会（農政水産部農業経済課）『宮崎県開拓史』宮崎県 1981。
70年のあゆみ編集委員会『70年のあゆみ―1927-2000』田野カトリック教会 2000。
名瀬市史編纂委員会『名瀬市史・下巻』名瀬市役所 1983。
西村雄郎編『阪神都市圏における都市マイノリティ層の研究―神戸在住「奄美」出身者を中心として』社会評論社 2006。
ザビエル教会広報委員会編『ザビエル教会100年のあゆみ』1992。

11章 地域福祉活動と地域圏域

高野和良

1. はじめに

　地域福祉活動に対してさまざまな立場から期待が寄せられている。地域社会での生活継続を目指す地域包括ケアでは，福祉課題に対して市場サービスを自ら購入して対応するような住民自身による自助，介護保険制度などの社会保険による共助，制度的なサービスや生活保護制度などの公助とならんで，地域住民の相互支援活動によって支えられる互助も重視されている。また，従来から連携の必要性が強調されてきた保健，医療といった領域にとどまらず，生活困窮者自立支援制度における貧困問題への望ましい対応といった新たな対応策としても広く支持を集めはじめている。

　しかし，地域福祉活動の場である地域社会が問題解決能力をもっているという前提は，地域社会の人口減少や少子高齢化といった人口構造の変化や地域住民の脱地域的な生活構造の拡大もあって大きく揺らいでいる。実際に，自治会・町内会などからは，これ以上地域に期待されても対応できないという反応も少なくない。また，地域福祉活動が基礎を置く自治会・町内会，老人クラブ，婦人会，地区社会福祉協議会といった地域組織・集団の活動継続が難しくなり，それにともなって地域福祉活動の維持も厳しくなる事態が広がっている。

　ある意味では，活動を支える人々を置き去りにしたまま，地域福祉活動に対する過剰な期待が一人歩きしているといってもよい。地域社会で支え合うことは望ましいことだという期待が強すぎると，果たしてどこまで助け合わねばならないのか，といったように地域福祉活動に参加している人々の負担感をより

強める結果にもなりかねない。

　とはいえ，地域社会では，民生委員や福祉員といった地域福祉活動を支える役割を担う人々を中心としながら，そこに，地域貢献意識に支えられた地域住民も参加して，多様な地域福祉活動が運営されている。主に高齢者を対象とするふれあい・いきいきサロン活動，見守り活動などはその代表例である。地域貢献意識とは，自分たちの地域であるからお互いに支え合うことが当たり前であるし，自分も何かできることがあれば地域福祉活動に参加したい，という意識であるとひとまず考えておこう。そして，自分たちの地域といった場合，人々はある地域圏域を想定していると考えるのが自然である。それは，もっとも小さな範域である集落（組，班など）からはじまって，小学校区（小字区分），中学校区（大字区分），市町村といった広がりをもつであろう。それでは，実際に地域福祉活動において自分たちの地域という感覚を実感できるのはどのような範域であろうか。もちろん，地域福祉活動の圏域設定は，地域住民の生活圏域が拡大するにつれて，変化せざるを得ない実態もある。これまで地域福祉活動は小学校区程度が適切な圏域であると経験的に考えられてきたが，実際の圏域設定にあたって，人々がどのような範域を地域として捉えているのかという点については十分に考慮されてきたとはいい難い。言い換えれば，これまでの地域福祉活動の圏域設定は，行政，社会福祉協議会，社会福祉施設などのサービス提供側からみた資源配置論が中心であって，地域住民の地域意識を踏まえた圏域設定は，十分に検討されてこなかったのではないか，ということである。

　そこで，本章では地域福祉活動における圏域設定について，いくつかの論点を提示することとしたい。

2．地域福祉における地域概念

　最初に地域福祉研究において，地域がどのように捉えられてきたのかについて，ごく簡単な整理を試みる。とはいうものの，地域福祉研究における地域概

念は実に多義的であり，一義的な整理は容易ではない。そのため本章では，地域福祉研究における地域という表現にどのような意味が込められているのかに注目しながら，ごく簡単に地域福祉研究における地域概念の特徴を指摘するにとどめたい。

まず，法制度上の位置づけを確認する。地域福祉は1980年代前後から，社会福祉協議会の活動を象徴する用語として用いられてきたが，法制度上に地域福祉という概念が採用されるのは，2000年の社会福祉法まで待たなくてはならなかった。現在，社会福祉制度のなかで地域福祉は，社会福祉法にその根拠をもっている。社会福祉法（2000年）第1条では，法の目的を「福祉サービスの利用者の利益の保護及び地域における社会福祉（以下『地域福祉』という）の推進を図る」と規定している。法律上はじめて地域福祉という用語が使われたにとどまらず，法の目的として地域福祉の推進が掲げられたことは，地域福祉の存在感を高めることに大きく寄与した。ただし，地域福祉の包括性を示すためにこうした表現にならざるを得ないのは理解できるとしても，地域における社会福祉が地域福祉であるという規定はやや抽象的ではあるし，そもそも地域について地理的，空間的範囲などの要件が示されているわけではない。

さて，地域福祉研究の系譜には，制度政策論，運動論的な視点からの研究と，ニーズ充足のための方法論的な視点からの研究がある（牧里 2003）。代表的な制度政策論的捉え方によれば，地域福祉とは，「生活権と生活圏を基盤とする一定の地域社会において，経済社会条件に規定されて地域住民が担わされて来た生活問題を，生活原則・権利原則・住民主体原則に立脚して軽減・除去し，または発生を予防し，労働者・地域住民の主体的生活全般にかかわる水準を保障し，より高めるための社会的施策と方法の総体であって，具体的には労働者・地域住民の生活権保障と，個としての社会的自己実現を目的とする公私の制度・サービス体系と，地域福祉計画・地域組織化・住民運動を基礎要件とする」（住谷・右田 1973：1）といった定義となる。生活権保障のための公的責任が重視され，地域福祉は地域住民の主体性回復のための方法論としても捉えら

れている。

　この定義には，当時の社会状況も影響している。1960～70年代になると経済成長の弊害としての公害問題，生活環境悪化，さらに不安定雇用，低所得層の増加といった社会問題が発生し，高齢化率も上昇し続けるなかで，さまざまな生活問題を人々が意識せざるを得ない状況が広がっていく。そうした事態に人々がいかに対抗していくのか，住民の自己実現を促すための社会運動としての地域福祉が期待されているが，その根底には，地域福祉における公的責任の重視も認められる。

　この定義では，地域に対して「生活権と生活圏を基盤とする一定の地域社会」という位置づけが与えられている。生活圏という概念によって，空間的な意味合いが強く現れているように思われるが，人々の移動が広域化し，生活構造も多様化するなかで，地域福祉が展開される生活圏の範囲をどのように確定していくのか，実践的な面からの検討も必要となる。1990年代以降の自治型地域福祉論への展開のなかでは，住民自治的な対応への評価がより強調され，地域は住民自治を実現するための場として位置づけられることにもなった。

　以上のような，公的制度との関係を意識した地域福祉の位置づけの一方で，福祉ニーズの充足や福祉課題解決の方法論として地域福祉を捉える立場もある。多様化する福祉課題に対して既存の制度では十分に対応できないため，地域社会において福祉課題解決を図る体制を構築する方が効果的とする立場である。困っている時にはお互い様であるといった気持ちを具体的なサービスの形にしていく仕組みが必要であり，それこそが地域福祉として捉えられることもある。また，NPOなどの登場もあって，サービス供給主体の多元化を強調する傾向も認められる。行政には供給主体間の調整機能が期待され，多様な供給主体が活動を展開する場が地域として捉えられる（岡本 2002：11）。サービスが提供される地域としては，一定の規模が必要となるため基礎自治体程度の範域が「場」として位置づけられることとなる。

　以上，ごく簡単に地域福祉における地域概念について検討してきた。ここで

わかることは，地理的な空間としての地域が具体的にどのような圏域を意味しているのかは，各研究者によって必ずしも一致しているわけではないということである。

そこで最後に，実際の地域福祉活動の展開場面における圏域設定モデルをみておこう。公的介護保険における日常生活圏域での地域包括ケアにもつながったと思われる『「これからの地域福祉のあり方に関する研究会」報告書』（2008年）の圏域設定では，地域福祉活動と対応した，班・組の単位，自治会・町内会の単位，校区単位，市町村支所圏域，市町村全域といった重層的な圏域設定が示されている。一見すると地域住民の生活空間の広がりと重なる圏域設定であり，経験的にみても妥当であるようにみえるが，この圏域設定が地域住民にどのように受けとめられているのか，あるいは受けとめられていくのかについては，十分に説明されてはいない。圏域区分の基準は自治会・町内会，学校（校区），行政（支所）圏域といった地域組織，中間集団（行政）の権限が及ぶ範囲（管轄範囲）であると考えられるが，なぜ，地域組織，中間集団の範域が一定の合理性をもって地域住民に受け入れられていくのかといった理由が示されているわけではない。圏域設定の問題は，資源配置の問題とも重なりながら，人々のサービスへのアクセスに直接的に影響するため重要であることに疑いはない。しかし，単なるサービス供給論にとどまるのではなく，なぜその地域圏域が人々から支持されるのか，そして，そうした支持にはどのような要因が影響を与えているのか，といった点を明らかにすることによってはじめて，地域住民に受け入れられる圏域設定を行うことができると思われる。

3．地域福祉活動と地域圏域

地域において展開されている地域福祉活動としては次のような取り組みが想定される。見守り活動，声かけなどの地域住民の相互支援意識を基礎とした活動，これらが組織化された住民参加型在宅福祉サービス（移送サービス，食事サービス，ホームヘルプサービスなど），ボランティア活動，ふれあい・いきい

きサロン活動（以下，サロン活動）などである。いうまでもなく，これらは地域住民を中心として展開されるため，活動の場をどこに設定し，活動の対象地域をどこまで広げるのかといった問題として圏域設定が検討されることになる。例えばサロン活動であれば，高齢の参加者が歩いて会場の集会所に通うことになれば，自ずとその範域は狭くせざるを得ない。一方で，他地域に住む担い手が自動車や鉄道で通うのであれば，より広域の範域も対象になるともいえよう。つまり，担い手と参加者では地域の範囲は異なる場合があり，また，地域福祉活動の内容によっても地域福祉活動の圏域設定は多様な形を取り得るのである。こうした，より実践的な圏域設定の問題に加え，先に指摘したように，自分たちの地域なのだから助け合うのは当然であるという地域貢献意識の向かう対象として，地域圏域は地域福祉活動者によって区切られていくはずである。すなわち，担い手と受け手の双方の活動参加者が活動の場として意味があることを実感できる地域範域は自ずと決まってくるということである。この点は，コミュニティ論においてコミュニティを空間と帰属意識（we-feeling）から把握することと重なっている。

　いずれにせよ，地域福祉活動の場として地域を捉える際には単なる地理的圏域としてだけではなく，地域住民の意識の状態にも注意すべきである。住民の地域に対する帰属意識やそれを支える生活構造の実態を軽視した単に機械的に区切ったような圏域設定では，地域住民に受け入れられないばかりか，混乱を増すことになるであろう。

3.1　地域福祉活動と関係性

　ところで，地域貢献意識に支えられて，地域で展開されている地域福祉活動が，多くの人々を引きつけるのはなぜであろうか。このことを地域福祉活動の担い手と受け手との関係性の問題から考えてみたい。

　地域福祉活動一般において活動の担い手と受け手との間には，サービスを提供する側とサービスを受け入れる，あるいは受け入れを余儀なくされる側と

いった不均等な立場の差異が生じがちである。こうした差異が放置されると，受け手の側には，例えば，自分は役に立たないものだといった自己効力感の低下や「福祉の世話にはなりたくない」といった抵抗感を，そして担い手の側には，お世話をしてあげているという優越感や，させてもらっているといった遠慮めいた感覚をもたらす可能性があり，円滑な活動展開を阻害する恐れがある。このため，こうした関係の不均衡状態を解消するための方法を，地域福祉活動の担い手と受け手は探ることになる。

　そのための方法としてまず考えられることは，お互いに自分たちの地域で暮らしているのだから困った時に助け合うのはお互い様であるといった感覚を共有することで対等な関係を築いていくこと，すなわち一種の互酬関係の形成を図ることである。仮に，住民の流動性が低く，ある程度，長期間にわたる通時的な担い手と受け手との関係を維持できる場合であれば，こうした関係形成は可能であろう。担い手側にしてみれば，いずれ自分もお世話になるかもしれない，あるいは，かつて子育てをしているときにこの方に子守をしてもらったことがある，などといった受け手との間に長期的な関係性のなかで取り結ばれた実態があれば活動を行う際の遠慮はずいぶん薄らぐはずである。また，受け手にとっても，自分も元気な間は助け合いの活動をお手伝いしていたのであるから，今度は自分が支えられる側に回っただけだと納得することもできるであろう。つまり，地域貢献意識がうまく機能するための条件として，担い手と受け手との間に一定の時間の共有が必要であると考えられる。そして，そうした関係を背景とした地域福祉活動を経験していることは，在宅福祉や施設福祉などの制度的サービスを利用する必要が生じた際に，受け手の抵抗感を弱める効果も期待できる。このように，一定の時間軸のなかで形成されてきたある程度対等な関係性の基礎があったからこそ地域福祉活動は広く受け入れられてきたと考えられる。

　しかしながら，長期的な関係形成を期待できる状況は，地域移動の拡大もあって崩れつつある。また，そもそも，こうした関係性を敬遠する人も少なく

ないと思われる。個別，具体的な関係性が弱くなり，同じ地域に暮らすもの同士といったより緩やかな関係ですら維持しにくくなる実態もあるなかで，地域貢献意識を補完する方法が求められることになってきた。そうしたなかで，金銭を介在させること，つまり，地域福祉活動を有償，有料型として設計し，受け手は利用料を支払い，担い手は報酬を得ることでその関係の不均衡状態を変えていくことが広がってきた。有償ボランティアや住民参加型在宅福祉サービスをめぐる議論では，受け手のみならず，担い手側にとっても有償性の導入は効果的との指摘もある。月に数回，一人暮らしの高齢者に対して弁当の配食サービスを行っている地域の例でいえば，当初，社会福祉協議会からの補助を得て弁当の料金を無料としていた。しかし，弁当を受け取る側の高齢者からは無料であることに対して負い目を感じるといった声や利用辞退もあり，利用がなかなか広がらなかった。そこで，料金を100円とし，少額の有償サービスへ転換したところ，受け手の高齢者から受け入れられていったという。実際には，弁当の調理と配送等にかかる費用は100円ではとうてい収まるわけもない。したがって，100円という料金には実質的な意味があるわけではなく，無料ではないことを強調する役割を果たしているのである。有償・有料型のサービス設計には，もちろん賛否両論あるが，上述のような受け手の立場のみならず，してあげるという，担い手側の居心地の悪さも金銭の授受で多少なりとも緩和されるとも考えられる。しかし，地域福祉活動を含むボランティア的活動への参加者に対する意識調査の結果からは，有償を忌避する人々の一定割合の存在が明らかになっており，こうした人々にとって有償・有料型の導入は受け入れ難いものとなり，活動からの離脱をもたらす可能性がある（高野 1996）。

　しかしながら，地域住民の流動性が高まり，一時的な関係が優位を占める現在の地域社会において，地域貢献意識に期待するだけでは，担い手と受け手の関係の不均衡状態を解消することは難しいのが現実である。このため地域貢献意識を形骸化させない限りで有償，有料型を一部導入しつつ，活動を再設計していく方法も検討されている。営利サービスに対する根強い抵抗が存在するな

かで，有償，有料型の導入は容易ではないかもしれないが，これまでみてきたように，営利を目的として導入するのではなく，担い手と受け手の間の関係を円滑に維持するための手段であることが理解されれば，受け入れられやすいのではないだろうか。

3.2 地域福祉と地域圏域

関係性の観点からみると，地域福祉活動の場としての地域社会の構造的変化のなかで地域貢献意識のみに期待することが難しくなりつつあることを指摘した。そうしたなかで，依然として，地域福祉活動が行われる圏域としては，小学校区，中学校区といった学校区が設定される場合が少なくない。鈴木榮太郎の自然村，村の精神といった概念を想起せずとも，人々の生活構造と密着していた学校区のもつ重みは理解できるが，人口減少などによって学校統廃合の動きは全国的に拡大し，学校区がもつ実質的な意味合いは変化しつつある。したがって，学校なき後の学校区を地域福祉活動の圏域として維持していく際に，学校に替わるいかなる象徴をそこに見出すのかが問われ始めている。地域の象徴とは，当然のことながら学校の校舎といった物理的なものではない。人々が共有し，地域社会への帰属意識を支える地域の祭りなどの地域文化的な活動を想起してもよい。こうしたさまざまな象徴は衰退傾向にあるが，地理的な空間としての圏域に，活動の場として実質的な意味を与えるためには，人々が当該の圏域に対して，何らかの共通した意識（地域評価ともいえるかもしれない）をもつ必要がある。すなわち，媒介物，象徴としての学校によって人々の地域に対する意識が具体化されるということである。学校に限らず，地域に生じるさまざまな問題もその影響の大きさによっては象徴に転化するであろう。例えば，大規模な災害や孤立死に対応しようという場合である。したがって，象徴は物理的であるかどうかは問題ではないが，学校は，全国津々浦々に配置されており，空間的にも，地域に存在してきた時間の長さからみても普遍的な存在であり，他の象徴と比較して優位であったことは間違いない。

しかし，学校という象徴を維持するための諸条件がくずれつつあることが問題となっている。人口減少，高齢化といった人口構造的変化に加えて，平成の大合併と呼ばれる市町村合併の影響も小さくはなかった。ここで市町村合併のもたらした地域住民への影響を詳しく検討する余裕はないが，例えば，市町村合併の急激な進行の影響を強く被った過疎自治体を対象とした研究によれば，過疎自治体は広域再編によって一見安定し，過疎集落も課題を抱えてはいるものの現時点では何とか持ちこたえているようにもみえるが，集落と自治体とを媒介する旧村程度の範囲が，地域単位としての役割を失いつつある。そして，小規模な集落では人口減少による担い手の減少や高齢化の進行によって地域福祉活動が維持できなくなり，大規模化した自治体では，その範域が大きすぎるため活動が行いにくくなっている実態が指摘されている（山本・高野 2013）。そのため過疎地域の地域福祉活動にとっては，地域単位の再編成，維持がきわめて重要な意味をもっている。

　しかしながら，合併後の過疎地域の状況をみると，老人クラブ，婦人会などの地域組織が累積し，一定の自立性をもつ地域であった第二社会地区とも重なる地域単位が，市町村合併によって地域単位としての機能を失い，学校をはじめとして集積していた地域組織が機能不全化し，人々に地域という実態を具体的に示す共通の象徴が不在化する状況が広がっている。

　結果として，地域組織に支えられてきた地域福祉活動も継続が困難となる事態が拡大している。市町村合併後の地域福祉活動の衰退は，高齢層の生活を不安定な状態に導きつつある（高野 2009）。市町村合併の影響評価研究が少ないこと自体も問題であるが，そうした影響評価を行政サービスの格差是正などの社会サービス水準の調整問題にとどめるのではなく，地域住民を支える公私にわたる支援活動の継続条件と，それらの基礎となる地域福祉活動の圏域の再編成と維持のための条件を明らかにするといった視点にたって実施する必要がある。

3.3 地域特性と地域福祉

それでは，実際に人々は地域福祉活動を行う際にどのような範域を想定しているのであろうか。山口県在住者を対象として実施された福祉意識調査結果[1]をみると，「地域の支え合い活動を進めることを考えたときに，あなたが最初に思い浮かべる地域の範囲は次のどれでしょうか」という設問に対して（表11.1），「自治会・町内会」が約6割（62.2％），「班・組など」が1割強（16.1％），「現在の市，町」が約1割（13.2％）となり，山口県の多くの人々が相互支援活動の際の「地域の範囲」として，「自治会・町内会」の範域を思い浮かべていることがわかる（山口県社会福祉協議会 2014：19）。

年齢階層別にみると，「班・組など」という地理的にはもっとも狭く，基礎的な範域を支持する人の割合は，16％程度とそう大きな割合でないが，各年齢階層での差は小さい。壮年層（40〜64歳）や高齢層（65歳以上）では自治会や町内会活動を経路として地域社会と接する機会が多いこともあってか，「自治会・町内会」という地域範域の割合が青年層よりも高くなっている。青年層（20〜39歳）は子育て中の世代であることから子供の通う学校を経由して地域社会と接する場合もあり，他の年齢層と比較して「小学校区」との回答が多く

表11.1 地域の支え合い活動の際の「地域の範囲」（山口県）

(％)

年齢階層	地域の支え合い活動の際の「地域の範囲」						
	現在の市,町	合併する前の旧市町村	中学校区	小学校区	自治会・町内会	班・組など	その他
20〜39歳（n = 228）	14.5	1.3	1.3	15.4	53.5	14.0	0.0
40〜64歳（n = 775）	11.6	2.1	1.2	5.5	62.2	16.0	1.4
65歳以上（n = 926）	14.3	2.5	0.3	1.4	64.3	16.6	0.6
全体（n =1929）	13.2	2.2	0.8	4.7	62.2	16.1	0.9

出所）山口県社会福祉協議会（2014：19）より作成

表11.2 地域の支え合い活動の際の「地域の範囲」
（旧日田市，旧中津江村，旧上津江村）

(%)

年齢階層	地域の支え合い活動の際の「地域の範囲」					
	合併後の日田市	合併前の旧市町村	大字区分（中学校区程度）	小学校区	集落（小字区分）	その他
旧日田市　（n=137）	23.4	10.2	5.1	36.5	24.1	0.7
旧中津江村（n=148）	12.2	45.3	3.4	15.5	23.6	0.0
旧上津江村（n=113）	5.3	52.2	3.5	16.8	21.2	0.9
全体　　　（n=398）	14.1	35.2	4.0	23.1	23.1	0.5

出所）「2016年調査」より作成

なった可能性がある。

　また，過疎地域である大分県日田市での調査結果[2]（表11.2）からは，市部である旧日田市と旧村部の旧中津江村，旧上津江村で地域の捉え方が大きく異なることが明らかとなった。まず，旧村部では「合併前の旧市町村」を支持するものの割合（旧中津江村45.3％，旧上津江村52.2％）が半数ほどに達しているが，旧日田市では「合併前の旧市町村」の支持は低くなっている。「集落（小字区分）」は旧日田市，旧中津江村，旧上津江村ともに，2割強で大きな差はない。しかし，「小学校区」は旧日田市で4割弱（36.5％）に支持されているが，旧村部では15％程度にとどまっている。現在，旧中津江村，旧上津江村では，双方の小学校が2012年に統合され1校のみになっている。そのため，旧中津江村，旧上津江村における小学校区とは，正確にいえば旧両村双方の範域なのであるが，おそらく調査回答者が想定したのは，かつて旧村内に存在していたそれぞれの小学校の校区ではないかと推測される。つまり，小学校が廃校となりすでに存在していないにもかかわらず，小学校区という範域が依然として影響をもっているとも考えられる一方で，小学校の統廃合によって，旧日田市と比較して小学校区を支持する者の割合が低くなったとも考えられよう。先述した学校という地域の象徴の消失による結果ともいえるのではなかろうか。

　ここで，旧中津江村の調査結果を年齢階層別にみておこう（表11.3）。対象

表11.3　年齢2区分別地域の支え合い活動の際の「地域の範囲」(中津江村)

(%)

年齢階層	地域の支え合い活動の際の「地域の範囲」					
	合併後の日田市	合併前の旧市町村	大字区分(中学校区程度)	小学校区	集落(小字区分)	その他
64歳以下(n = 62)	4.8	48.4	3.2	17.7	25.8	0.0
65歳以上(n = 86)	17.4	43.0	3.5	14.0	22.1	0.0
全体　(n =148)	12.2	45.3	3.4	15.5	23.6	0.0

出所)「2016年調査」より作成

　数が少なかったため年齢層を高齢層(65歳以上)と青壮年層(64歳以下)の2区分としたが，青壮年層(64歳以下)では，「合併前の旧中津江村」の割合が半数(48.4％)に迫り，次いで「集落(小字区分)」(25.8％)，「小学校区」(17.7％)となっている。一方，高齢層(65歳以上)でも「合併前の旧市町村」を支え合い活動の地域範囲とするもの(43.0％)の割合が高く，次いで集落(小字区分)(22.1％)と続くことは青壮年層と共通であるが，次は「小学校区」ではなく，「合併後の日田市」を支え合い活動の地域範囲とするもの(17.4％)の割合が高くなっている。

　日田市調査(2016年調査)では地域範域に「町内会・自治会」が入っていないなど，山口県全域調査とは選択肢が異なっており，両調査の単純な比較は難しいが，おおまかに特徴を整理すると，過疎地域である旧村部では合併前の旧村単位が支え合い活動の範域として多くの支持を集め，次いでより身近な集落(小字区分)が支持されている。対照的に，山口県全域では，より狭い範域である自治会・町内会の単位が半数以上の支持を集めており，市町村域を支え合い活動の範域とする人の割合を大きく上回っていることがわかる。また，山口県全域の年齢階層別結果と比較して，旧中津江村の結果には青壮年層と高齢層の間で「小学校区」を支持する者の割合の差異が，そう大きくないことが示されている。これも小学校の統廃合が影響しているのかもしれない。

　ここで，支え合い活動を行うための範囲という具体的な活動の場としてでは

表11.4　地域という言葉を聞いて思い浮かべる「地域の範囲」
　　　　（旧日田市，旧中津江村，旧上津江村）

(%)

年齢階層	地域の支え合い活動の際の「地域の範囲」					
	合併後の日田市	合併前の旧市町村	大字区分(中学校区程度)	小学校区	集落(小字区分)	その他
旧日田市　（n＝137）	26.3	17.5	7.3	35.0	12.4	1.5
旧中津江村（n＝150）	13.3	55.3	2.7	11.3	16.0	1.3
旧上津江村（n＝115）	2.6	53.0	1.7	23.5	17.4	1.7
全　　体　（n＝402）	14.7	41.8	4.0	22.9	15.2	1.5

出所）「2016年調査」より作成

なく，より一般的な地域に対する捉え方をみるために，「『地域』という言葉を聞いたときに，あなたが最初に思い浮かべる『地域』の範囲は次のどれでしょうか」という設問への回答をみると（表11.4），先の地域の支え合い活動を進める際の地域とは，やや異なる結果が現れている。まず，「合併前の旧市町村」（旧中津江村）の割合が，支え合い活動の場合よりも10ポイントほど増加し（55.3％），一方で「集落（小字区分）」，「小学校区」の割合が減少している。旧中津江村は2005年に日田市へ編入合併されているが，合併後約10年を経過しても旧村である中津江村の範囲が，多くの住民にとって地域としての存在感を依然としてもっていることは，合併の影響評価にあたっても興味深い結果である。

　旧中津江村の住民は，支え合い活動の地域であれば旧中津江村の範域を半数程度の割合で支持したうえで，次いで居所に近い集落（小字区分）となるが，より一般的な地域となると，集落（小字区分），小学校区という生活に近い範域の割合を支持する者の割合が減少し，合併前の旧中津江村の範域を支持する者の割合が増加している。つまり，人々が地域として見なす範域は，その地域をどのような場として捉えるかによって異なるということが，少なくとも確認されたといえよう。

4．おわりに

　本章では，地域福祉活動における地域圏域設定に関していくつかの論点を示した。限られた知見に基づく議論は慎重に行うべきであるが，「地域での支え合い活動」という地域福祉活動の圏域は，これまで「より身近な地域」という表現によく示されているように，地理的に小さな範域が望ましく，実際にそこでさまざまな地域福祉活動が行われてきた。確かに山口県全域の調査結果では，「自治会・町内会」，「班・組など」の範域が広く支持されていた。しかし，過疎地域（中津江村）における調査結果からは，ふれあい・いきいきサロン活動などの実際の地域福祉活動は集落や小学校区という狭い範域で行われているにもかかわらず，こうした範域を支え合い活動の範囲とする人々を上回る割合で，市町村合併前の旧村の範域が支持されていた。

　一般的に集落（小字区分），小学校区という単位は，近所づきあいや，子どもの通う学校を介しての関係に基礎をおく地域範域であり，インフォーマルな関係がより優位に立つ地域範域であるともいえる。一方で，中津江村における「合併前の旧市町村」は，婦人会，老人クラブをはじめ，社会福祉協議会などの各種の地域組織が基礎を置く地域単位であり，フォーマルな関係によって成立する圏域として存在感をもっていた。このことからも，過疎地域の人々が支え合い活動の場としての地域を意識する際の一つの要因として，よりインフォーマルな関係性による支援活動を基本としながらも，中間集団としての地域組織の存在に影響を受けている可能性がある。

　また本章では十分に検討できないが，一人暮らし世帯，夫婦のみ世帯の増加によって家族自体が弱体化するなかで，地域福祉活動にかかわる個々人をつなぐ中間集団としての地域組織への参加も課題になるが，これらの地域組織の存続は困難になりつつある。こうした状況をふまえた地域福祉圏域のあり方についてさらに検討する必要があろう。

付記
本章は，高野（2015b）の前半部分に大幅な加筆を行い再構成したものであるため，記述には重複箇所がある。

■注
1）山口県社会福祉協議会では山口県民の福祉行動，福祉意識の把握を目的として5年ごとに県域を対象とした社会調査を実施している。設問の検討，結果分析等は，筆者も委員として参加した山口県社会福祉協議会に設置された委員会によって実施された。調査概要は以下のとおりである。
実施主体：山口県社会福祉協議会，調査時期：2013年9月，調査方法：自記式，郵送法，対象者抽出名簿：選挙人名簿（無作為抽出），調査対象者：山口県内在住の20歳以上男女（年齢の上限なし），配票回収数：5,000票，回収数2,006票，回収率40.1％。
2）日田市において実施した調査（2016年調査と略称）はJSPS科研費JP25380740の助成によって実施された。調査対象者は，1990年代半ばからフィールドワークを継続している旧中津江村に加えて，比較のために隣接する旧上津江村および旧日田市の住民も対象とした。調査概要は以下のとおりである。
実施主体：高野和良，調査時期：2016年1月12日～2月上旬，調査方法：自記式，郵送法，対象者抽出名簿：選挙人名簿（系統抽出），調査対象者：日田市（旧日田市，旧中津江村，旧上津江村）20歳以上居住者，配票回収数：1,000票（旧日田市400人，旧中津江村300人，旧上津江村300人），回収数460票，回収率46.0％（旧日田市142票（35.5％），旧上津江村119票（39.7％），旧中津江村156票（52.0％））。

■引用・参考文献
これからの地域福祉のあり方に関する研究会「地域における『新たな支え合い』を求めて―住民と行政の協働による新しい福祉」2008。
牧里毎治編著『地域福祉論―住民自治と地域ケア・サービスのシステム化』放送大学教育振興会 2003。
西村周三監修，国立社会保障・人口問題研究所編『地域包括ケアシステム―「住み慣れた地域で老いる」社会をめざして』慶應義塾大学出版会 2013。

岡本栄一「場—主体の地域福祉論」『地域福祉研究』30 2002 pp.11-25。
住谷磬・右田紀久惠編『現代の地域福祉』法律文化社 1973。
高野和良「ボランティア活動の構造　担い手とクライエントの実証分析」社会保障研究所編『社会福祉における市民参加』東京大学出版会 1996 pp.103-128。
――「地域福祉計画とコミュニティ再生」牧里毎治・野口定久編『協働と参加の地域福祉計画―福祉コミュニティの形成に向けて』ミネルヴァ書房 2007 pp.190-202。
――「農村高齢者の社会参加によるアクティブ・エイジングの実現に関する評価研究」平成17～19年度科学研究費補助金基盤研究（C）研究成果報告書 2008。
――「地域の高齢化と福祉」堤マサエ・徳野貞雄・山本努編著『地方からの社会学―農と古里の再生をもとめて』学文社 2008 pp.118-139。
――「過疎農山村における市町村合併の課題―地域集団への影響をもとに」『社会分析』36 2009 pp.49-64。
――「過疎地域の二重の孤立」藤村正之編『協働性の福祉社会学―個人化社会の連帯』東京大学出版会 2013 pp.139-156。
――「人口減少社会における社会的支援と地域福祉活動―山口県内の『見守り活動』の実態から」徳野貞雄監修，牧野厚史・松本貴文編『暮らしの視点からの地方再生―地域と生活の社会学』九州大学出版会 2015 pp.175-194。
――「相互支援活動の地域福祉社会学」『現代の社会病理』30 2015 pp.107-118。
地域社会問題研究会「『中津江村農村活性化に関する基礎調査業務』報告書」1996。
山口県社会福祉協議会「見守り活動のすすめ～見守り活動指針～」2012。
――「2013年度　福祉に関する県民意識調査　報告書」2014。
山本努・高野和良「過疎の新しい段階と地域生活構造の変容―市町村合併前後の大分県中津江村調査から」『年報村落社会研究　検証・平成の大合併と農山村』49 2013 pp.81-114。

12章 生活困窮者への伴走型支援とコミュニティ形成―生活構造論からの整理

稲月 正

1. 目 的

　地域に暮らす人々が自立した生活を送ることは，地域社会の維持や再生の要件である。ただし，自立した生活とは，単に金銭的，物質的に自活すること（経済的自立）のみをいうのではない。他者と関係を取り結び，支え－支えられる社会的ネットワークの中に身をおくこと（社会的自立）も自立の主要な柱をなす。また，経済的，社会的に自立した生活を送る基盤として，心身の健康や生活リズムの保持（日常生活自立）は大切だ。さらに，このような多面的な自立が，他者との対話と自己決定によって主体的に選びとられること（精神的自立）も重要である。生活の主体者としての感覚は，自らの生に意味を与え，自立した生活の維持を下支えするからである。

　本章では，こうした自立生活が社会一般の水準に照らして十分に達成できていない状態を生活困窮状態と考える。それは社会的排除によって生じる。社会的排除とは，社会的な力によって特定の人々が社会資源へアクセスする機会を奪われ，公平な配分を受けられない状態である。冒頭に述べたように，自立生活の形成が地域再生の要件であるとするならば，いかにして社会的排除を解消し生活困窮者の自立生活を支援するかは，地域社会の維持や再生にとって重要な課題である。

　そうした生活困窮者への社会的支援には，2つのレベルが設定できるだろう。

　第1は，国（法律）レベルでの生活保障制度の拡充である。自立生活の形成・維持には，さまざまな生活リスクに対応した，隙間のない社会保障制度の

拡充が必要である。

　第2は，地域（生活世界）のレベルで生活保障制度を生活困窮者につなぐ仕組みの構築である。いくらすばらしい制度があっても生活困窮の当事者に届かなければ，ないのと一緒である。制度を生かすためには，それを困窮している個人や世帯に有効につないでいく仕組みが重要だ。

　それを踏まえた上で，本章では，後者，すなわち地域（生活世界）レベルでの生活困窮者支援の仕組みとして，奥田知志（NPO法人抱樸理事長）が提唱する「伴走型支援」を取り上げる[1]。伴走型支援について詳しくは次節で紹介するが，それは2つの局面をもった支援である。

　第1の局面は，個人に対する働きかけである。支援者（伴走支援員）は生活困窮の当事者と対話しながら自立に必要なさまざまな社会資源（福祉制度，機関，人など）にかれらをつないでいく。それは共に社会関係を構築していく過程でもある。こうして生活困窮者本人が自立した生活パターンを主体的に形成できるよう支援するのである。

　第2の局面は，地域に対する働きかけである。生活困窮者を社会資源につなぐためには，地域で利用可能な社会資源（支援の受け皿）のネットワークを創らねばならない。このように，個人と地域への働きかけをセットで考えるのが伴走型支援であり，そうした支援の地平に参加包摂型コミュニティがある。

　ところで，このような形で社会的支援をとらえる見方は，都市社会学で議論されてきた生活構造論（ならびに生活様式論）と親和性が高い。論者の一人である森岡清志は「生活の営み」を「諸個人が連続的に生起する生活問題を短期的・長期的に解決・処理する過程」として位置づけた上で，「都市的生活構造」を「都市住民が，自己の生活目標と価値体系に照らして社会財を整序し，それによって生活問題を解決・処理する，相対的に安定したパターン」と定義する（森岡 1984：86）。他方，生活様式とは「地域社会における生活問題の共同処理システム」である（森岡 1984：93）。

　森岡の議論を生活困窮者への伴走型支援に引きつけて考えれば，個人に対す

る働きかけは，生活困窮の当事者が主体的に社会財を整序し，生活問題としての困窮状態を解決できるような生活構造の形成を促す支援といえる。また，地域に対する働きかけは，生活困窮問題に対する共同処理システムを地域内に創り出すことといえるのではないか。

本章は，このような観点から，伴走型支援を生活構造論に依拠して整理することを目的とする。まず，生活構造論と伴走型支援の理論的親和性を確認する。次いで，伴走型支援を通した生活構造の変容と新たな社会資源の創出についての事例を紹介する。その上で，伴走型支援によるコミュニティ形成の可能性と課題について生活構造論の観点から述べよう。

2．生活構造論と伴走型支援

2.1 生活構造とは何か

最初に，生活構造の概念について整理しておこう。『社会学事典』によれば，生活構造とは「人々が営む生活を基本的に構成したり，そこにさまざまな条件として作用したりする諸要素と，それらの間の関連的構造」である（小川 1988：517）。生活構造論では，生活世界の構造を社会構造からは相対的に独立した領域として析出し，その機能連関に分析の焦点をあててきた。

だが，「人々が営む生活」を構成するものは多様である。生産，再生産，消費等々，さまざまな面から生活はなりたっている。それゆえ，生活のどの局面を切り取って分析対象とするかによって生活構造論にもいくつかのタイプがある[2]。ただし，三浦典子の整理によれば，そのほとんどは「生活主体が生活行為を通じて，地域社会や階級・階層構造，さらには全体社会へと関与していく関係性」に焦点を当てているという（三浦 1984：7）。すなわち，生活構造とは「行為主体と社会構造との接点に位置する概念」であって，「その内実は行為主体に即して構造化された諸社会関係のネットワーク」として把握できる（三浦 1984：7）。その上で，三浦は，行為主体が生活構造を介してつながる社会構造として，階層構造，地域構造，集団構造の3つをあげ，各位相と学問的潮

流との関係から生活構造論を類型化した。

その中で，都市社会学的アプローチは，階層構造と集団構造をともに含むものとして地域の社会構造をとらえ，それと生活主体とを媒介する環として生活構造を位置づける。最初にあげられるべきは，倉沢進（1968）の生活構造論であろう。倉沢は，テクノロジーの発達と産業構造の変化に応じて，① 地域の社会構造（階層・集団構造），② 個人の生活構造，③ 個人の態度・意識といった3つの位相がどのように相互に連関しながら変化していくかを実証的に明らかにした。彼の概念図式は，図12.1に示すとおりである。そこにおいて，生活構造は，地域の社会構造と都市に暮らす人々の社会的性格との関連を説明する媒介項として位置づけられている。倉沢は，地域の社会構造を「分化した諸社会層と諸集団の関係の網の目」として把握し，この社会構造に個人が「いかような役割を通して参与しているか，すなわちこれら集団参与の総体」が生活構造であると定義した。その上で，個人の集団参与のパターンたる生活構造に対応して都会人の社会的性格が形成されることを示したのである（倉沢 1968：215-216）。

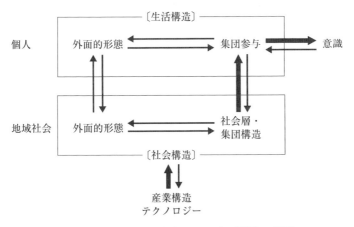

図12.1 倉沢進の分析枠組みと生活構造の位置
出所）倉沢進（1968：215）

また，鈴木広は生活構造を「生活主体としての個人が文化体系および社会構造に接触する，相対的に持続的なパターン」と定義する（鈴木 1976：220）。その特徴は生活構造を，社会構造との接点だけでなく，文化体系との接点にも設定した点にある。第1の局面，すなわち社会構造への接触パターンは，倉沢同様，個人の地位・役割を通した集団参加の総体としてとらえられる。鈴木によれば，その形を決める基軸は「上層―下層」と「土着―流動」であり，この両軸をクロスさせることによって生活構造は4つに類型化される。また，第2の局面である文化体系との接触パターンは「同調―非同調」と「私化―公共化」という2軸によって類型化されている[3]。鈴木は，このような生活構造の類型ごとに個人の社会への統合の度合いや態度・意識などに違いがみられることを示した。

これらの議論に対して，森岡清志（1984：86-7）は，都市の中で個人が集団参加を通して主体的に生活問題を解決していく過程に焦点をあてて生活構造（都市的生活構造）を概念化した。森岡の都市的生活構造概念は前節に示したとおり「都市住民が，自己の生活目標と価値体系に照らして社会財を整序し，そ

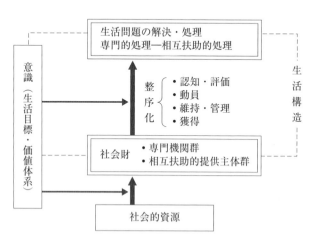

図12.2　森岡清志の分析枠組みと生活構造の位置
出所）森岡清志（1984：97）

れによって生活問題を解決・処理する，相対的に安定したパターン」というものである（図12.2）。

　都市にはさまざまな専門的なサービスやその提供主体，すなわち社会資源が存在している。だが，それらが単に地域に存在しているということだけでは，生活者にとって財とはならない。社会資源は，生活者によって評価・弁別され，生活問題の解決のためにつなぎ合わされることによって，はじめて社会財となる。このように，生活者が生活の主体として社会資源を認識し，意味づけ，選択，処理しながら生活問題の解決をはかる過程が社会財の整序化である。森岡によれば，これこそが既存の生活構造論がテーマ化してきた社会参加構造の実体である。生活者の主体性は社会参加を介した財の整序化による問題解決という過程の中に見出せるのである。

　さらに森岡は，生活問題の処理という観点から，生活構造論と生活様式論との接合を試みている。先に述べたとおり，生活問題の解決過程を個人による主体的な社会財の整序パターンとして把握するのが彼の生活構造論であった。それに対して，住民組織や専門機関による社会財の整序システムとして生活問題の処理をとらえるのが生活様式論である。生活様式とは「地域社会における生活問題の共同処理システム」であって，それは「相互扶助システムへの依存によって解決するシステム」と「専門的処理機関への依存によって解決するシステム」とに大別される[4]（森岡 1984：93-5）。

　森岡は，生活問題処理の主体を意思決定主体と実行主体に区分し，表12.1に示すような「生活問題処理の分類枠」を提示している。この表中，個人を意思決定主体とするセル（A，B，C）に示された生活問題処理を対象とするのが生活構造論であり，共同（相互扶助組織，専門機関）を意思決定主体とするセル（DからI）を対象にするのが生活様式論である（森岡 1984：99）。

　以上，3名の論者による生活構造論からは以下のような特徴が見出せる。
　第1に，生活構造が個人の「主体的な営みの総体として，社会構造から相対的に独立した構造として成立するという明確な認識」である（森岡 1984：84）。

表12.1 生活問題処理の分類枠

実行主体 \ 意思決定主体		個　的 個　人 （世　帯）	共　同　的	
			相互扶助 組織・関係	専門機関 （公・私）
個　的	個　人 （世　帯）	A	D	G
共同的	相互扶助 組織・関係	B	E	H
	専門機関 （公・私）	C	F	I

注：森岡 (1984) によれば，この表は，研究会における松本康の提案を援用し，独自の修正を加えたものである。
出所）森岡清志 (1984：99)

　これはマクロな社会構造とミクロな個人とを「つなぐ」領域の重視ともいえよう。
　第2に，「社会関係・集団への参与を，個人に準拠して形成される社会参加構造とみなし，これを生活構造の核とする」点である（森岡 1984：84）。個人は集団内での地位・役割の遂行を通して社会に参加する。さまざまな集団に参加する個人は，それぞれの集団内での地位・役割をもって社会につながっている。そこで生活の主体は，マートン（Merton, R.K.）のいう地位・役割セット（status-set, role-set）としてとらえられている[5]。これは生活を構成する領域を多面的，包括的，総合的にとらえる視点でもある。
　第3に，個人がもつ主体性の重視である。生活構造論の背後には，産業化と都市化という全体社会レベルでの社会変動によって発生するさまざまな地域問題の解決といった問題意識がある。その解決ルートとしては，立法による制度の構築といった，システムの側からの対応もある。だが，生活構造論が焦点をあてたのは，地域で暮らす人々の生活世界の側からの主体的な問題解決の回路であった。そこには新たな社会資源の創造も含まれる。
　しかし，第4に，生活構造の機能面には論者によって違いがみられた。倉沢

進や鈴木広は，地域の社会構造と個人の態度・意識とを媒介するものとして生活構造を位置づけた。それに対して森岡清志は，社会財の整序による生活問題の解決・処理に焦点をあてて生活構造を概念化している。

2.2 生活困窮当事者への働きかけによる自立的生活構造の形成

社会的排除による生活困窮問題を地域で処理すべき生活課題として位置づけた場合，このような特質をもつ生活構造論には伴走型支援の基本的な考え方と重なる部分が多いように思われる。伴走型支援は，図12.3に示すように，個人に対する働きかけ（図下部）と地域に対する働きかけ（図上部）の2つからなる。この両者をつなぐのが総合的ケースカンファレンスである（図中部の楕円）。

まず伴走型支援の第1の局面である個人に対する働きかけについて生活構造論の観点から解釈してみよう。

◪「つなぐ」領域の重視

生活構造論は，個人の生活世界を社会構造と個人とを媒介するものとして切り出し，重要な分析対象とした。伴走型支援も同様に，社会構造と困窮当事者とを「つなぐ」生活世界の領域を重視する。

生活困窮者がさまざまなサービスにつながりにくい背景には，既存の福祉制度の多くが「申請主義」をとっていることがある。ひきこもっている人が自分で窓口に行ってサービスの申請をするのは難しい。しかし，伴走者がいれば各種の福祉サービスにつながることが可能となる。伴走型支援では，制度が機能するかどうかには，社会構造と生活困窮者とを「つなぐ」メゾ・レベルの構造，すなわち生活構造（集団参加のパターン）が重要な役割を果たすと考える。

◪社会参加構造の焦点化

生活構造論では，集団参加を社会参加構造とみなし，そのパターンを生活構造の核としていた。伴走型支援も集団参加を介した社会参加を支援の核に置く。

生活困窮の当事者が支援につながらないのは，その人の生活構造が孤立無援型だからである。人は集団参加を通して社会に参加し，社会資源とつながる。

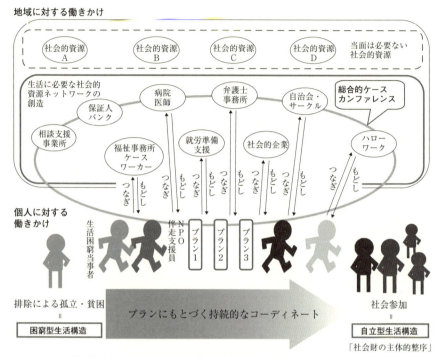

図12.3 伴走型支援の概念
出所）NPO法人抱樸の資料をもとに筆者作成

社会に参加していれば窓口につながるチャンスは高い。そうしたチャンネルを喪失した状態が孤立無援型の生活構造である。

　自立型生活構造は，その対極にある。量的に豊富な，また，質的に多様な集団に参加している人ほど社会資源につながるチャンスも大きい。それは，社会資源の主体的選択のチャンスの多さでもある。自立型生活構造は，集団への包摂が質・量ともに豊富な状況での社会財の整序パターンとして描き出される。伴走型支援は，生活困窮者への伴走を通してさまざまな集団につなぎ，当事者の生活構造が孤立無援型から自立型へと徐々に変わっていくことを促す支援で

ある。

◪ 生活過程の総合性への着目

　生活構造論では，生活者を地位や役割のセットととらえる。生活という営みが総合的，包括的なのは，人が多様な地位や役割の遂行を通して社会とつながっているからである。伴走型支援も生活という営みの総合性，包括性を重視する。

　福祉制度の「縦割り」は，「申請主義」の壁と共に，支援における大きな課題である。教育，労働，福祉，家族などさまざまな領域での問題が相互に関連し合いながら生活困窮状況は生み出される。他方，福祉制度は各領域ごとの「縦割り」となっている。それを総合的に処理する仕組みとして「ワンストップ・サービス」があるが，制度の壁を越えてそうしたシステムを構築するのは難しい。

　だが，伴走者が状況に応じて適切な社会資源につないでいく仕組みがあれば，制度は「縦割り」であっても，総合的な支援が可能となる。もちろん，必要なのは社会資源に「つなぐ」ことだけではない。つなぎ先が悪ければ「もどし」て別の社会資源につなぎ替える。また，必要がなくなれば「もどし」て次に必要な社会資源に「つなぐ」ことも重要だ。例えば，まずは福祉制度につないで生活を安定させ，次に病院につなぐ。体調が回復すればハローワークにつないで企業への参加をはかり，同時に町内会など地域の支え合いの仕組みにつなぐ，といったことである。奥田はそれを「制度またぎ」の「つなぎ―もどし」と呼ぶ（奥田・稲月・垣田・堤 2014：75-76）。その連続的な行使によって「縦割り」の支援に横串を通したような，トータルな支援が可能となる。それは多様な集団を介した包括的な社会参加支援でもある。

◪ 生活者の主体性への期待

　生活構造論では，生活者は単にシステムに従属するだけの存在ではなく，主体的に社会に参加し，社会財を整序する存在であることが期待されている。伴走型支援も同様だ。社会参加への支援を通して，個人（世帯）が主体的に自ら

の生を選び取っていくことを支援する。当初は支援者が伴走し社会的資源に「つなぎ—もどし」ながら生活がなりたつように支援する。だが，社会参加が進むに従って徐々にその役割は薄くなっていく（図12.3で伴走支援員と伴走の矢印が薄くなっているのは，それを示している）。最終的に，生活困窮者自らが社会財の整序主体となることを目指す伴走型支援は，単なる「給付」や「処遇」の支援ではない。社会関係の形成を通して，個人の主体性と生の意味を創り上げていく支援である。希望や願望のないところからは主体性は生じない。奥田によれば「伴走は関係」そのものであり，生に意味を与えるのは他者との関係である（奥田・稲月・垣田・堤 2014：49-51）。それが生きる希望にもつながるし，主体性の源泉ともなる。

2.3 生活困窮問題に対する新たな社会資源の創造と共同処理システムの構築

伴走型支援の第2の局面は地域に対する働きかけである。森岡清志は，個人が社会財を主体的に整序することによって生活問題を解決するパターンとして生活構造を定義した。だが，利用できる社会財が地域になければ整序はできない。森岡は，社会財の整序の中に新たな社会財の「獲得」を含めているが（森岡 1984：88），整序の概念を社会財の「創造」にまで拡張することも可能だろう。例えば，障がいなどでフルタイム就労が難しい人の社会参加には社会的就労事業所が必要だが，それが地域にない場合には協力企業を開拓するなど，仕組みを創っていく。こうした働きかけは問題の「解決」だけではなく「予防」にもつながる。

だが，自立型生活構造の形成と比べ，社会財の創造を個人で行うのは困難である。また，生活困窮問題の処理についての意思決定は，多くの場合，地域においてNPO，住民組織，行政といった集合的行為者が共同的に行うことになるだろう。その意味で，社会に対する働きかけは生活様式論の範疇（表12.1のDからIのセル）である。ここでは生活困窮問題への共同処理システムを参加包摂型生活様式と呼ぼう。

2.4 総合的ケースカンファレンス—個人の生活構造と地域の生活様式をつなぐ

これまで述べてきたような個人(世帯)の自立型生活構造と地域における参加包摂型生活様式の形成をつなぐものとして,総合的ケースカンファレンスを位置づけることができる。これは生活困窮者に関係する諸機関や関係者が一堂に会して支援のあり方を話し合い調整する場であり,以下の2つの機能をもつ。

第1に,総合的な支援機能である。さまざまな領域の関係者が自立的生活構造の形成を支援する。関係者は支援の段階に応じて変化する。例えば,就労自立を目指す人の場合,最初は,困窮当事者の意見を尊重しながら,伴走支援員,ケースワーカー,キーパーソンなどが中心となって支援の方向を考える。そうして日常生活自立が進んでいけば,研修先企業の担当者やハローワーク職員なども加わり困窮当事者の自立型生活構造の形成を総合的に支援していく。

第2に,地域における参加包摂型生活様式の形成である。総合的ケースカンファレンスは,生活困窮当事者個々人の事例を通して,地域にどのような社会資源が必要なのかを明らかにしていく場でもある。また,それが十分でない場合,新たな社会資源の開拓や既存の社会資源の連携をはかる場でもある。

3. 事例—自立型生活構造と参加包摂型生活様式の形成

3.1 伴走型支援による自立型生活構造の形成

伴走型支援による自立型生活構造への移行は,どのように進められてきたのだろうか。福岡市で実施された伴走型支援事業(福岡絆プロジェクト)を例にみてみよう[6]。

福岡絆プロジェクトの利用者の多くは無料定額宿泊施設やホームレス支援団体などから紹介された人々で,経済的困窮や社会的孤立の度合いがきわめて高かった。利用者(122名)の96%は単身者であり,半数は何らかの障がいをもっていた。また,約8割が精神的な課題(うつ,知的障がい,依存症など)を抱え,半数以上の人たちには法律・経済問題(多重債務や滞納など)があった。

このような利用者に対して,同事業ではパーソナル・マネジャーと伴走支援

員(パーソナル・サポーター)とがチームを組んで支援にあたった。なお，支援にあたっては2つのプランがつくられた。一つはパーソナルプランである。これは利用者との対話と状況の共有を通してつくられた利用者本人の目標だ。もう一つは，このパーソナルプランと本人のニーズを踏まえてパーソナル・マネジャーが作成したサポートプランである。サポートプランは原則として4ヵ月ごとにリプランされたが，急な状況の変化が生じた場合には，その都度，つくりかえられた。また，利用者の生活状況，支援内容，支援時間などはデータベースに記録され，継続的な支援がはかられた。

筆者らは，このデーターベースの記録をもとに支援内容・時間と利用者の生活状況との関連を分析した。詳細は別稿(奥田・稲月・垣田・堤 2014)にゆず

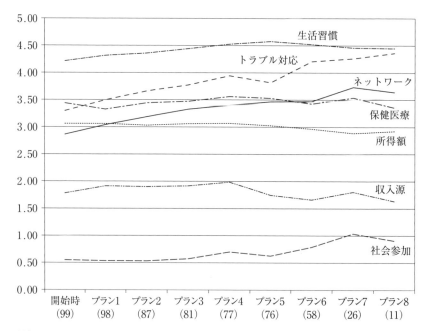

注) スコアの高低は支援上の課題の大きさを示す。スコアが高いほど支援すべき課題は小さい。
また，「開始時」，「プラン1」〜「プラン8」の下の括弧内の数字は人数を示す

図12.4 サポート開始時から最終プラン時までの生活状態の推移

るが，利用者の状況を「経済生活（収入源・所得額）」「日常生活（生活習慣・健康）」「社会生活（トラブル対応・ネットワーク・社会参加）」の3領域（7項目）でスコア化し，支援開始から最終プラン作成時まで，リプラン時点でのスコアの平均を示したのが図12.4である。

利用者によって支援期間が異なるため各時点での人数には差があるが，この図からはプラン回数が増えるにつれて「トラブル対応」「ネットワーク」「社会参加」のスコアが高まっていることがわかる。これらはいずれも「社会生活」領域の項目である。また「生活習慣」も微増傾向を示している[7]。

このような生活構造の変容，特に社会関係の広がりと希望との間には図12.5に示すとおり，明確な正の関連がみられる[8]。また，図12.6からは，「社会関係が広がった」と答えた人は「変化がなかった」という人に比べて「地域の役に立ちたい」と考える比率が高いこともわかる。伴走型支援による自立型生活構造の形成が，希望や地域への主体的な参加意欲を促進させたことが示唆される。

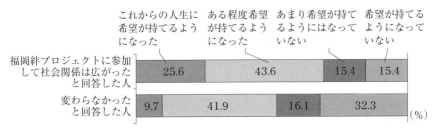

図12.5 「社会関係の広がり」と「これからの人生への希望」との関連

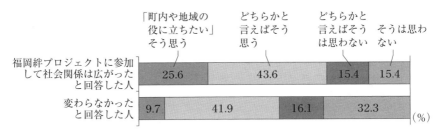

図12.6 「社会関係の広がり」と「町内や地域の役に立ちたい」との関連

3.2 新たな社会資源の創造と参加包摂型生活様式の形成

次に，新たな社会資源の創造と参加包摂型生活様式の形成の事例をあげよう。NPO法人抱樸は，1988年の支援開始以降，「炊き出し」「自立支援住宅」「自立支援貸付金制度」「保証人バンク」「市民協議会」「自立支援センター（委託）」「自立生活サポートセンター」「緊急シェルター」「抱樸館北九州」など，さまざまな社会資源を地域の中に創り出してきた[9]。

その中でも，地域における参加包摂型生活様式の形成といった観点から興味深いのは，伴走型支援つきの社会的就労事業所「笑い家」である。失業や心身の不調などで直ちに一般就労を目指すのが難しい若年生活困窮者による出し巻き玉子の製造販売から始まり，現在（2015年10月）は弁当の製造販売も行っている。NPO法人抱樸は，この事業を通して相互多重型支援システムとしての参加包摂型生活様式の形成を構想している[10]（図12.7）。

まず，「笑い家の研修生」と「独居の高齢者や困窮者」の間の互酬的関係の形成である。「笑い家」のある地域は北九州市内でも高齢化率が高い地域で「買い物難民」も生まれている。そこで研修生がつくった弁当や出し巻き玉子などを地域の独居高齢者などに宅配する仕組みを創る。配達・訪問した研修生は，異変に気づいたり相談を受けた場合にはNPOを通じて支援の仕組みにつなぐ。このように独居高齢者や困窮者の側は商品とともに見守りによる安心を受け取る。他方，研修生の方は代金と感謝をもらうことで社会から必要とされる感覚と自らの役割を見出す。高齢者から研修生が励まされたり，先達の知恵をもらったりすることもあるだろう。

「笑い家の研修生」と「独居高齢者や困窮者以外の地域住民」との間の互酬的関係も基本的には同様である。研修生は商品の販売を通して代金と「おいしかった」という言葉をもらう。また，研修生は地域の清掃も行っており感謝されたりもする。これらは研修生にとって自らの役割を見出すことにつながる。他方，地域住民の側は商品を受け取ると同時に「就労困難な若者たちを支援する仕組みに参加している」という感覚をもつ。それは購入者にも自己の行為へ

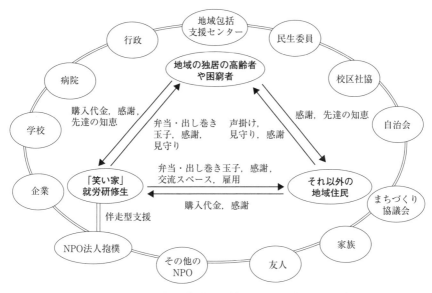

図12.7　相互多重型支援システムの構想
出所）NPO法人抱樸の資料をもとに筆者作成

の意味と幾ばくかの自己有用感を付与するだろう。また、「笑い家」は弁当の安定的な供給のために地域からパートの雇用も始めた。後ろの空きスペースを利用した交流の場の提供や地域での学習支援も行われている。

4．伴走型支援によるコミュニティ形成の可能性と課題

　社会的排除による生活困窮問題を地域の生活課題と考えた場合、その解決には自立型生活構造の形成が必要である。その内実は、相互扶助組織であれ専門機関であれ、さまざまな集団への参加を介して社会財を主体的に整序できるよう生活を構造化していくことである。それを通して多様な自立が可能となる。伴走型支援は、生活困窮当事者へ働きかけ、そのような自立型生活構造の形成を支援するものであった。
　だが、生活構造のあり方は、当然、地域の社会資源の配置と連関に規定され

る。それゆえ、自立型生活構造の形成には、それが相互扶助組織であるか専門機関群であるかにかかわらず、地域の社会資源が誰にとっても利用可能な形で（つまり、特定の人々が排除されることなく）存在していることが重要である。そうした地域での共同的な問題処理システムが参加包摂型生活様式であった。本章では、その可能性を相互多重型支援システムの形成にみた。

「笑い家」を核とした相互多重型支援システムは、いまだ構想段階のものである。その実現にはかなりの困難も予想されている。だが、NPO法人抱樸は、新たな社会資源の創造を通して、就労困難な若者である「笑い家の研修生」、孤立しがちな「独居の高齢者や困窮者」、「地域住民」が相互に支え合い、生活課題を地域で共同で処理するシステム、すなわち参加包摂型生活様式の形成を模索しつつある。

「笑い家の研修生」や「独居の高齢者や困窮者」は、程度の差はあれ、社会的弱者であり、このシステムは奥田によれば「健全な弱者連合」（奥田・稲月・垣田・堤 2014：230）である。コミュニティの主要機能が共同防衛にあることを考えれば、それはコミュニティの形成そのものだ。

もちろん、社会的弱者の存在が自動的にコミュニティの形成をもたらすわけではない。それが社会の分断やさらなる排除を引き起こす場合もある。こうした状況の下で「健全なる弱者連合」を形成するには、自覚的な地域づくりの志向性と施策が必要となる。その意味で、NPO法人抱樸はコミュニティ形成の意志決定主体であると同時に、触媒機能を果たす主体でもある。実行主体は、まちづくり協議会や自治会などの相互扶助組織であったり、行政関係機関やNPOといった専門機関であったりするわけであるが、そのコーディネートと活性化（触媒）を担うのも専門機関であるNPOである。

他方、地域住民の生活構造のあり方もまた参加包摂型生活様式の形成可能性に関係してくると思われる。ただし、それは地域に住む個人（世帯）が自立型生活構造を形成しているほど参加包摂型生活様式の構築は容易となる、といった単純なものではない。そこで重要となるのが、鈴木広が指摘した文化体系と

の接点である。例えば，社会に参加し主体的な社会財の整序パターンをもつ個人（世帯）であっても，その個人（世帯）がマスメディアなどを通して自己責任イデオロギーに絡め取られ，「異質」と考えるものを排除するような生活態度を形成していれば，参加包摂型生活様式の実行主体とはなりえないように思われる。したがって，新たな社会財の創造は，態度や意識の変革を促進するような文化体系との接点（例えば学校・社会教育）においてもなされる必要があるだろう。

付記　本章は，JSPS科学研究費補助金（基盤研究Ｃ）「若年生活困窮者への社会的就労支援事業を通した参加包摂型地域社会の形成」（課題番号15K03854）による研究成果の一部である。

注

1) 伴走型支援の理念，仕組み，支援事例の成果と課題等について，詳しくは別稿（奥田・稲月・垣田・堤 2014）を参照のこと。
2) 生活構造論の多様性については三浦（1984）以外にも多くの論者が言及しており，さまざまな観点から整理を行っている。例えば，森岡清志（1984：80-84）は，「都市社会学的生活構造論」（鈴木栄太郎，磯村英一，安田三郎，倉沢進，鈴木広）の他，「世帯の消費様式に注目し，その様式を生み出す背後の諸要因を析出する家計構造分析」（中鉢正美），「生活行動の全般的認識を目的とし，生活条件・時間・空間・行動パターンから生活体系を合成するアプローチ」（青井和夫），「家族・世帯を準拠として構成される生活構造論」（森岡清美），「階級・階層関係を重視する生活構造論」（宇津栄祐）をあげている。
3)「同調―非同調」は社会から同調を期待されている規範的行動基準への態度を区分する軸であり，「私化―公共化」は生活目標を私生活場面に自閉させるか（privatization）主体自身を社会や公共の福祉に参加させるか（totalization）といった軸である（鈴木 1976：227-8）。
4)「相互扶助システムへの依存によって解決するシステム」として特徴づけられるのが村落的生活様式であり，「専門的処理機関への依存によって解決するシステム」として特徴づけられるのが都市的生活様式である（森岡 1984：94-95）。
5) ただし，倉沢進は「地位と地位との間に存在する相互関係に注目する」マート

ンの地位セットと「個人が主体的に統合した社会への参与の様式」とする自らの生活構造概念との間には「基本的な相違がある」と述べている（倉沢 1968：242）。
6）「福岡絆プロジェクト」について，詳しくは別稿（奥田・稲月・垣田・堤 2014）第3章を参照のこと。なお，同事業は「パーソナルサポート」事業であったため，個人に対する伴走型支援を中心に実施された（地域への働きかけといった局面は弱かった）。
7）一方で「所得額」「収入源」「保健医療」領域ではあまり変化がみられない（「所得額」は微減傾向を示す）。これは同事業の利用者に高齢者や疾病・障がいをもつ人が多いことによるものと考えられる。
8）福岡絆プロジェクトの成果検証にあたっては，データベース記録に基づく評価に加え，各年度終了時点で利用者へのアンケート調査による評価も行われた。事業終了直前の2013年2月時点での調査（対象者80名）によれば，福岡絆プロジェクトを利用して「社会関係が広がった」と答えた人は54.8％であった。
9）NPOが創り出した社会資源については別稿（山崎・奥田・稲月・藤村・森松 2006）ならびに奥田・稲月・垣田・堤（2014）第4・5章を参照のこと。
10）相互多重型支援の概念と事例について，詳しくは別稿（奥田・稲月・垣田・堤 2014）第5章を参照のこと。

引用・参考文献

倉沢進「都市化と都市人の社会的性格」『日本の都市社会』福村出版 1968。
三浦典子「生活構造概念の展開と収斂」『現代社会学 18』アカデミア出版会 1984。
森岡清志「都市的生活構造」『現代社会学 18』アカデミア出版会 1984。
小川文弥「生活構造」見田宗介・栗原彬・田中義久編『社会学事典』弘文堂 1988。
奥田知志・稲月正・垣田裕介・堤圭史郎『生活困窮者への伴走型支援――経済的困窮と社会的孤立に対応するトータルサポート』明石書店 2014。
鈴木広「生活構造」本間康平・田野崎昭夫・光吉利之・塩原勉編『社会学概論』有斐閣 1976。
山崎克明・奥田知志・稲月正・藤村修・森松長生『ホームレス自立支援――NPO・市民・行政協働による「ホームの回復」』明石書店 2006。

13章 子育て支援と地域ボランティア

林　寛子

1. はじめに―子育ての変容

　戦後の高度経済成長は工業化や都市化を招き，都市への人口集中をもたらした。都市化の進行は家族形態を大家族から核家族へと移行させた。女性が子どもを産み育てることが自然なこととしてとらえられ，血縁的，地縁的なつながりを基礎とした地域共同体の中で家族や親戚，地域の他者から気軽に子育ての支援を受けることができた時代から，核家族化にともなって血縁的，地縁的なつながりによる支援は望めず，子育ては親，特に母親が主にかかわるといった極めて他者とのかかわりの少ない子育ての時代に変化した。

　親がわが子の子育てに責任をもつという意識が強まり，子育ては家族の中で行われる私的な意味付けが強調されるようになった。その一方で，価値観の多様化が進み，子育ての主な担い手として想定されてきた女性の高学歴化，就業率の上昇といったライフスタイルの変化が，女性の結婚や妊娠，出産を自然な営みから，自らが自己決定する選択の価値へと変化させた。

　こうした社会状況の変化を背景にして少子化が進行した。日本の合計特殊出生率は1974年以降，人口置換水準[1]の約2.07を下回って推移しており，2005年には1.26と過去最低となった。国は少子化対策を講じてきているが，状況の改善には至っていない。また，社会状況の変化を背景に，母親の子育てにおける不安や児童虐待，共稼ぎ世帯における子育てと仕事の両立の問題等が社会問題として扱われるようになった。

　これらの子育ての危機に対応するため子育て支援が政策課題となり，子育て

は，子どもを産み育てることを選択した個人のみが責任を負うのではなく，社会全体で子育てを行うという価値の変容をもたらした。

2．子育て支援施策は地域づくりへ

　戦後，子育てにかかわる支援は児童福祉の領域で国の施策に基づいて地方自治体主導の公的支援を中心に行われてきた。しかし，1990年代以降，子育て支援の施策は地域における子育て支援に重点が置かれている。

　生活様式や価値観が多様化する現代社会においては，子育てにおけるニーズもさまざまである。児童福祉の公的支援が行き届かないところをいかに穴埋めしていくかという課題が生じている。行財政の疲弊にともなって，児童福祉の公的支援を拡充することが困難な側面もあり，地縁的なつながりを基盤とするコミュニティの相互扶助に大きな期待が寄せられている。地域社会に立地する企業・事業所，地域住民は行政主導のもとにボランタリーに形成するフォーマル，インフォーマルな多様な市民活動を展開してきている。子育て支援は公的支援から地域で支える子育て支援に転換してきているのである。

　このような流れの背景には，国の少子化対策の政策展開があった。子育て支援が政策課題として展開されていったのは1990年の「1.57ショック」以降のことであり，国は出生率低下と子どもの数の減少を問題として認識し，少子化対策をスタートさせた[2]。

　具体的な少子化対策・子育て支援の取り組み[3]としては，現在の子育て支援の施策の発端となった1994年の「エンゼルプラン」がある。将来を見据えて，概ね10年間を目途に取り組むべき内容が示され，子育て支援のための基盤整備等が重点項目とされた。

　また，「エンゼルプラン」と同年の「緊急保育対策等5か年事業」により，保育需要の多様化等に対応するために緊急に整備すべき保育対策として，一時的保育事業（保護者の傷病，私的理由），地域子育て支援センター事業（育児相談・指導，子育てサークル育成・支援），保育所地域活動事業（育児講座，育児リ

13章　子育て支援と地域ボランティア　227

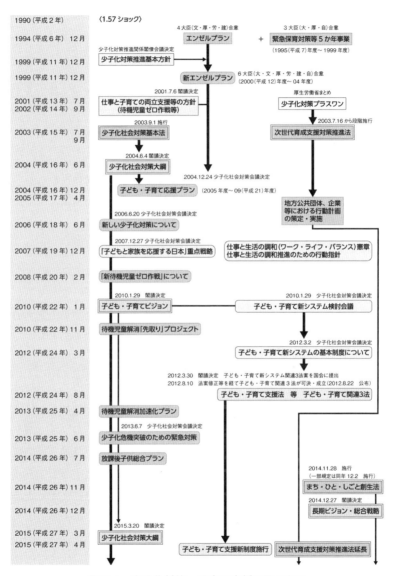

図13.1　少子化対策・子育て支援の取り組み
出所）内閣府『平成27年版　少子化社会対策白書』概要版（PDF形式）
http://www8.cao.go.jp/shoushi/shoushika/data/torikumi.html　2015年9月12日取得

フレッシュ支援事業）など保育対策の充実が図られた。

　その後，2000年には，重点的に推進すべき少子化対策の具体的実施計画である「新エンゼルプラン」を策定し，2001年には待機児童ゼロ作戦，保育サービスの充実，放課後児童対策や地域の子育て支援等を盛り込んだ「仕事と子育ての両立支援策の方針について」を閣議決定，2003年には企業や地方公共団体の事業主に対し雇用者の子育てを支援する行動計画の策定義務を定める「次世代育成支援対策推進法」を成立させた。

　「次世代育成支援対策推進法」では子育ては社会全体で取り組むことの必要性が示され，ここに，少子化対策や子育て支援施策は保育対策よりも地域における子育て支援の事業に重きが置かれるようになった。地域における事業所や地域住民がボランタリーに形成する団体に，家族に代わる子育ての担い手としての役割が期待されたのである。

　また，同時に「少子化社会対策基本法」（2003年）に基づいて2004年に「少子化社会対策大綱」が閣議決定された。大綱に盛り込まれた施策の具体的実施計画として，2004年12月に「新エンゼルプラン」を引き継ぐものとして「子ども・子育て応援プラン」が策定された。

　しかし，少子化対策に取り組みながらも2005年に合計特殊出生率は1.26と過去最低を記録した。こうした予想以上に進行していく少子化に対し，抜本的な改善，対応を図るため，2006年6月，少子化社会対策会議において「新しい少子化対策について」が決定された。少子化についての厳しい見通し等を踏まえ，2007年に少子化社会対策会議において「子どもと家族を応援する日本」重点戦略が策定され，就労と結婚・出産・子育ての二者択一構造を解決するためには，「働き方の見直しによる仕事と生活の調和（ワーク・ライフ・バランス）」の実現とともに，その社会的基盤となる「包括的な次世代育成支援の枠組みの構築」に同時に取り組んでいくことが必要不可欠であるとした。

　その後，2010年に少子化社会対策大綱「子ども・子育てビジョン」が閣議決定され，2012年には，「子ども・子育て新システムに関する基本制度」を少子

化社会対策会議において決定した。これに基づいて「子ども・子育て支援法」等，子ども・子育て関連3法が成立し，2015年4月1日から新制度が施行された。

また，国は我が国が直面する大きな課題に対し，①「東京一極集中」の是正，② 若い世代の就労・結婚・子育ての希望の実現，③ 地域の特性に即した地域課題の解決という3つの視点を基本として，魅力あふれる地方を創生していくことが必要とし，2014年に「まち・ひと・しごと創生法」を成立させた。子育て支援はますます地域に重点が置かれ，さらには地域における子育て支援がまちづくりにつながることが求められている。

以上のように，子育て支援施策の展開は，国の施策に基づいた保育対策中心の公的支援から，地域住民等によるボランティアが公的支援を補う，あるいは代わるものとして新たに地域において創出される支援になってきているといえる。

3．子育て支援のボランタリーなつながり

そこで，地域住民のボランティアによる子育て支援を具体的に概観する。子育て支援の地域住民によるボランタリーな相互扶助の活動例としてファミリーサポートセンター事業，子育てのネットワークづくりとしての子育てサークル・子育てサロンなどの市民活動をあげることができる。これらの子育てにかかわる活動について概観する。

3.1 ファミリー・サポート・センター事業

地域住民の相互扶助で行われている子どもの預かり支援活動として，ファミリー・サポート・センター事業がある。ファミリー・サポート・センター事業は，少子高齢化および核家族化が進行するなかで，労働者が仕事と育児，または仕事と介護を両立できる環境を整備するとともに地域の子育て支援を行うことを目的として，労働省（現・厚生労働省）が1994（平成6）年度から「仕事と

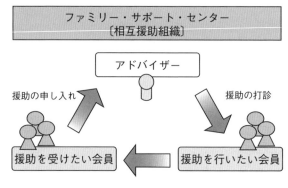

図13.2 少子化対策・子育て支援の取り組み
出所）厚生労働省 「子育て援助活動支援事業（ファミリー・サポート・センター事業）について」
http://www.mhlw.go.jp/bunya/koyoukintou/ikuji-kaigo01/（2015年9月12日取得）

育児両立支援特別援助事業」として都道府県をつうじて市町村に設置の促進を働きかけた相互扶助の仕組みである。

　1994年にファミリー・サポート・センター事業を導入したのは4市区町村であったが、同年の「エンゼルプラン」で出された緊急保育政策の内容に合致するものとしてファミリー・サポート・センターの設置が推進された。「新エンゼルプラン」では、1999年時点で全国にある62ヵ所の施設を2004年度までに180ヵ所にする数値目標が示された。2001年に支援対象が子育て中のすべての親に拡大され、2005年に国の交付金の対象になったのをきっかけとして次々と全国各地に設置された。さらに「子ども子育て応援プラン」では2009年度までに710ヵ所という目標値が設定された。2015年4月からはじまった「子ども・子育て支援新制度」においても、ファミリー・サポート・センター事業は地域の子ども・子育て支援の主たる支援内容として位置づけられた。

　ファミリー・サポート・センターの設置については、厚生労働省は補助金の交付や指導・設置にかかわり、都道府県は設置に向けての事業主体、市町村は実際の支援事業の事業主体となっている。ファミリー・サポート・センター事業の仕組みは会員登録制で、援助を受けたい会員（依頼会員）と、援助を行い

たい会員（提供会員）が，センターに会員登録し，センターはアドバイザーが会員の依頼のコーディネートを行う（図13.2）。会員には，依頼会員でありながら提供会員でもある両方会員が認められている。

具体的な相互援助活動としては，「保育施設までの送迎を行う」「保育施設の開始前や終了後，学校の放課後や学童保育終了後に子どもを預かる」等さまざまである。子どもを預かる場所は，原則として提供会員の家である。援助時間は，早朝や深夜にわたる場合もあるが，原則として宿泊は認められていない。

依頼会員は援助活動の時間終了後，提供会員に対して活動時間に応じた料金（金額は各市町村によって異なる）を払う仕組みになっている。このように金銭の授受があることから，ファミリー・サポート・センター事業は有償型ボランティアと位置づけられている。

山口市のファミリー・サポート・センターを例に事業の現状をみる[4]。山口市には2014（平成26）年12月現在，依頼会員854人，提供会員224人，両方会員109人，合計1,187人の会員がいる。依頼会員が提供会員よりもはるかに多い状況にある。活動件数は2014年に5,477件あり，最も多い活動内容は，「放課後児童クラブの送迎」1,349件，次いで「保育施設までの送迎」1,225件であった[5]。会員は，依頼会員として登録していても利用しない者が多い。その理由は，子育て家庭がいざという時のためのお守りとして登録している実態があるからである[6]。放課後児童クラブや保育施設の利用時間内に子どもを送迎することが困難な状況が想定される家庭が，既存の保育サービスの行き届かないところを穴埋めする支援の一つとしてファミリー・サポート・センターに登録している実態がみえる。

つまり，ファミリー・サポート・センター事業は現行の保育制度では対応できない部分を補完する役割として位置づけられる。ファミリー・サポート・センター事業は地方自治体が積極的に設置しており，公設型でかつ運営も公的組織として位置づけられる部分が多いが，提供会員は自らの意志で会員となる。ファミリー・サポート・センター事業を認知し，支援内容に賛同した人々から

構成されている。金銭の授受はあるものの，謝礼としての意味合いが濃く，提供会員はボランタリーな意志に基づく支援者といえる。

3.2 子育てサークル・子育てサロンなどの市民活動

　母親の子育てにおける不安や児童虐待，共稼ぎ世帯における子育てと就労の両立の問題等が社会問題としてクローズアップされ，2003年の「次世代育成支援対策推進法」の施行にともない，社会的支援としての子育て支援の流れが整った。このような流れのなかで，地域の子育てネットワークとして子育てサークルや子育てサロンと呼ばれる活動団体が組織されていった。子育てサークルや子育てサロンのような団体はそれ以前にもあったが，新たに組織される団体が増加した。また，特定の地域に限らずNPO法人として活動する団体も増加した。

　厚生労働省は2007年に「地域子育て支援拠点事業実施要綱」を告示し，それまで保育所を中心として行ってきた地域子育て支援センター事業や集いの広場事業という子育て支援の拠点づくりから，新たな地域子育て支援拠点事業として児童館の活用も図り，「ひろば型」「センター型」「児童館型」の支援の拠点に編成した。子ども同士・親同士の交流を地域のボランティアにも働きかけて，地域全体で子育てを支える取り組みを展開した。その後，2013年には図13.3のとおり「一般型」「連携型」に再編した[7]。この地域子育て支援拠点事業や利用者支援事業により，子育てサークルや子育てサロン等の支援活動が行政主導のもとで表13.1のとおり数多く展開してきた。

　子育てサークルや子育てサロンの運営は，会の主催者が企画運営するものに親子が参加するものもあれば，親たちが会の企画運営に主体的にかかわっているものもある。月に何度かグループで集まり，親子や親同士の交流を深めるなかから親たちは子育てに対する知識や技術を高め，子育てにおける不安などを解消し，子育てに対する自信を回復するものもある。子育てに対して保育士や保健師など専門職のアドバイスを受けるものもある。また，個別に抱えている

地域子育て支援拠点事業の概要

	一般型	連携型
機能	常設の地域の子育て拠点を設け、地域の子育て支援機能の充実を図る取組を実施	児童福祉施設等多様な子育て支援に関する施設に親子が集う場を設け、子育て支援のための取組を実施
実施主体	市町村(特別区を含む。) (社会福祉法人、NPO法人、民間事業者等への委託等も可)	
基本事業	①子育て親子の交流の場の提供と交流の促進 ③地域の子育て関連情報の提供	②子育て等に関する相談・援助の実施 ④子育て及び子育て支援に関する講習等の実施
実施形態	①～④の事業を子育て親子が集い、うち解けた雰囲気の中で語り合い、相互に交流を図る常設の場を設けて実施 ・地域の子育て拠点として地域の子育て活動の展開を図るための取組(加算) 　一時預かり事業や放課後児童クラブなど多様な子育て支援活動を拠点施設で一体的に実施し、関係機関等とネットワーク化を図り、よりきめ細かな支援を実施する場合に、「地域子育て支援拠点事業」本体事業に対して、別途加算を行う ・出張ひろばの実施(加算) 　常設の拠点施設を開設している主体が、週1～2回、1日5時間以上、親子が集う場を常設することが困難な地域に出向き、出張ひろばを開設 ・地域支援の取組の実施(加算)※ ①地域の多様な世代との連携を継続的に実施する取組 ②地域の団体と協働して伝統文化や習慣・行事を実施し、親子の育ちを継続的に支援する取組 ③地域ボランティアの育成、町内会、子育てサークルとの協働による地域団体の活性化等地域の子育て資源の発掘・育成を継続的に行う取組 ④家庭に対して訪問支援等を行うことで地域とのつながりを継続的に持たせる取組 ※利用者支援事業を併せて実施する場合は加算しない。	①～④の事業を児童福祉施設等に従事する子育て中の当事者や経験者をスタッフに交えて実施 ・地域の子育て力を高める取組の実施(加算) 　拠点施設における中・高校生や大学生等ボランティアの日常的な受入・養成の実施
従事者	子育て支援に関して意欲があり、子育てに関する知識・経験を有する者(2名以上)	子育て支援に関して意欲があり、子育てに関する知識・経験を有する者(1名以上)に児童福祉施設等の職員が協力して実施
実施場所	保育所、公共施設空きスペース、商店街空き店舗、民家、マンション・アパートの一室等を活用	児童福祉施設等
開設日数等	週3～4日、週5日、週6～7日／1日5時間以上	週3～4日、週5～7日／1日3時間以上

図13.3　地域子育て支援拠点事業の概要

出所)　内閣府　子ども・子育て支援新制度説明会「地域子ども・子育て支援事業について」
http://www8.cao.go.jp/shoushi/shinseido/administer/setsumeikai/h270123/pdf/s3-1.pdf
2015年9月12日取得

表13.1　地域子育て支援拠点事業実施状況

	ひろば型	センター型		児童館型
2009(平成21)年	1,527	3,477		195
2010(平成22)年	1,965	3,201		355
2011(平成23)年	2,132	3,219		371
2012(平成24)年	2,266	3,302		400
	一般型	地域機能強化型	連携型
2013(平成25)年	5,031	694	508
2014(平成26)年	5,941		597

出所)　厚生労働省「地域子育て支援拠点事業実施状況(平成21年～平成26年)」より作成
http://www.mhlw.go.jp/stf/seisakunitsuite/bunya/kodomo/kodomo_kosodate/kosodate/
2015年9月12日取得

問題を地域のボランティアに支えてもらうものもある。子育てサークルや子育てサロンの定義や分類を試みる研究などが行われているが、活動内容や組織形態が多岐にわたっているため、明確に分類することが難しい状況にある。子育てサークル等の意義は、一つには孤立して子育てを行う母親を減少させ虐待などの問題に発展するのを防止することにあり、もう一つには母親たちがサークル等の活動や地域のボランティアとの交流をとおして地域と人々と結びつきながら地域に参加をしていくことにある。

つまり、子育てをとおして世代を超えた多くの人々が暮らしやすい地域社会づくりに参加していくところに、子育てサークル・子育てサロンなどの市民活動の大きな意義が見出されている。

3.3 子育て支援におけるボランタリーな繋がりの必要性

近代化や都市化は、専業主婦の孤立や親の就労と子育ての両立の問題を生じさせた。その問題の度合いは都市部において高くなっている。その実態を山口市のファミリー・サポート・センター会員調査[8]にみてみると、会員数は都市部といえる山口市中心地域と農山村地域である山口市周辺地域とでは、依頼会員も提供会員も都市部に多い。2014年12月末現在、山口市中心地域は依頼会員661人、提供会員142人、両方会員88人であるのに対し、山口市周辺地域は依頼会員193人、提供会員82人、両方会員21人である。

会員の家族構成は山口市中心地域のほうが山口市周辺地域よりも親と子どもからなる核家族が多い。身近に頼ることのできるネットワークの保有状況は、山口市中心地域は周辺地域に比べて親族や友人が身近にいない会員が多い。都市部と農山村地域では、親族などの血縁的ネットワークの保有状況が異なっている（林 2012：135-146）。つまり、都市部において親族の援助が得られない子育て世帯が多いといえる。

また、保育制度の現状として待機児童の問題等があり、公的な保育施設を利用できない、あるいは利用時間が利用者の利用希望時間と一致しない場合が多

い。そのため，公的な保育制度の拡充が求められるのだが，行財政の疲弊や保育所等の増設後の活用状況を考慮すると拡充も難しい側面がある。そのため，公的な保育制度以外の支援が必要となっている。この公的支援以外の支援を，親族に頼ることができればよいが，血縁的ネットワークに乏しい都市部の子育て世帯は自らが知友関係を築いて地域の人々とつながり，相互に助け合わなければならないことになる。

しかし，誰もが馴染みのない土地で知友関係を築くことはそう簡単なことではない。子育て支援においては，いかにつながりに乏しい人たちをつなげていくのかが課題となる。地域住民による子育て支援の活動に自治体が主導となって活動場所の提供を推進したり，公的な組織による子育て支援活動組織の設立や運営がみられる。これは，自治体が住民の新しいニーズや問題に地域住民の相互扶助によって解決をはかる仕組みを模索するものである。地域の人間関係が希薄な都市部ほど，自治体が積極的に介入し，地域住民のネットワーク形成を支援する必要性があったのである。

4．子育てにおけるボランティアの援助関係

自らが知友関係を築いて地域の人々とつながり相互に助け合う場合も，公的な保育支援サービス同様，「支援する者─支援される者」という援助関係が成立する。子育て支援に関する研究において，「支援する者─支援される者」といった二分化・固定化された構図にあることで，「支援する者─支援される者」の構図が，支援する側の規範的な親像や家庭像を支援される側に押しつける構図となり，支援される側にとっては「抑圧」とみなされる恐れがある（中谷2008：18-19）という問題点の指摘がある。「支援する者─支援される者」という関係には上下関係が成立しやすく，支援を受ける者が負い目を感じることもあるのである。

支援を受ける者が負い目を感じることを避け，支援を受けることを選択しなければ，現行の公的な子育て支援サービスも地域における子育て支援活動も意

表13.2 ファミリー・サポート・センター会員のボランティア意識

		度数	平均値	F値	有意確率
贈り物には同額をかえすべき (返済規範)	山口市中心 山口市周辺 全体	130 66 196	2.908 2.485 2.765	10.590	.001
人にかけた迷惑は償うべき (返済規範)	山口市中心 山口市周辺 全体	130 66 196	2.931 2.697 2.852	3.522	.062
社会の利益を優先するべき (自己犠牲規範)	山口市中心 山口市周辺 全体	130 66 196	2.404 2.530 2.446	1.294	.257
困っている人を助けるべき (自己犠牲規範)	山口市中心 山口市周辺 全体	130 66 196	2.408 2.424 2.413	.018	.893
相手の利益を優先するべき (交換規範)	山口市中心 山口市周辺 全体	130 66 196	2.227 2.220 2.224	.004	.947
自分を頼っている人には親切にすべき (交換規範)	山口市中心 山口市周辺 全体	130 66 196	3.088 3.333 3.171	5.541	.020
社会的弱者はみんなで助けるべき (弱者救済規範)	山口市中心 山口市周辺 全体	130 66 196	3.285 3.424 3.332	1.957	.163
不当な立場の人を助けるべき (弱者救済規範)	山口市中心 山口市周辺 全体	130 66 196	3.392 3.311 3.365	.887	.347
合計ボランティア意識スコア	山口市中心 山口市周辺 全体	130 66 196	22.642 22.424 22.569	.165	.685

義のないものになる。いかに援助関係を良好に築き，維持していくかが新しい地域における子育てボランティアの課題となる。

　子育てにおけるボランティアの援助関係の実態について，山口市ファミ

リー・サポート・センター会員調査のボランティア意識[9]（表13.2）を例にみると（林 2012：142），弱者救済規範の2項目の平均値が高い。ボランティアは弱者を支援するものとしての意識が根付いているといえよう。

しかし，注目したいのは返済規範である。返済規範の2項目ともに相対的に平均値が高い。また，地域別の分析結果において「贈り物には同額をかえすべき」には有意な結果が生じている。つまり，都市部の山口市中心地域の会員は返済規範が強く，支援を受ければ何らかの形で返済することを求めている，つまり同等の関係になることを求めているといえよう。ファミリー・サポート・センター事業は，有償ボランティアの形態をとっている。時間当たりで決められた金額を謝礼として活動後に依頼会員が提供会員へ渡す。これは，支援を受ければ何らかの形で返済しなければならないという返済規範がもたらす援助関係への抵抗感を軽減していると思われる。

ファミリー・サポート・センター会員のボランティアの「有償」についての意識（図13.4）は「場合によっては交通費等の実費や報酬を受け取っても良い」と考える会員の割合が最も高い。有償に対して最も否定的な「交通費等の実費や報酬を受け取らないほうが良い」と考える会員は全体の1割で，地域別では山口市周辺の割合が高い。有償性の肯定が高いのは，山口市中心である（林 2012：140）。

つまり，ファミリー・サポート・センター事業は血縁や地縁のネットワークに乏しい都市部の子育て家庭にとって必要な支援で，彼らの返済意識に配慮する援助関係が築かれているとみることができる。謝礼というルールに従うことに受け入れやすさがあると思われる。

また，援助する側の意識について，子育てサークルや子育てのボランティア団体の代表者に行った調査[10]をみると，子育てサークルや子育てのボランティア団体は運営において，会員同士の仲間意識を大切にしている団体がほとんどである（林 2012：74）。さらに，活動のきっかけ（理想）と活動の成果（現実）を5項目について代表者に団体の活動を自己評価してもらった結果をみると

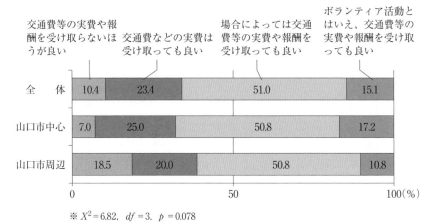

※ $X^2 = 6.82$, $df = 3$, $p = 0.078$

図13.4 ボランティアの「有償」について

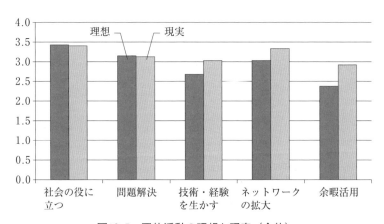

図13.5 団体活動の理想と現実（全体）

（図13.5），「社会の役に立つ」ためや「問題解決」に関しては，理想と現実がほぼ一致しているが，「技術・経験を生かす」や，「ネットワークの拡大」「余暇活用」は，理想よりも現実の評価が高く，予想以上の効果をあげていることがわかる。

支援される側だけが地域において知友関係などネットワークを広げることを求めているのではなく，支援する側も子育てサークルや子育てボランティアを通して技術や経験を生かして余暇を有意義に過ごして人とつながり，仲間と協働すること，つまり自己実現を求めているといえる。

5．まとめ

支援する者が専門家ではなく，地域住民であることに抵抗を示す子育て世代もいるが，支援する者，支援される者両者が身近に地域に生活をしていることから，地域住民同士のかかわりが生まれ，若い子育て世代にとっては社会関係資本の保持につながり，地域にとっては次代の地域の担い手の形成につながる。子育て世代およびこれから子育てを希望する若い世代にとっては保育施設の拡充をはじめとする公的サービスの充実を第一に求めるところであるが，今後，ますます子育ての領域において地域における子育て支援が求められる。地域ボランティアがもつ力を最大限に活用し，子育てをとおして若い世代を地域づくりにつなげていくためには，ボランティアが弱者救済規範の意識に支えられているために，地域住民相互で行われるボランティアの援助関係に上下関係が成り立ちやすいこと，また，支援される側の返済意識の存在や，支援する側の自己実現の意識を配慮したうえで住民同士をつなげ，つながることが重要であることを理解しておかなければならないだろう。

注

1）人口を増減なく保つために必要とされる水準。
2）内閣府『少子化社会対策白書　平成27年版』概要版（PDF形式）http://www8.cao.go.jp/shoushi/shoushika/whitepaper/measures/w-2015/27pdfgaiyoh/pdf/s2-1.pdf（2015年9月12日取得）
3）内閣府『少子化社会対策白書　平成27年版』概要版（PDF形式）http://www8.cao.go.jp/shoushi/shoushika/data/torikumi.html（2015年9月12日取得）

4）山口市のファミリー・サポート・センターは2015年3月まで山口，小郡，秋穂，阿知須，徳地の5ヵ所に窓口があった。2015年4月に山口，小郡・秋穂・阿知須，徳地の3ヵ所にまとめられた。なかでも，山口ファミリー・サポート・センターは，1994年に労働省が事業を開始した初年度に導入した4市町村の一つで，山口市の委託事業として開設された。

5）山口市社会福祉協議会『子育て応援情報誌山口市ファミリーサポート通信春』Vol.37，2015年。

6）山口ファミリー・サポート・センターの聞き取り調査より（2014年12月）。

7）2012年に事業類型を新たに「一般型」，「地域機能強化型」，「連携型」に再編し，さらに2013年，「地域機能強化型」は「一般型」に加えられた地域支援と新規の利用者支援事業に組み込まれた。

8）2011年7月に山口市ファミリー・サポート・センター全会員921名（2011年7月1日現在）を対象に郵送法で実施した。会員の内訳は，山口市中心地域（旧山口市）会員816名，山口市周辺地域（小郡，秋穂，阿知須，徳地）会員105名である。回収票は196票（山口市中心地域131票，山口市周辺地域65票），回収率は21.3％（山口市中心地域16.1％，山口市周辺地域61.9％）であった。調査項目は，ボランティア活動の経験，ボランティア活動のきっかけ，ボタンティアにかかわる意識からなる。

9）ボランティア意識については先行研究（箱井英寿・高木修 1987：39-47）を参考にし，返済規範，自己犠牲規範，交換規範，弱者救済規範に関する質問として8項目を設けた。それぞれの項目に，「そう思う」4点，「どちらかといえばそう思う」3点，「どちらかといえばそう思わない」2点，「そう思わない」1点を与えた。また，8項目のスコアを合計して合計ボランティア意識スコアとした。

10）ボランティア団体に対する調査を2009年12月〜2010年1月にかけて実施した。調査対象は，山口県403団体（市民活動団体224，子育てサークル179），福岡市558団体（市民活動団体277，子育てサークル281）。382団体より調査票が回収され，全体の回収率は，39.8％（山口県回収率40.2％，福岡市回収率39.4％）であった。

■引用・参考文献

箱井英寿・高木修「援助規範意識の性別，年代，および，世代間の比較」『社会心理学研究』第3巻第1号 1987。

林寛子「地域社会における子育て支援活動の現状と課題」『やまぐち地域社会研究』山口地域社会学会7号 2010 pp.163-174。

──「日本のボランティア団体」『日本と台湾におけるボランタリズムと社会資本の多様化に関する比較研究（課題番号21530499）研究代表者小谷典子（三浦典子）平成21年度〜23年度科学研究費補助金基盤研究（C）研究成果報告書』2012 pp.69-82。

──「地域における社会的ネットワークとボランティア活動——ファミリーサポートセンター会員調査を手がかりとして」『やまぐち地域社会研究』山口地域社会学会 9 号 2012 pp.135-146。

──「ファミリーサポートセンター会員調査にみる有償ボランティアの課題」『やまぐち地域社会研究』山口地域社会学会10号 2013 pp.15-28。

──「地域で支える子育て支援参加者のコミュニティモラール ——ファミリーサポートセンター事業の調査をもとに」『社会分析』日本社会分析学会42号 2015 pp.45-62。

厚生労働省「子育て援助活動支援事業（ファミリー・サポート・センター事業）について」http://www.mhlw.go.jp/bunya/koyoukintou/ikuji-kaigo01/（2015年 9 月12日取得）

──「地域子育て支援拠点事業実施状況」（平成21年〜平成26年）http://www.mhlw.go.jp/stf/seisakunitsuite/bunya/kodomo/kodomo_kosodate/kosodate/（2015年 9 月12日取得）

中谷奈津子『地域子育て支援と母親のエンパワーメント——内発的発展の可能性』大学教育出版 2008。

内閣府『少子化社会対策白書 平成27年版』概要版（PDF 形式）http://www8.cao.go.jp/shoushi/shoushika/whitepaper/measures/w-2015/27pdfgaiyoh/pdf/s2-1.pdf（2015年 9 月12日取得）http://www8.cao.go.jp/shoushi/shoushika/data/torikumi.html（2015年 9 月12日取得）

山口市社会福祉協議会『子育て応援情報誌山口市ファミリーサポート通信春』Vol.37 2015。

14章 農山村地域における育児の社会化の可能性―宮崎県五ヶ瀬町の事例から

山 下 亜紀子

1．本研究の課題―農山村地域における育児の社会化をめぐって

　本章の目的は，農山村地域における育児の社会化の可能性について検討することにある。育児の社会化は，1990年代からその必要性について社会的合意が得られており，特に「『育児労働』の社会化」（舩橋 2006：36）については，官民ともに充実してきた過程がある。しかしながら農山村地域の育児の社会化については，これまであまり注目されてこられなかった。

　しばしば首都圏における保育所の待機児童数が問題として論じられ，それ以外の都市における同様の問題も指摘される。また育児を支える親族ネットワークの少なさから都市地域における育児の社会化の必要性が言われてきた。しかし農山村地域における育児の社会化は，あまり取り沙汰されることのない事項であり，その必要性もあまり論じられてこられなかった。

　政策的動向をみると，内閣府は毎年，子育て支援に関する意識や実施状況等の調査研究を実施しているが，首都圏の育児支援環境の不備はとりあげられても，農山村地域の育児支援環境について詳しく言及がなされたものはみられない[1]。また現代の育児環境に焦点をあてた学術的研究においても，その対象は都市地域に限定されたものが主流であり[2]，農山村地域の育児支援の必要性やその実態について検討した研究は少ない。

　このように育児の社会化の必要性や展開について論じるとき，我々の多くの眼は都市地域に向けられており，農山村地域の育児の社会化の問題は看過されてきたといってもよい。それでは，農山村地域において育児の社会化が必要な

いのだろうか，という問いをたてるとそうでもないことが想定される。

　筆者は，かつて共同研究として農山村地域における育児支援と育児負担感についての研究を実施し，育児負担感や育児不安について全体として高い傾向にあったこと等を明らかにしている（倉重・山下 1999）。また近年では，家が離れているといった地理的条件から子ども同士が遊ぶ機会が確保しづらいという問題（古川・佐藤・佐藤 2001），また都市地域と比較して公園等も点在していることから，子育て中の母親同士が集まる場所がない[3]（地域社会研究所 2013）等の農山村地域特有の育児にかかわる問題も指摘されている。

　さらに育児の社会化のあり方についても　都市地域とは異なる枠組みで展開せねばならない事項であると思われる。片山千栄は，農家のニーズに適合的な育児支援の必要性を説いている。例えば，酪農業では朝と夕方が忙しいことから朝夕に子どもを預かるサービスのニーズがあること，また農繁期の数ヵ月だけ育児支援のニーズがあることを示し，育児支援において都市のしくみをそのまま農山村にあてはめることを懸念する。また親族ネットワークによるサポートを得やすいと思われがちだが，農家には定年がないため祖父母世代でも現役の労働力であることが多いという事情等も論じている（地域社会研究所 2013）[4]。叶堂隆三は，「都市における NPO とは相違する組織理念によって，地域の住民が担い手となる専門サービスを提供する動きが表れている。こうした主体による専門サービスの展開状況を『共同的な生活の社会化』と呼ぶことにしたい」（叶堂 2009：118）と述べ，その保育の社会化の事例を示している（叶堂 2009）。

　このように農山村地域特有の育児支援ニーズがあり，また農山村地域にあった育児の社会化のあり方が望まれる。しかしながら，現状では上記のような研究が散見されるような段階であり，政策的にも学術的にもほとんど検討がなされていない段階といってよい。そこで本章は，農山村地域における育児の社会化のあり方について検討することとしたい。ここでは，育児支援活動が継続的に実施され，かつその活動に独自性があり，地域内外でも評価を得ている事例

をとりあげたい。分析する事例は，宮崎県五ヶ瀬町におけるNPO法人五ヶ瀬自然学校であり，同法人の主軸を担っている理事長杉田英治氏である。後述するように，この法人による活動は社会教育の一環として実施されており，農山村地域における育児の社会化の成功事例として位置づけられる。本章では，この事例において育児の社会化がうまく運んだ要因等を明らかにすることを通し，農山村地域における育児の社会化がどのような形で展開しうるのかについて探り，その可能性について検討していきたい。

なお分析するデータは，ここ数年において収集した文書資料，ウェブページ上の資料，および2015年7月に五ヶ瀬町内で実施したフィールド調査データ，インタビュー調査データである。

2．宮崎県五ヶ瀬町の概要

五ヶ瀬町は宮崎県においては北西部にあり，熊本県に隣接しながら九州のほぼ中央部に位置している。町内の多くが急峻な地形で占められ，全面積の約88％が森林である。また集落の多くは標高600〜700mという高いところにあり，平均気温も低い。この地形により日本最南端のスキー場があることでも知られている。歴史的には1956年に三ヶ所村と鞍岡村の合併により町制を施行している。その後いわゆる平成の大合併時には合併の選択はとられず，2015年現在，五ヶ瀬町として59年目の歴史を迎えている。過疎地域自立促進特別措置法の全部指定地域であり，その存続が問われる地域の一つとして位置づけられている[5]。

人口動態については，2010年において総人口4,424人，世帯数1,673戸である。総人口，人口構成の推移については，図14.1に示した。人口減の傾向は他の中山間地域と同じだが，1980年代以降は微減の傾向が続いている。また65歳以上人口の比率は他にもれず増加傾向であり，2010年時の高齢化率は，33.8％である。

行政区は鞍岡地区，桑野内地区，三ヶ所地区の3つである。行政区ごとの人

14章　農山村地域における育児の社会化の可能性　*245*

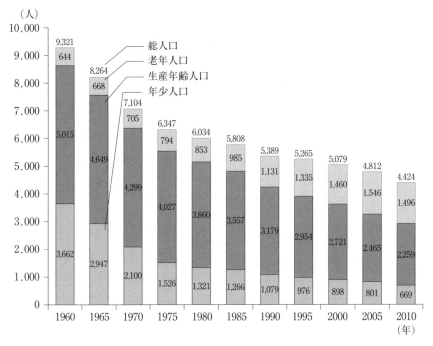

図14.1　年齢3区分別人口の推移

出所）五ヶ瀬町統計書（2013）をもとに作成

表14.1　地区ごとの人口・世帯

	2000年			2005年			2010年		
	人口	世帯数	1世帯あたり人員	人口	世帯数	1世帯あたり人員	人口	世帯数	1世帯あたり人員
三ヶ所地区	3,041	1,044	2.9	2,924	1,068	2.7	2,683	1,037	2.6
桑野内地区	853	224	3.8	793	215	3.7	738	216	2.4
鞍岡地区	1,461	421	3.5	1,351	424	3.2	1,231	420	2.9
合計	5,355	1,689	3.2	5,068	1,707	3.0	4,652	1,673	2.8

出所）「五ヶ瀬町統計書」（2013）をもとに作成

口，世帯数，1世帯当たり人員数を表14.1に示した。町役場がおかれ中心部の三ヶ所地区の人口が多い。一方2005年までは，三ヶ所地区と他の2地区との世帯当たり人員の差があったが，直近の2010年の数値では，この差が小さくなっ

表14.2　産業別就業人口（2010年）

		総数	比率（%）
第1次産業	農業	624	30.1
	林業	131	6.3
	漁業	15	0.7
第2次産業	鉱業	1	0.0
	建設業	200	9.7
	製造業	108	5.2
第3次産業	電気・ガス・熱供給・水道業	3	0.1
	情報通信業	0	0.0
	運輸業	39	1.9
	卸売・小売業	200	9.7
	金融・保険業	10	0.5
	不動産業	6	0.3
	学術研究・専門技術サービス業	16	0.8
	飲食店・宿泊業	105	5.1
	生活関連サービス・娯楽業	38	1.8
	教育・学習支援業	138	6.7
	医療・福祉事業	251	12.1
	複合サービス業	32	1.5
	サービス業	73	3.5
	公務	81	3.9
分類不能の産業		1	0.0
総数		2,072	100.0

出所)「五ヶ瀬町統計書」(2013) をもとに作成

14章 農山村地域における育児の社会化の可能性 *247*

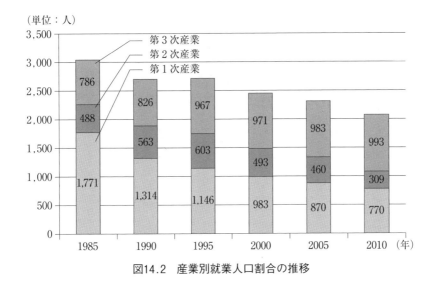

図14.2 産業別就業人口割合の推移

ており，世帯の小規模化が町全体で進んでいることがわかる。

　産業別就業人口については表14.2，産業別就業人口割合の推移については図14.2に示した。第1次産業就業者数は減少傾向にあるが，農林業は現在でも基幹産業となっており，直近の2010年の数値では，農業が30.1％，また林業も6.3％である。また農業，自然環境をいかした観光として，鞍岡地域の「五ヶ瀬ハイランドスキー場」（2001年開業），桑野内地域の「五ヶ瀬ワイナリー」（2005年開業），そして同じ桑野内地域の「夕日の里づくり」（2006年から実施）と名付けられた農家民泊等があり，グリーンツーリズムについても先進的に取り組んできた地域である。

　子どもにかかわる学校に関しては，町内に，鞍岡小学校，三ヶ所小学校，坂本小学校，上組小学校の4つの小学校がある。そして鞍岡中学校，三ヶ所中学校の2つの中学校があったが，2010年1校に統合された。そのほか県境を越え，熊本県の学校に通う生徒が小中学校あわせて2015年に12名いる。高校は県立の中高一貫校が1校あるのみである。未就学児童に関し保育所は，かつては公立

保育所が4つおかれていたが，2012年から三ヶ所地区と鞍岡地区の2ヵ所に統合して運営が行われている。

3. NPO法人「五ヶ瀬自然学校」の展開過程
—理事長杉田英治氏の生活史を中心に

　以下では，五ヶ瀬町で展開されているNPO法人五ヶ瀬自然学校（以下，「五ヶ瀬自然学校」と略記）による育児支援活動を事例としてとりあげる。同法人による活動は，育児支援にとどまらず多岐にわたる取り組みが特徴である。同法人の理念，運営，活動の特徴は，理事長である杉田英治氏の意向や尽力によるところが大きく，氏のそれまでの人生が礎となっている。そこで杉田氏のこれまでの活動の経過を中心的に追いつつ，同法人の展開過程について時系列にみておきたい。

3.1 法人設立前

　五ヶ瀬自然学校の設立は，2005年3月であるが，ここでは，その前史として杉田氏の生活史を記述することからはじめたい。

　杉田氏は，1967年，栃木県西那須野町（現・那須塩原市）の生まれであり，2016年現在，49歳である。氏によると，生まれ育った町は「開拓地でね，私が子どものころは非常に貧しかった町です」[6]と話し，都市化する以前の自然環境に恵まれた地域で育ったという認識がみられる。

　青年期には，新聞奨学生の制度を活用しながら東京の専門学校でデザインを学ぶ。その後東京の制作会社にデザイナーとして就職したが，バブル期だったために多忙を極め，「3年くらいで，あっという間に私のイマジネーションが枯渇してしまいまして。仕事ばっかりやらされて」といった状況から辞職する。そして1990年，23歳時にワーキングホリデービザを取得しカナダへ渡り，マウンテンバイク，トレッキング，カナディアンカヌー等の自然とかかわる活動を経験する。なおこの時，ユーコン川をカヌーで下ったことが，後に設立する

「自然屋川人」という団体名の由来となった。

　1992年に帰国したが，その後はフリーのデザイナーとして生計をたてることとなる。また同時にこの後の数年間は，ネパール，インド，中国等の秘境を旅することも続けた。前述のカナダにおける生活とこうした旅の体験は，子ども時代とともに氏の現在の活動のバックグラウンドとなっている。

　その後の大きな転機は，1997年の結婚であった。子どもにも恵まれ，家族をもったことで，氏は定住した生活をすることを決め，1999年からは，北海道弟子屈町でカヌー会社の運営を行っていた。しかし冬に収入が途絶える問題があるなど，生活が厳しかったことから，そこでの生活を断念する。この際に，知人が空き家があることを紹介してくれたこと，またスキー場がありインストラクターとしての仕事があることが見込めたため，五ヶ瀬町への移住を決めた。このように氏が五ヶ瀬町へIターンとして移住したのは，2001年，氏が34歳の時であった。

　同町を拠点に翌2002年に「自然屋川人」という任意団体を設立し，カヌーツアー等を中心に自然体験学習を行う仕事を中心においた。氏によると，当時は，夏から秋までは自然体験学習のカヌーツアー，秋からは町の特産でもある釜炒り茶の管理のアルバイト，そして冬になるとスキーのインストラクターで生計をたてていた。しかし2004年に，大型台風であった台風17号の影響で，スキー場への道が壊滅状態となった。このため2004年から翌2005年にかけてスキー場は閉鎖となり，氏の家計において冬季における現金収入が途絶えてしまうこととなった。そこで看護師である妻が家計を支え，自身は家事育児に専念しながら，さまざまな研修会に参加し今後の道を模索する，という時間を過ごす。そんな時に出会ったのがNPO法人の研修と「自然学校」という理念であった。自然学校とは，現在では，さまざまな運営の形がみられ，例えば公営のものでは「国立青少年自然の家」も含まれる。自然学校全国調査委員会によると，自然学校は，その活動において，「自然体験活動または，地域の生活文化にかかわる地域づくり活動その他の教育的な体験活動を，専門家の指導の下で組織的

に安全に楽しく実施していること」と定義されている（自然学校全国調査委員会 2011）。敬愛していた植村直己氏も「自然学校」設立をめざしていたことを知り，氏は NPO 法人という形で自然学校を設立することを決意する。

こうして NPO 法人五ヶ瀬自然学校がたちあがったのは，2005年3月である。法人定款に「地元および他の地域の子供から高齢者までを対象にした山，川，海，田畑などで行う自然体験活動を通して，人々がふれあい，遊び，学ぶ事によって，より良い人間関係の形成，健康な体と健全な精神の育成に寄与することを目的とする」と書かれてあるように，五ヶ瀬町の地理的条件を利用し，各種の自然体験活動の教育プログラムを実施することが同法人の大きな目的となっていた。また教育の対象としては，子どもが中心であるが，そこにとどまらず広く地域内外の成人までを含んでいたことがわかる。

3.2 法人設立後

現在の同法人の事業は多岐にわたっているが，法人設立後，最初に行った事業が文部科学省による「地域子ども教室推進事業」（後の「放課後子ども教室推進事業」）であった。自然体験という教育をめざした杉田氏が最初にかかわったのは，学童期の子どもたちにかかわる事業であり，それは現在でも同法人の中心的な事業として位置づけられる。

この事業を皮切りに，その後は町の自然環境や農林業を生かしたさまざまな事業を展開していく。体験型観光，町産の農産物の加工やブランド化や，さらに近年では地域移住者の促進など，地域活性化事業を含んだ多様な活動に取り組んできた。こうした活動を通じて法人の名は徐々に地域内外で知られるようになり，外部からの認知度も高まることになった。こうした外部からの評価は，多くの受賞歴にもあらわれており，環境省の第6回日本エコツーリズム大賞特別賞（2010年），宮崎県食と農の絆づくりコンクール優秀賞（2011年），宮崎県地域づくり顕彰奨励賞（2012年）等があげられる。

4.「五ヶ瀬自然学校」の活動内容

4.1 「五ヶ瀬自然学校」が展開する事業内容

　現在の活動内容は，法人の事業報告書によると表14.3のようになる。体験活動，人材育成，物産・物品の生産・製造，施設の管理・運営，自然保全・清掃，その他にわけられており，多様な事業が実施されている。また行政の委託事業，補助事業も多く，行政との連携関係が築かれていることもわかる。さらに地域の範囲としては重層的な展開がみられ，鞍岡地域における活動，五ヶ瀬町という範囲での活動，近隣の市町村を含む広域的な地域活性化の活動がある。

4.2 「五ヶ瀬風の子自然学校」の事業

　上記にあげた活動のうち，地域における育児支援活動としては「放課後子ども教室」が主軸をなす。この事業は2004年度から3年間，文部科学省によって実施された「地域子ども教室推進事業」（委託事業）によるものであり，同法人では2005年度から委託を受けて実施されている。その後2007年度からは，市町村を実施主体とする補助事業「放課後子ども教室推進事業」[7]となり，同法人でも現在までこの事業に取り組んでいる。なお本法人では「五ヶ瀬風の子自然学校」という事業名をつけており，杉田氏はこの名前について「子どもは風の子って意味と，私が，風の人がやる自然学校だから，風の子っていうことでね」と説明し，Iターン者であることが意識された名称となっている。

　さて文部科学省によると「放課後子ども教室推進事業」の目的は下記のとおりである。

　　すべての子どもを対象として，放課後や週末等に小学校の余裕教室等を活用し，安全・安心な子どもの活動拠点（居場所）を設け，地域の方々の参画を得て，子供たちに，勉強やスポーツ・文化芸術活動，地域住民との交流活動等の機会を提供することにより，子どもたちが地域社会の中で，

表14.3　五ヶ瀬自然学校の事業内容（2014）

	事業内容	助成・委託・補助	実施時期・回数など	実施対象
① 自然体験・生活体験・農業体験・食の体験活動事業	青少年の健全育成のための自然を活かした環境教育授業の開催	五ヶ瀬町	全8回	五ヶ瀬町立小学校4校5年生35名他
	地方自治体，地域団体などが主催するイベントへの協力			イベント参加者
	放課後子ども教室「五ヶ瀬風の子自然学校」の開催	五ヶ瀬町	全237日開催	鞍岡地区小学生／参加者26名
	九州のグランドキャニオン蘇陽峡カヌー体験＆九州島発祥の地祇園山登山開催	独立行政法人国立青少年教育振興機構	1泊2日　1回	小学1年生～高校生／参加者32名
	五ヶ瀬の里ムシムシキャンプ～夏休みにしかできないことをみんなでしよう！	独立行政法人国立青少年教育振興機構	1泊2日　3回	小学1年生～高校生／参加者75名
	清流五ヶ瀬川・小川で夏休み！6泊7日子ども探検キャンプ！の開催	独立行政法人国立青少年教育振興機構	6泊7日　1回	小学4年生～高校生／参加者19名
	清流五ヶ瀬川源流で夏休み！川遊び＆カヌーキャンプ！の開催	独立行政法人国立青少年教育振興機構・総務省	1泊2日　3回	小学1年生～高校生／参加者72名
	九州発祥の地，五ヶ瀬の里で化石探し＆夕日の里フェスタ＆キャンプの開催	独立行政法人国立青少年教育振興機構	1泊2日　1回	小学1年生～高校生／参加者27名
	おてんとうさん祭り子ども相撲大会！太鼓の達人を目指せ！キャンプの開催	独立行政法人国立青少年教育振興機構	1泊2日　1回	小学1年生～高校生／参加者15名
	スノーキャンプおよびスキースクール	独立行政法人国立青少年教育振興機構・総務省	2泊3日1回，1泊2日＋日帰り6回，日帰り1回	小学1年生～高校生／参加者／2泊3日32名，1泊2日＋日帰り213名，日帰り17名
	子ども達が地域を変える「五ヶ瀬七色自然隊」，「いのちをいただきます」	五ヶ瀬町みやざきモデル食育・地産地消推進事業補助金（トムソーヤー助成金）		五ヶ瀬風の子自然学校の子ども達／参加者28名
	「伝統の釜入り茶手作り体験と自然食の集い」の開催			全国一般
	五ヶ瀬山学校および自然塾の開催			全国の社会教育団体および自主事業
	森林環境教育実施事業	公益社団法人（県）		五ヶ瀬風の子自然学校の子ども達／参加者26名
	五ヶ瀬コミュニティ体験大学	総務省		大学，企業，地域づくり団体など
② 自然体験・生活体験・農業体験・食の体験活動に関する人材育成事業	企業支援型地域雇用創出事業			失業者（研修生3名）
	宮崎県中山間元気づくり人育成事業	宮崎県		失業者（研修生1名）
③ 自然体験・生活体験・農業体験・食の体験活動に関する物産や物品の生産・製造事業	農産物のブランド化・特産品開発・試験販売			
	㈱五ヶ瀬自然農園の支援			
④ 自然体験・生活体験・農業体験・食の体験活動に関する施設の管理・運営・設計・建設事業	五ヶ瀬の里キャンプ村の管理代行	五ヶ瀬町		
	空き家の情報収集と移住者支援	総務省		
⑤ 自然環境の保全・清掃事業	五ヶ瀬川流域「カヌーでゴミ拾い」カヌーキャンプの開催	NPO法人五ヶ瀬川流域ネットワークとの協働	1泊2日3回	全国の小学生～大人／1泊2日73名
	うのこの滝までの道，本屋敷観光トイレの清掃	五ヶ瀬町		土砂・落石の撤去，草刈り，落葉清掃，トイレ清掃，トイレットペーパー補充など
	オニヒトデの堆肥化および有機無農薬での玉ネギの栽培			オニヒトデの駆除と堆肥化，堆肥の販売・活用，玉ネギの栽培など
⑥ その他目的を達成するために必要な事業	五ヶ瀬クリーンエネルギー推進協議会事務局			五ヶ瀬町内および周辺地域
	鞍岡地域づくり協議会事務局			鞍岡地区（9区～14区の公民館長，鞍岡地区住民，五ヶ瀬町役場地域振興課，農林振興課）
	五ヶ瀬山学校推進協議会事務局	独立行政法人・総務省		小学校，中学校，高校，旅行会社，一般企業，各種団体など
	山の子ハッピーネットワーク事務局	県社会福祉協議会・独立行政法人		西臼杵郡内の子育て支援団体および個人
	フォレストピアブロック会議実行委員会事務局	宮崎県地域づくりネットワーク協議会		五ヶ瀬町，高千穂町，日之影町，椎葉村，諸塚村，美郷町の地域づくり団体
	子育て支援情報発信事業	五ヶ瀬町		

出所）NPO法人五ヶ瀬自然学校「平成26年度事業報告書」より作成

心豊かで健やかに育まれる環境づくりを推進します。(文部科学省生涯学習政策局・放課後子どもプラン連携推進室)

　厚生労働省が所管するいわゆる学童保育事業に対して，子どもたちにとっての安全，安心な居場所を提供することが大きな目的となっており，「地域教育力の低下や完全学校週5日制の実施といった社会背景の中で，子どもの社会教育を担うことを期待されていた」(猿渡・佐藤 2011：47) ものであった。社会教育としての要素が強い事業であり，したがって同法人の理念や活動内容にきわめて合致していたものとしてとらえられる。その後，2007年に文部科学省と厚生労働省により，「放課後子ども教室」と「放課後児童クラブ」の一体化，連携を目指す「放課後子どもプラン」が策定され，さらに2014年には，両省によりこれら2事業の一体化を数値目標まで含み目指すことになった「放課後子ども総合プラン」が策定されている。このため「放課後子ども教室」も育児支援としての側面をもつこととなった。

　「五ヶ瀬風の子自然学校」の実際の運営であるが，鞍岡地区交流センターをその場所とし，平日は，授業終了時から午後6時までの時間，毎日実施されている。また春休み・夏休み・冬休み・週末等は 8時から18時まで開かれている。利用できる子どもは，同法人の町内拠点である鞍岡地区の鞍岡小学校に通う児童である。利用料としての保護者負担は月額1,000円となっている。平日は，宿題をすることや，子どもの主体的な遊びが中心に行われている。また長期休暇には，さまざまな体験学習が実施される。例をあげるとカヌー，川遊び，魚釣り，そり遊び，スキー等の自然体験，伝統文化・伝統食・伝統遊びの体験等である。また野菜・米の栽培等の農業体験も年間を通して実施され，伝統芸能（神楽・臼太鼓踊り）の継承活動，また祭り等へ参加する活動もある。

　表14.4に示したように，利用率は非常に高い。事業初年度の2005年度でも，全校生徒の半数以上が利用者として登録しており，直近の4年間は9割を超える数値となっている。

表14.4 五ヶ瀬風の子自然学校の利用者

	登録者数	平均参加者数	全校児童数に占める登録者数の割合
2005年度	40名（全校児童72名中）	30名	55.6%
2006年度	52名（全校児童66名中）	40名	78.8%
2007年度	50名（全校児童68名中）	40名	73.5%
2008年度	59名（全校児童71名中）	50名	83.1%
2009年度	57名（全校児童62名中）	50名	91.9%
2010年度	46名（全校児童51名中）	40名	90.2%
2011年度	38名（全校児童43名中）	30名	88.4%
2012年度	34名（全校児童37名中）	25名	91.9%
2013年度	29名（全校児童31名中）	25名	93.5%
2014年度	26名（全校児童27名中）	25名	96.3%
2015年度	28名（全校児童29名中）	26名	96.6%

出所）NPO法人五ヶ瀬自然学校による資料をもとに作成

　この取り組みの成果が評価され，2008年度に「優れた取組を行っており，他の模範と認められる」放課後子ども教室として，文部科学省の「第1回放課後子ども教室推進表彰教室」全国66事例の一つに選定された。さらに2010年度は，宮崎県が育児支援活動に意欲的に取り組む団体やグループを表彰する「宮崎県夢ふくらむ子育て顕彰」大賞も受賞している。
　なお現在，五ヶ瀬町では，4つの小学校区すべてにおいて「放課後子ども教室」が実施されている。これは，「五ヶ瀬風の子自然学校」による取り組みが知られるようになり，五ヶ瀬町内の他の3小学校の保護者からも要望があったことから，設置に結びついたという経緯があった。ただ鞍岡小学校区以外は，すべて小学校内がその場となっており，放課後子ども教室の運営にあたる任意団体を設置し，実施されている。

5．「五ヶ瀬自然学校」の活動の特徴

　このように多様な活動の展開のなかで「五ヶ瀬自然学校」による育児支援の活動は，10年を超える長期にわたって続けられ，また評価も得ている。以下では，この「五ヶ瀬自然学校」の活動の特徴について論じる。「五ヶ瀬風の子自然学校」としてもちえている特徴を5.1, 5.2において，法人全体としてもちえている特徴を5.3, 5.4において，「五ヶ瀬風の子自然学校」，法人全体両方にみられる特徴を5.5において検討していきたい。

5.1　「五ヶ瀬風の子自然学校」──教育と育児支援の要素の混在化

　同法人の特徴は，農山村地域という地域的基盤を活用した自然体験教育が志向されている点である。杉田氏が自然学校の説明として「自然を使って，色々，教育活動をやっていく場」という言葉を用いているように，自然環境を用いた教育実践が目指されてきた。「五ヶ瀬風の子自然学校」の活動も，杉田氏は「生きる力を育むっていう社会教育でね，一番やらないといけないところ」と語り，教育という点に重心がある。もちろんこうした志向性は，前述したような杉田氏のバックグラウンドや，NPO法人としての活動理念や方向性に規定されてきたものであろう。実際の事業も文部科学省の事業として実施されてきたこともあり，当初は社会教育の側面が色濃かった。

　しかし先に論じたように育児の社会化政策の進展のなかで，同事業は育児支援としての側面を有するようになる。こうした動向から，同法人は周囲からは育児支援団体としても認知されるようになっていく。それは育児支援活動を行っている団体に対する「宮崎県夢ふくらむ子育て顕彰」の受賞にもあらわれている。

　杉田氏自身は，教育と育児支援は別の枠組みとして意識化しており，「親は子育て支援って思ってるんだよね，そこにギャップがある」と言う。そして「やりたいように地域の子どもを育ててるだけだから，っていう立場」で，自

分自身が志向する特色ある教育を実践しているという。例えば「2005年から文部科学省の地域子ども教室（現在は放課後子ども教室）に取り組み，放課後毎日子ども達に社会教育を行い，鞍岡で生きて行く人材の育成を行っています」（総務省 2015：2）という杉田氏の言葉は，こうした氏の志向性をあらわしている。しかし育児支援を行う団体としてみなされる違和感は感じられながらも，一方で，「宮崎県夢ふくらむ子育て顕彰」の受賞時のブログには，「これもひとえに，地域の方々，ご父兄の方々，学校関係者の方々の支え，御協力による受賞だと思います…。これを機会にさらに地域の子育て支援活動に邁進していく所存です」（NPO法人五ヶ瀬自然学校 2011：第3段落）というように，自ら育児支援の言葉も用いる。このように法人としても，教育活動，育児支援活動という両方の言葉が用いられ，「五ヶ瀬風の子自然学校」には教育と育児支援の要素が混在している。

　このことを解釈すると，杉田氏の志向する教育の実践化に向け，育児支援という枠組みがむしろ積極的に活用されているともとらえられるし，育児支援を行っている団体だからこそ社会的認知度，社会的信用度が高まり，杉田氏が考える教育の継続を可能にしている，とも考えられる。いわば2つの要素の混在化が，「五ヶ瀬風の子自然学校」の活動の独自性を高め，活動の長期化につながった可能性がある。

5.2　「五ヶ瀬風の子自然学校」—地域固有の育児支援ニーズとの合致

　同法人による活動は，農山村地域ならではの育児支援ニーズを掬い取っていた。五ヶ瀬町は，人口に対する学校設置率は高い水準にあるが，それでも他の農山村地域と同様に通学区域はかなり広範囲にわたっており，スクールバスもなかった[8]。そのため子どもの通学に多くの保護者は送迎をしなければならない状況であった。杉田氏によると，核家族世帯では，「お父さんは仕事せんといかんから（仕事をしないといけないので），お母さんがパート位で何とかやりくりして（いるが），（子どもを）迎えにいかなきゃいけないとか，なんなら（そ

んなことをしていたら）もう仕事ができなくなる」という状況があった。また祖父母のサポートが得られる家庭でも「畑，田んぼを守ってるのは，じいちゃん，ばあちゃんなので，途中で仕事やめないといけないのね。2時くらいに孫を迎えにいくために，いったん農作業やめないといけない」状況が課題としてあったという。これは，先に示した片山が指摘している内容と同じである（地域社会研究所 2013）。「放課後子ども教室」の実施は，こうした農山村地域特有の育児支援ニーズに合致しており，法人としてもこうしたニーズを認識していたことがわかる。

5.3 「五ヶ瀬自然学校」—地域住民主役のネットワーキングという地域活性化の志向性

杉田氏は地域活性化や地域再生への志向性を強くもち，またそうしたことの実現へ向けての活動に取り組んできた。そうした志向性の結実の一つが「鞍岡地域づくり協議会」である。これは2008年5月に結成されたもので，鞍岡地区内6行政区の公民館長，地区内にある祇園神社，青年団，婦人会，小中学校を主な協議会メンバーとして，神楽や祭り等の地域行事への参加，特産品の販売，集落内の散歩コースの整備等を行っている。同法人は事務局であるが，実際的には協議会をたちあげ，活動の実際においても中心的役割をはたしてきた。以下は，環境省のエコツーリズム大賞特別賞受賞時に提出された申請書に書かれた文章である。

> NPO法人五ヶ瀬自然学校はほとんどのスタッフがよそんもんである。地域を活性化するには地元住民が立ち上がらなければできない。そこで，公民館長，役場を巻き込んだ鞍岡地域づくり協議会を立ち上げた。伝統のお祭りの盛り上げや，伝統芸能の継承・復活，新たな祭りの創造等住民の誇りを維持する活動を行っている（NPO法人五ヶ瀬自然学校 2010：第8段落）。

またインタビュー調査でも杉田氏は以下のように語っている。

> いろいろ地域づくり活動のところで仕掛ける中で，ですね。(中略) 公民館長さんとか神社の総代会とか，いろいろ保存会とか小中学校，駐在もいれて，婦人会…。で，自然学校が事務局になる形で役場を監事にして，ですね。国の事業をとりまくって。で，鞍岡を活性化するっていうので，やってます。

上記から，地域住民への働きかけをし，地域住民のネットワーキングを図りながら，地域づくり，地域再生が目指されてきたことがわかる。

また鞍岡地区という範囲を超え，五ヶ瀬町という単位でも地域活性化の動きが見出せる。それが「五ヶ瀬山学校推進協議会」「五ヶ瀬山暮らしサポートセンター」(表14.3では「空き家の情報収集と移住者支援」という事業内容) という2つの組織である。両組織ともに法人の役割は事務局であるが，やはりここでも行政や地区公民館に働きかけ，連携しつつ地域活性化を目指してきた。「五ヶ瀬山学校推進協議会」は自然体験，伝統芸能体験，農家民泊，キャンプ等の事業を実施しており，小中学校の遠足，宿泊学習，修学旅行，また社員研修等でこれらを組み合わせたコーディネート業も請けている。また「五ヶ瀬山暮らしサポートセンター」はいわゆるIターン，Uターンの促進を行うものである。空き家や空き農地の把握と持ち主との交渉がIターン，Uターンの実現につながる重要なポイントであり，この重要な部分を五ヶ瀬町と公民館の連携のもとに進め，移住希望者のマッチングが行われている。「地域公民館や行政との連携も重要です。積極的に様々な組織と連携・協働しながら事業を進めています」(総務省 2015：3) という杉田氏自身の言葉からも，行政や地区公民館との連携において，地域再生が進められていることがわかる。

こうして杉田氏は，鞍岡地区，五ヶ瀬町と重層的な範囲において地域づくりの仕掛人ともいえる役割を担ってきた。地域活性化には地域住民の主体的参画

が不可欠であり，そのため地域住民や行政組織に働きかけ，ネットワークを構築しながら地域活性化の道を模索してきたことがうかがえる。結果としてこのような実績は，同法人や杉田氏に対する地域からの信頼や大きな評価につながっており，活動の継続的展開を支える大きな要因といえる。

5.4 「五ヶ瀬自然学校」—「アクロバット」な運営による法人存続

　日本社会でNPO法人として存続し続けることは難しい。ましてや農山村地域において活動を続けている事例は多くない。筆者がかつて宮崎県内でNPO法人を含む複数の育児支援組織の調査を行った際，継続性が確保されている団体として行政に紹介をお願いしたが，紹介を受けた団体はいずれも都市地域に存在する団体であり，農山村地域で展開されているものはなかった（山下 2011）。杉田氏自身も「4,000人くらいの町にNPO法人があるっていうのも，奇跡に近い状態です。だいたい都市部にあって，多様なニーズに応えていくのがNPO法人，みたいな感じに，今なってます」と話し，農山村地域においてNPO法人として活動していくことは，非常に困難なこととして語られる。

　NPO法人は，1998年に施行された「特定非営利活動促進法」により法的根拠を得ているもので，現在では，さまざまな分野での法人が存在している。しかしその運営上の課題は大きい。特に寄付文化のない日本社会においては資金面の課題に直面する場合が多い。筆者の前述の研究でも，資金面では，第1に公的事業を実施していくことによる収入の確保，第2に行政や民間からの助成金の獲得という2つの方法による解決法が見出された（山下 2011）。

　運営が難しいとされるNPO法人にあって，「五ヶ瀬自然学校」においてとられてきた戦略は，多くの事業を同時にこなし，取り組んでいくものである。「4.1『五ヶ瀬自然学校』が展開する事業内容」で述べたように，同法人では非常に多くの事業に取り組んでいる。もちろん図14.3に示したように，多くの行政事業も含まれ，法人運営の基盤となっている。また農産物のブランド化や特産品開発を行ったり，五ヶ瀬自然農園を別組織でたちあげたりするなど，独立

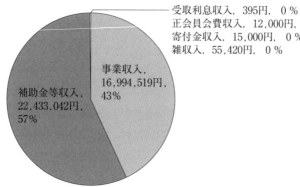

図14.3 2014年度収入の内訳
出所）NPO法人五ヶ瀬自然学校「平成26年度事業決算書」をもとに作成

した事業も展開されている。

「しっかりやっていかないと，これ，やっぱりやり続けるのは難しい組織だし，新たにやったところで上手くいかない可能性が非常に高い組織です。（中略）アクロバットをいっぱいやらないと運営できない」と杉田氏は語る。多くの事業を軽業師のようにやってのける技量が法人の存続にとっては必要であり，裏返していえば，このようなアクロバットをこなせなければ法人は存続できなかった，ということになる。

5.5 「五ヶ瀬風の子自然学校」・「五ヶ瀬自然学校」
── 地域再生を見据えた活動の展開

五ヶ瀬町においても若年人口の流出を食い止めることは，他の農山村地域に違わず難しい。前述したように五ヶ瀬町内には県内有数の進学高である県立中高一貫校以外に高校がなく，7割を超える子どもたちが，高校から町外にでることを選択している。杉田氏はこうした状況を鑑み，子どもたちが将来的に地元に戻って生活をする基盤づくりも意識しながら，社会教育・育児支援，地域づくりの展開をしている。

そうした志向性は，前述の環境省のエコツーリズム大賞特別賞受賞時に提出された申請書に書かれた以下のような文章にあらわれる。「将来の五ヶ瀬町を担う人材を育成する目的で，子ども達に生きる力を教えている。五ヶ瀬に帰ってくる子どもの育成（教育）を地域の大人が一丸となって行う仕組みである」（NPO法人五ヶ瀬自然学校 2010：第7段落）。そしてインタビュー調査でも「こそこそこそこそ（笑），子どもの頃から言い続けてる。絶対帰って来いよと」という言葉が聞かれた。さらに「子ども達が将来農村部で暮らす為には，食べていけるだけの仕事が無ければなりません。農業を組織的に行う，農産物をブランド化したり特産品を作る，地場産の杉材でログハウスを作る，エコツアーや農村体験を旅行商品として売り出す等，農村の自然，資源，人材を最大限に生かして地域づくりを行っています。」（総務省 2015：2）といった文章も見出せる。

　これらの言葉は，子どもたちの地域に対するアタッチメントを高めるための教育を行っているということ，そして同時に将来，子どもたちが住み続けることのできる地域の基盤整備，地域づくりを行っている，ということを示している。

　以下は，宮崎県の地域づくり顕彰における奨励賞を受賞した際の受賞理由であり，ここには以上のような法人の志向性とその結果が総括的に示されている。

　　　将来にわたって子育てができる持続可能な地域づくりを目指し，放課後子ども教室における地域ぐるみでの次世代育成や，伝統芸能の継承による地域の誇りの醸成を図るとともに，自然を活かした体験型観光や地元ブランド米・農産加工品の開発等による地域雇用の創出などに取り組み，地域活性化に貢献した功績（宮崎県 2015）。

　地域再生を見据えた教育活動，地域活性化の活動の展開が行われ，そうしたことが実際に地域に変革をもたらしてきたといえる。

6. 考　察

　以上，農山村地域における育児の社会化の事例として，宮崎県五ヶ瀬町で継続的に活動に取り組んできた「五ヶ瀬自然学校」の取り組みの経緯，活動内容，特徴について分析してきた。これらの分析結果を総括し，本章のまとめとしたい。

　本事例は，Ｉターン者を代表とするNPO法人が農山村地域の育児の社会化に取り組んだ事例である。上記の分析をまとめると，本事例の顕著な特徴は，NPO法人としての確固たる目的を実現するための活動の展開がなされていることとともに，広く地域再生を見据えた多様な展開がなされていることであろう。育児支援とうまく融合させ独自の教育を実施してきた点はNPO法人としての目的にあてはまるものであり，また組織存続のために非常に多様な事業を実施し組織運営を行ってきた点も従来のNPO法人らしい特徴である。しかし一方で，農山村地域特有の育児支援ニーズを認識していた点，地域住民を中心とする地域活性化を実践してきた点，地域再生を見据え地域へのアタッチメントを高める教育・育児支援や地域活性化を行っている点からは，地域社会の一員として，地域社会に積極的に融合して活動が行われたことが示されており，実際の地域活性化にも大きく貢献してきたといってよい。

　育児支援に関しては，自然学校という目的の一部としての教育・育児支援活動が行われてきたと同時に，地域活性化のための教育・育児支援活動が行われている。こうして同法人の育児支援活動は２つの文脈のもとに実施されてきたといえる。

　冒頭に示したように農山村地域の育児の社会化は，農山村地域にあった独自の展開が望まれる。その際，Ｉターン者によるNPO法人による育児支援活動は一見すると難しく思われる。しかしながら，本事例では，NPO法人としての目的を維持しつつ，同時に地域社会の一員として地域社会を再生する志向性をもっていた。本事例でみられる育児支援活動は，NPO法人としての目的と，

地域活性化の目的の両面において意味をもっていた。すなわちアソシエーションとしての活動に留まらず，コミュニティの一員として，活動が見出されるのである。そして総体としては，子育てを地域で支え，地域を再生に導くような仕組みも生み出していくような過程を有していた，ともとらえうる。

NPO法人としての目的のもとに展開された育児支援でありながら，地域社会の一員として育児支援を実施してきた点で，本事例は農山村地域の育児の社会化のあり方の一つのモデルを提示していると考えられるのではないだろうか。さらには，こうした育児支援のあり方が地域再生にも作用した，という意味でも，本事例は今後の農山村地域の育児の社会化のあり方を考えるうえで，非常に示唆的であると考える。

<謝辞> 本研究の実施にあたり，快く調査にご協力いただいたNPO法人五ヶ瀬自然学校，五ヶ瀬町教育委員会，宮崎県教育委員会，五ヶ瀬町の住民の皆様に心から感謝を申し上げます。

注

1) 2011年度には『都市と地方における子育て環境に関する調査』が実施されているが，ここでは都道府県別，9地域ブロック別の比較が行われているにとどまっており，都市地域と農山村地域という比較はない（内閣府政策統括官 2011）。また2013年度の「全国自治体の子育て支援施策に関する調査」では人口規模別に自治体調査が行われ，また小規模自治体の子育て支援に関する事例は取り上げられているが，特に農山村地域の子育て支援のニーズや支援の実態を明らかにするような視座はない（内閣府政策統括官 2013）。
2) 代表的な研究としては矢澤澄子らの研究がある（矢澤・国広・天童 2003）。
3) この見解は，地域社会研究所編の『The community：コミュニティ』第150号の「農村・農家での子育て支援ニーズと課題（特集 出産と育児を支えるコミュニティ）」において片山千栄氏に対するインタビュー記事として書かれた内容である（地域社会研究所 2013）。

4）注3）と同様である。
5）宮崎県では，宮崎県中山間地域振興条例で規定する区域（過疎地域自立促進特別措置法による過疎地域を含む）について，「いきいき集落」という名前で認定しており，2015年現在，五ヶ瀬町内でも9集落が認定されている。
6）2015年7月4日インタビュー調査における杉田氏の発言。以下，「　」で示した杉田氏の話は，この時のものである。なお「　」の中の（　）内に示される文言は補足説明として筆者が示したものである。
7）補助率は国，県，市町村が3分の1ずつである。
8）2007年より，寮の閉鎖に伴って三ヶ所中学校では町営のスクールバスは運行されるようになっているが，他の学校においてスクールバスは運行されていなかった。

■引用・参考文献

地域社会研究所編「農村・農家での子育て支援ニーズと課題（特集 出産と育児を支えるコミュニティ）」『コミュニテイ：The community』150 2013 pp.70-73。

古川大輔・佐藤洋平・佐藤伸彦「子どもの遊びに着眼した中山間地域の環境整備への提案―長野県長谷村を事例として」『農村計画論文集』3 2001 pp.223-228。

五ヶ瀬町「五ヶ瀬町統計書」2013。

叶堂隆三「集落を支えていく力―五島列島の事例から」『村落社会研究』45 2009 pp.89-120。

倉重加代・山下亜紀子「南九州農村部における母親の育児支援と育児負担感」『鹿児島女子短期大学附属南九州地域科学研究所報』16 1999 pp.145-166。

舩橋惠子『育児のジェンダー・ポリティクス』勁草書房 2006。

文部科学省生涯学習政策局・放課後子どもプラン連携推進室『放課後子ども教室パンフレット』。

内閣府政策統括官「都市と地方における子育て環境に関する調査」2011。

――「全国自治体の子育て支援施策に関する調査」2013。

猿渡智衛・佐藤三三「放課後子ども教室事業の現代的課題に関する一考察―子どもの社会教育の視点から」『弘前大学教育学部紀要』106 2011 pp.47-61。

自然学校全国調査委員会「第5回自然学校全国調査2010調査報告書」日本環境教育フォーラム 2011。

山下亜紀子「住民主体型育児支援組織の特徴と展開」『社会分析』38 2011 pp.137-154。

矢澤澄子・国広陽子・天童睦子『都市環境と子育て：少子化・ジェンダー・シティズンシップ』勁草書房 2003。

その他
宮崎県 2015「宮崎県地域づくり顕彰受賞者一覧」
　　http://www.pref.miyazaki.lg.jp/chusankan-chiiki/shakaikiban/toshikekaku/documents/2124_20150520174739-1.pdf（2015年9月5日取得）
総務省 2015「総務省地域人材ネット　杉田英治　自然学校を主体とした環境地域づくり」総務省ホームページ
　　http://www.soumu.go.jp/main_content/000228566.pdf（2015年9月5日取得）
NPO法人五ヶ瀬自然学校 2011「NPO法人五ヶ瀬自然学校ブログ」
　　http://www.bura-vola.org/vd/a451756/blog/Entry/1535（2015年9月5日取得）
──2010「NPO法人五ヶ瀬自然学校ホームページ」
　　http://www.gokase.org/jusyou/eko.html（2015年9月5日取得）

第4部
中国都市の現在

15章 中国大都市における転居後の高齢者の生活状況―上海市の高齢者調査をてがかりに

王　上

1．はじめに

　大規模な人口移動は，工業化と都市化が進むなかで，最も顕著にみられる現象である。『中国流動人口発展報告2014』によると，2013年末の中国総人口は13.6億人で，そのうち都市に居住している人口が50％を占めている。また総人口のうち流動人口は2.45億人で，総人口の6分の1となっている。将来，2030年には，都市人口は総人口の70％を占め，約2.3億人の農業人口が都市へ移住し，都市間の流動人口は8,000万人となり，流動総人口は3.1億人になると予測されている。中国の人口流動の趨勢はますます激しくなり，特に，北京，上海，広州，深圳のような大都市への人口集中は顕著である。

表15.1　4都市における人口数の増加

都　市	第5回全国人口調査*(2000年)		第6回全国人口調査*(2010年)	
	人口数（万人）	全国の割合(%)	人口数（万人）	全国の割合(%)
上　海	1,674	1.32	2,302	1.72
北　京	1,382	1.09	1,961	1.46
広　州	994	0.79	1,270	0.94
深　圳	700	0.55	1,036	0.77

＊中国の全国人口調査は，「全国人口普査」という。日本の国勢調査に相当する調査であり，10年ごとに実施されている
出所）中国国家統計局のデータより作成

表15.1は，この4つの都市の人口数の増加を表している。上海市は，2000年の人口は1,674万人で，全国の1.32％を占めていたが，2010年には，人口は2,302万人で，全国の1.72％となり，10年間で600万人以上の人口が流入しており，中国において最も人口が集中した都市である。第6回中国全国人口調査によると，中国大陸の総人口は13.4億人（香港，マカオと台湾の3つの地区は特別行政区であるため，この中に含まれていない）で，65歳以上の人口は1.31億人で，全体の9.7％を占めている。上海市の人口の2,302万人のうち，65歳以上の人口は232.98万人で，全体の10.12％を占めている。上海市の流動人口は約900万人で，全体のおよそ40％を占めている。そのうち，60歳以上の高齢者の流動人口は全体の11％を占めている（任遠 2008）。

　従来，中国では，移住または転居することは故郷を離れることで，苦痛や危険を伴う経験とみなされている。中国においては，改革開放政策により，1980年代以降，経済が目覚ましく発展するとともに，都市には大量の労働力が必要となり，また「戸籍制度」[1]の緩和により，大規模な人口流動が生じた。わずか30年前からの状況で，都市への人口集中は，流動人口にとってさまざまな問題を発生させることとなった。

　2002年以降，中国の各都市においては，移住人口の生活状況，精神的健康などの実証研究が盛んになった。趙延東は，農村と都市における住民の社会関係と精神的健康を比較し，住民の社会関係の規模が都市での生活に積極的な影響があることを明らかにした（趙延東 2008）。また何雪松らの研究によると，移住人口のうち25％の男性と6％の女性の精神状態がよくないという（何雪松 2010）。多くの研究は，働き盛りの青年や壮年の流動人口に焦点をおいているが，中国において高齢化社会が到来するにつれて，大都市に移住する高齢者がますます増えつづけるにもかかわらず，都市に転居する高齢者に関する研究は非常に少ない。本章は，上海を事例として，中国大都市における高齢者の転居後の生活状況を明らかにすることを主たる目的としている。

2．高齢者の社会移動

　移住は，生活に慣れていた故郷から離れ，生活環境が変わることにより，ストレスを強く感じる過程である。特に，高齢者は社会的適応力が下がっており，新しい生活環境に慣れるにあたり多くの問題を抱えるとみられる。海外では，高齢者は老後，快適かつ安心して暮らせる生活を追求するために，環境の優れたところに移住する人が多いという。また，定年退職後の「Uターン」や「Iターン」も多い。近年，日本においては介護福祉サービスの充実した地方都市へ移り住む高齢者の移住が多くなっており，それも，よりよい生活環境を求めるための移住である。いわゆる，都会から地方都市への転居高齢者が多いといわれるが，このような転居が，高齢者自らが希望して自発的になされたのかどうかは，転居後の生活環境への適応を左右する重要な要因である（安藤 2005）。

　中国の場合は，通常，成人した子供の居住地が高齢者の転居先となっており，子供の都市への移住が，親の転居の要因となっている。しかし，中国の転居は，簡単なことではない。戸籍制度があるために，人が移動しても戸籍は転居先に移されないことが普通である。それゆえに，都市に移住した高齢者の生活満足度は高くないようである。

　また中国において，高齢者が移住する理由は，「子供に面倒をみてもらう」「子供または孫の面倒をみる」「よりよい生活を追求する」「Uターン」の4つのタイプに分けられる（李珊 2010）。いわゆる，「呼び寄せ老人」タイプの高齢者が多い。その原因は，第1に，中国の伝統的な考え方にある。中国では，老後，子供に面倒をみてもらい（中国語で「養児防老」という），子供と一緒に住むことが普通である。第2に，一人っ子政策を実施したために，それ以前は，子供が複数あり，一人が移住しても，身近に住んでいる子供に面倒をみてもらうことができたが，子供が一人となると，子供が移住する場所に転居せざるをえない。第3に，欧米の先進国では，高齢者施設や在宅サービス制度が充実しているが，中国では社会福祉制度が不十分であることがある。高齢者施設を例

にしてみれば，先進国では，100名の高齢者に対して施設のベッド数は5〜7あるのに対して，北京では100名の高齢者に1.6しかない（陳喆他 2014）。また，高齢者に対する在宅サービスは，地方によってそれぞれで，地方都市のすべてにあるわけではない。第4に，子供の生活を支援することがある。中国では，通常，夫婦は共働きであり，保育園等の施設が不十分なので，子供が生まれると，面倒をみてくれる人として親に頼らざるをえない。高齢者は自分の子供，または孫の面倒をみるために都会に転居するのである。この4つの理由で，成人した子供が仕事で都市に移住する場合，多くの高齢者も移住せざるをえなくなる。

　ところで，中国の領土は広いため，全国で言葉や飲食などの生活習慣が大きく異なっており，これらの文化の差異が大きな壁になっている。移住する前の居住地と移住後の居住地で，言語，生活習慣，価値観，文化的伝統等，文化の差異がある。移民に対する海外の実証研究においては，文化の差異によって移住先の生活に慣れないという研究が多く存在する。中国の高齢者の移住においても，同じような苦痛が伴うとみられる。特に，中国南部では，方言が何十種類も存在しており，移住者にとっては，移住先の言葉はまったく新しい言語であり，日常生活に慣れるまで何年もかかるといわれている。

　さらに，移住に影響を与える重要な要因として，経済発展のアンバランスから，地方ごとに個人所得や社会福祉サービスの格差がある。1978年時点では，全国の所得格差はあまりなく，一人当たりの平均年収は343.4元（約0.63万円に相当する．2015年8月の為替レートによる）にすぎなかったが，1990年には1,510.2元（約2.95万円に相当する，為替同上），2000年には6,280.0元（約12.26万円，為替同上）に増加し，さらに2014年末は，28,844元（約54.29万円，為替同上）に増加してきた（国家統計局 2015）。しかし，最近の調査によると，地方ごとに所得格差が激しくなり，2014年度の上海の平均所得は，47,710元（約89.77万円，為替同上）で全国第1位，北京は43,910元（約82.62万円，為替同上）である。それに対して，チベットは22,026元（約41.44万円，為替同上），甘粛

省は20,804元（約39.15万円，為替同上）であり，上海，北京の所得は地方都市の2倍である。所得格差は年金格差にも影響を及ぼす。特に地方都市から都会へ転居した高齢者に，その影響が大きいという。また所得の格差は，高齢者福祉サービスへの影響も大きい。現在，中国の医療保険ならびに年金等の社会福祉制度は，すべて地方単位で実施されているため，所得が低い地方の社会福祉は低レベルにあるのが現実である。また，医療保険も地方ごとに行われているため，保険は地方に在住してのみ受けることができる。たとえば，上海に転居した高齢者は，上海の病院に行った場合，すべての医療費をいったん自分で立て替え，領収書を持って原住地に行って手続きをして払い戻してもらうことになる。孟向京らが，北京へ転居した高齢者に対して実施した調査では，過半数の高齢者が「子供または孫の面倒をみる」ために転居したという。そして，彼らは移住先での生活において社会福祉が最も不便であるという（孟向京 2004）。その他，戸籍制度があるために，転居した高齢者は地元の高齢者にある優遇措置もないという。

　ところで，多くの研究は，社会的支援が移住者のストレスを解消し，生活満足度を高くすると指摘している。社会的支援とは，身体的，心理的，財政的な助けが必要な場合に，利用可能な家族，友人，隣人，地域社会メンバーのネットワークを指す。劉慶らは，深圳市の転居高齢者に対して調査を行い，子供との関係，いわゆる親子関係が移住先の定住意識に最も影響が大きく，次いで，影響があるのが生活満足度と社会参与であり，その他アイデンティティ，帰属意識及びソーシャルワークが定住意識に対して影響が大きいと述べている（劉慶 2013）。現在，中国全国でコミュニティ活動の活性化に政府も力を入れている。転居高齢者にとっても，コミュニティ活動を通じて社会的支援を得ることができる。

　転居高齢者は，中国の社会福祉制度の現状では，介護サービスは不十分で，高齢者施設の供給は不足していることに加えて，高齢者自身の能力が低下しつつあるため，都市生活への社会的適応がきわめて困難な，特殊な存在となって

いる。劉慶は，湖北省武漢市の調査結果から，転居高齢者たちの社会的適応は低いレベルにあり，収入，社会参与，帰属意識及び生活満足度が社会的適応に大きな影響を与えていることを明らかにした（劉慶 2014）。

本章では，上海市に転居した高齢者に対して実施したアンケート調査の結果を用いて，都市に移住した高齢者の生活状況を明らかにするとともに，大都市での生活満足度に影響する要因として，(1) 移住理由，(2) 文化の差異，(3) 移動性の格差（経済的，生活の質的格差），(4) 社会的支援の4つを取り上げて分析を行っていきたい。

3．転居高齢者調査の概要

調査は，2014年の6月から9月まで，上海市において実施した。上海市は，いうまでもなく中国の経済，金融の中心都市であり，2014年時点で，住民の平均収入は47,710元（約89.77万円，為替同上）であり，中国で最も収入の高い都市である。そのため，物価も最も高く，都市化も進んでいる。また，流動人口は，全国で一番多い都市である。調査は，流動人口が最も多く居住する宝山区と浦東新区の2つの社区[2]で実施した。2010年末，宝山区の居住人口は162.4万人，そのうち戸籍人口が88.3万，移住者が74.1万人である[3]。浦東新区の居住人口は550.6万人，そのうち戸籍人口が283.8万人，移住者が266.8万人である[4]。両区とも戸籍人口と外来人口の数はほぼ同じである。上海市内の住宅団地の価格は高く，宝山区と浦東新区には，新しい住宅団地が多く建てられ，市外からの移住者が多く住んでいる。

調査対象者は，社区組織の協力を得て，転居登録者の名簿から無作為抽出し，500名の標本を抽出した。500名の調査対象者に対して，訪問面接法を用いてアンケート調査を実施した。その結果，有効回答数は416名であり，回収率は83.2%であった。

274 第4部 中国都市の現在

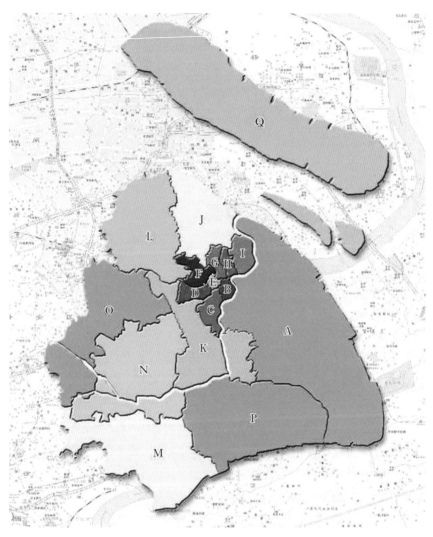

図15.1 上海行政区

今回調査を実施した地区は，Aの浦東新区とJの宝山区の2区である。上海市には，そのほか，B黄浦区，C徐匯区，E静安区，D長寧区，F普陀区，G閘北区，H虹口区，I楊浦区，L嘉定区，K閔行区，M金山区，N松江区，O青浦区，P奉賢区，Q崇明地区がある。

3.1 調査項目

　従属変数としては，生活満足度を用いた。石川久展らが高齢者に対する調査で使用した生活満足度の5項目を参考にして（石川ほか 2009），家族関係，隣人との関係，経済状況，コミュニティ活動への参加及び全体満足度によって評価し，その合計得点を尺度得点とした。

　独立変数は，移住の理由，文化の差異，経済的条件と生活の質，社会的支援の4つを用いた。移住の理由については「子供に面倒をみてもらう」「子供または孫の面倒をみる」「よりよい生活を追求する」「Uターン」と「その他」の5つの項目を用意した。文化の差異については，「上海の方言がわかりますか」「上海の地方劇をみますか」「上海での余暇時間に何をしますか」を用意した。

　経済的条件と生活の質に対しては，経済的条件，居住状況と医療費の3つから，経済的条件にかんしては，「収入」「現在の仕事の有無」「生活費の入手方法」，居住状況は「居住形態（子供と同居）」「住宅購入において子供への援助の有無」「上海への定住意識」，医療費については「医療保険の有無」「上海での保険の使用可能性」「保険利用のしやすさ」の，それぞれ3項目を用いた。社会的支援については，主観的支援と客観的支援の2つにわけ，主観的支援は，「社会の中で尊敬されていると思う」「周りの人に理解されていると思う」と，「話し相手の有無」をたずねた。客観的支援は「隣人または友人数」「コミュニティ活動の参加頻度」と「移住先での団体参加数」のそれぞれ3つを用いた。

3.2 調査結果の概要

◼ 対象者の属性

　調査対象者の属性は，表15.2に示したように，性別に関して，男性は39.9％，女性は58.7％で，女性のほうが多い。年齢は69歳以下が最も多く79.9％，次いで70歳〜79歳が16.8％，80歳以上が1.4％で，前期高齢者のほうが多い。学歴別には「中学校卒」が最も多く30.8％，次いで「高校卒」が28.8％，「短大・大卒以上」が23.6％である。また，婚姻状態は既婚者（配偶者あり）が8割を

表15.2 調査対象者の基本属性

項目		実数（%）	項目		実数（%）
性別	男	166 (39.9)	婚姻状態	既婚	336 (80.8)
	女	244 (58.7)		死別	44 (10.6)
年齢	69歳以下	332 (79.9)	転居期間	離婚	12 (2.9)
	70〜79歳	70 (16.8)		1年未満	40 (9.6)
	80歳以上	6 (1.4)		1〜3年	100 (24.0)
	その他	8 (1.9)		3〜5年	58 (13.9)
学歴	小卒以下	54 (13.0)		5年以上	206 (49.5)
	中卒	128 (30.8)	月収	1,500元以下	206 (49.5)
	高卒	120 (28.8)		1,501〜2,500元	130 (31.3)
	短大・大卒以上	98 (23.6)		2,501〜4,500元	136 (32.7)
	その他	14 (3.4)		4,501元以上	32 (7.6)

超え，配偶者がいる人が多い。転居期間は，「5年以上」が最も多く，およそ半数近くあり，次いで「1〜3年」の24.0%，5年以上の転居期間の高齢者が多い。収入は転居高齢者の月収であり，「1,500元以下」が最も多く，49.5%で約半数，次いで「1,501〜2,500元」が31.3%で，2015年の上海市の最低月収基準は2,020元であることからすると，転居高齢者の収入はやや低い。

したがって，調査対象者は，女性がやや多く，年齢は69歳以下の前期高齢者が9割を占めている。学歴は中卒と高卒の高齢者がやや多く，8割以上の人に配偶者がいる。転居期間は半数の人が5年を超えており，収入はやや低く，1,500元以下の転居高齢者が多い。

◪ 移住前の居住地

表15.3は，転居高齢者の移住前の居住地を示したものである。上海に移住する高齢者は，江蘇省からの人が最も多く18.8%を占めており，次いで，浙江省の13.0%である。以下，江西省，山東省，黒龍江省，遼寧省，安徽省，湖北省の順であり，その他の省は，いずれも4%未満である。

表15.3　移住前の居住地

省（県）	人数	%	省（県）	人数	%
江蘇	78	18.8	広東	8	1.9
浙江	54	13.0	河南	8	1.9
江西	35	8.4	山西	8	1.9
山東	34	8.2	広西	6	1.4
黒龍江	27	6.5	河北	6	1.4
遼寧	24	5.8	福建	4	1.0
安徽	23	5.5	貴州	4	1.0
湖北	20	4.8	内蒙古	4	1.0
甘粛	14	3.4	陝西	4	1.0
四川	14	3.4	雲南	4	1.0
新疆ウイグル	14	3.4	北京	2	0.5
青海	10	2.4	湖南	2	0.5
吉林	9	2.2	合計	416	100

転居の理由

　転居した理由については，「子供または孫の面倒をみる」ためが最も多く，全体の67.3%を占めており，その他「子供に面倒をみてもらう」ためが8.2%，「よりよい生活を追求する」ためが9.1%，「Uターン」が6.7%であり，いずれも1割未満である。上海の転居高齢者も，やはり「子供」のために，上海に移住してきたことが明らかである。

定住意識

　「上海に住み続けたいですか」という質問で定住意識をたずね，「非常に住みたい」「住みたい」「どちらともいえない」「住みたくない」「すぐ地元に帰りたい」の5つの回答を用意した。その結果，「非常に住みたい」と答えた人が最も多く，全体の39.6%を占めており，「住みたい」が28.0%で，全体の約7割の高齢者が上海に住み続けたいと考えていることがわかる。

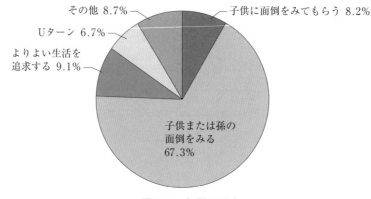

図15.2　転居の理由

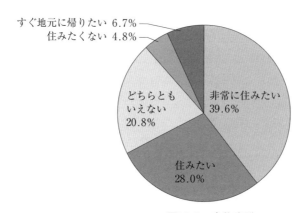

図15.3　定住意識

◪ 生活満足度

「現在上海での生活に満足していますか」という質問に対して,「非常に満足している」「満足している」「やや不満である」「非常に不満である」と「わからない」の5つの回答を用意した。結果は,上海での生活については,「やや不満」と「非常に不満」と答えた人があわせて7割近くいる。転居高齢者は強い定住意識があるにもかかわらず,上海での生活満足度は非常に弱いことがわかった。この興味深い結果を解明するために,生活満足度に影響する要因に

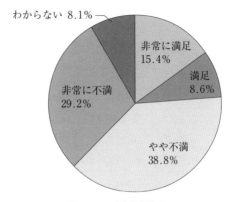

図15.4 生活満足度

ついて探っていきたい。

4．生活満足度の規定要因

4.1 生活満足度と規定要因の相関関係

　転居高齢者の生活満足度に影響すると考えられる要因として，先行研究で指摘されている，移住の理由，文化の差異，経済的条件と生活の質及び社会的支援の4つを設定した。

　表15.4は，移住の理由，文化の差異，経済的条件と生活の質及び社会的支援と生活満足度との相関係数を表したものである。移住の理由と生活満足度との相関係数は−0.128である。移住に対する積極的な理由（上海での生活環境がよいとUターン）が，客観的な理由（子供に面倒をみてもらうと子供あるいは孫の面倒をみる）より，高齢者の生活満足度とかかわっていることがわかる。

　文化の差異と生活満足度との相関係数は0.212で，4つの要素のうち2番目に関連が強い。

　経済的条件と生活の質と生活満足度との相関係数は0.204であり，それは文化の差異と社会的支援ほど影響は強くはないが，顕著な影響があることを示している。

表15.4 相関係数

	生活満足度	移住の理由	文化の差異	経済的条件と生活の質	社会的支援
生活満足度	1	-0.128**	0.212**	0.204**	0.229**
移住の理由	-0.128**	1	0.048	0.101*	0.145**
文化の差異	0.212**	0.048	1	0.032	0.355**
経済的条件と生活の質	0.204**	0.101*	0.032	1	-0.104*
社会的支援	0.229**	0.145**	0.355**	-0.104*	1

* Correlation is significant at the 0.05 level (2-tailed).
** Correlation is significant at the 0.01 level (2-tailed).

社会的支援は転居高齢者の生活満足度との相関係数が最も大きく、0.229で、4つの要素のうち、最も顕著な影響を与えていることがわかる。以下、それぞれの要因に関して、詳細に分析していきたい。

4.2 転居の理由

表15.5は、高齢者転居の理由と生活満足度とのクロス集計の結果を表したものである。「子供に面倒をみてもらう」という理由で転居する高齢者は、「やや不満」と「非常に不満」を合わせて7割近く、「満足」している者が最も少ない。「子供の面倒をみる」理由で転居した高齢者は「やや不満」と「非常に不満」とあわせて6割を超えているが、「非常に満足」が16.3%を占めている。「よりよい生活を追求する」理由の高齢者は「やや不満」が60.5%、「非常に不満」を含めると、7割以上を占めているが、「満足」が15.8%を占めている。「Uターン」という理由の高齢者は、「やや不満」「非常に不満」が多く、あわせて75%を占めている反面、「非常に満足」が25.0%と、4つのタイプのうち最も高い比率を示している。

「よりよい生活を追求」と「Uターン」の2つのタイプは、高齢者の積極的、自主的なポジティブな理由であり、満足度は高い。それに対して、「子供に面

表15.5 転居の理由と生活満足度

実数（%）

		生活満足度					
		非常に満足	満　足	やや不満	非常に不満	わからない	合　計
転居の理由	子供に面倒をみてもらう	2(6.3)	2(6.3)	16(50.0)	6(18.8)	6(18.8)	32(100)
	子供または孫の面倒をみる	45(16.3)	28(10.1)	97(35.1)	79(28.6)	27(9.8)	276(100)
	よりよい生活を追求	4(10.5)	6(15.8)	23(60.5)	4(10.5)	1(2.6)	38(100)
	Uターン	7(25.0)	0(0.0)	13(46.4)	8(28.6)	0(0.0)	28(100)
	その他	7(16.7)	0(0.0)	15(35.7)	14(50.0)	6(14.3)	42(100)

倒をみてもらう」と「子供の面倒をみる」は，消極的，生活状況に追われたネガティブな理由であるが，孫の面倒をみることは中国高齢者の生活の一部分になっており，満足度は高い。しかし，「子供に面倒をみてもらう」理由の高齢者は，満足度が最も低い。慣れた場所から，他の都市に移住して新しい生活環境に適応すること自体が高齢者にとって身体的，心理的なストレスとなるのみならず，上海に移住する理由が，子供または孫の面倒をみることであるため，「面倒」をみる日常生活に精一杯で，上海の生活に馴染んでいこうとする姿勢に欠けているのであろう。転居高齢者たちは，ある意味で，自分の生活と移住先の環境とが隔離されているのが現実である。

また，上海市では，45歳未満の移住者に対しては，戸籍申請制度を設けており，一定の居住年数と条件を満たせば，上海市の戸籍を取得することができ，戸籍があれば上海の高齢者サービスなどを受けることができる。しかし仕事をもたない転居高齢者の場合は，この制度から排除されている。1970年代末から，中国では一人っ子政策が始まり，早期の一人っ子の親はすでに高齢者になっている。上海に移住した一人っ子の親は子供と一緒に生活はできても，戸籍のある地区の高齢者サービス等の社会保障を受けなければならない。後述するよう

に，それが転居高齢者の生活満足度の低さとなっているといえる。

4.3 文化の差異

　移住者は，移住する前に習得した生活慣習，価値観，さらには日常生活に使用する言語などが，移住先のものと不適応な状況になる可能性が大きい。移住先の文化慣習あるいは言語を充分理解できず，生活に慣れにくい。調査の結果をみると，転居高齢者が上海での生活に最も慣れることができないのが，上海の方言（中国の標準語とまったく違う言葉）である。対象者のうち，31.7%の転居高齢者が上海の方言をまったくわからない。35.1%は少しわかる。12.5%は大体わかり，すべてわかる者は16.3%しかいない。表15.6は，上海の方言がわかるかどうかと生活満足度とのクロス集計の結果である。「完全にわからない」高齢者は，生活満足度について「非常に不満」が42.9%，「やや不満」が34.1%，あわせて8割近くが不満である。「少しわかる」高齢者は，「非常に不満」が16.4%，「やや不満」が47.3%，合わせて6割を超えた。それに対して，「全部わかる」高齢者の生活満足度は，「非常に満足」が27.9%と，満足する高齢者が最も多い。方言がわかるかどうかは生活満足度と正の相関となっている。すなわち言葉は，移住先の文化の理解と社会融合への第一歩であり，言葉を理

表15.6　上海の方言の理解度と生活満足度

実数（%）

		生活満足度					
		非常に満足	満足	やや不満	非常に不満	わからない	合計
方言がわかるか否か	完全にわからない	8(6.3)	6(4.8)	43(34.1)	54(42.9)	15(11.9)	126(100)
	少しわかる	29(19.9)	13(8.9)	69(47.3)	24(16.4)	11(7.5)	146(100)
	大体わかる	9(17.3)	8(15.4)	23(44.2)	8(15.4)	4(7.7)	52(100)
	全部わかる	19(27.9)	6(8.8)	25(36.8)	18(26.5)	0(0.0)	68(100)
	その他	0(0.0)	0(0.0)	0(0.0)	6(30.0)	14(70.0)	20(100)

解し，上手に使用できないことは転居高齢者にストレスを与えていることは明らかである。

上海においては，近年，経済が目覚ましく発展しているとともに，地方文化の保護にも力を注いでいる。政府等の公共機関から日常的な市場にいたるまで，上海の方言が使われており，転居高齢者は常に疎外感を感じている。方言以外にも，高齢者にふさわしい文化活動，例えば地方の演劇等の文化活動に，転居高齢者の参加は少ないことが明らかとなった。すなわち転居高齢者は，"上海文化"から排除され，余暇活動の参加も限定されていることも，生活満足度に影響を与えていると思われる。

近隣関係とコミュニティ活動への参加の結果をみると，転居高齢者のつき合い相手は，8割が同じ転居高齢者であり，上海の高齢者とのつき合いは極めて少ない。すなわち，文化の差異が交流を困難にしているとみられる。文化の差異は転居高齢者の生活満足度に影響が大きく，転居高齢者の上海での生活の融合を阻んでいる。

4.4 経済的条件と生活の質

経済的条件と生活の質は生活満足度に影響を与える重要な因子である。経済的条件，居住状況及び医療保障と生活満足度との回帰分析の結果は，表15.7のとおりである。

対象者は仕事をしていない転居高齢者であるため，経済的条件は「生活費の入手方法」と「収入金額」を使用した。生活満足度との回帰分析結果をみると，「生活費の入手方法」は0.163であり，「収入」は0.173である。年金生活をしている高齢者にとっては，収入のほうが生活満足度に対して影響が大きい。72.5％の転居高齢者は年金で生活しており，19.6％が子供からの援助を受け，4.4％がパートまたはアルバイトの収入に頼っている。月収の金額をみると，1,500元（およそ28,600円，2015年8月の為替レートによる）未満のものが過半数を占める。2014年度の上海市の平均収入は7,214元（およそ137,700円，同上）で，

表15.7 経済的条件，居住状況，医療保障と生活満足度との回帰分析

変数		係数	標準誤差
経済的条件	生活費の入手方法	0.163	0.048
	収入	0.173	0.041
居住状況	居住形態	0.133	0.048
	定住意識	0.227	0.052
医療保障	医療保険の有無	0.131	0.051
	保険の利用しやすさ	0.364	0.124

中国国内で最も高く，2015年度の上海市の最低賃金基準は2,020元（およそ38,500円，同上）である。物価指数も全国トップレベルであることを考えると，転居高齢者にとって経済的負担が大きいことが推測される。上海での高い生活費と低い収入とは，転居高齢者の生活満足度に大きく影響を与えている。

居住状況については，「居住形態」は0.133，「定住意識」は0.227である。高齢者の定住意識は，居住形態より生活満足度に与える影響が大きい。84.9％の転居高齢者は子供と一緒に住んでおり，上述したように，7割の人が「子供または孫の面倒をみている」ため，ある程度高齢者の孤独は緩和されていると思われる。しかし，7割は，できれば自分の生活空間が必要であると答えている。上海は，住宅の価格が最も高い都市であり，年金に頼っている転居高齢者たちが，自ら住宅を購入することは困難であり，子供と一緒に居住することが普通である。したがって転居高齢者は，自分らの生活空間をもつことが難しく，プライバシーや生活リズムを保つことができず，生活満足度に影響を与えているといえる。

経済的条件と居住状況以外に，転居高齢者の生活の質に大きく影響するものが医療保険である。「医療保険の有無」の係数は，0.131であるのに対して，「上海での利用しやすさ」は0.364であり，回帰分析中最も高い数値である。対象者の9割近い人は医療保険に入っているが，それは移住する前に住んでいた

地区のものであるため，病院に行くには複雑な手続きが必要である．現在中国では，全国的に医療保険を統一しようとしているが，一部分の地区のみで手続きが可能な段階で，完全に統一されるまでにはまだ時間がかかりそうである．今回の調査で，転居高齢者のうち36.5%のみが上海で手続きをすることができると答えている．それ以外の人は，まず自ら医療費を立て替え，前住地にもどってお金を払い戻してもらわなければならない．過半数は，その手続きが面倒なので，できる限り病院に行かないと答えている．この状況は，転居高齢者にとって，最も不満と思う要因と考えられ，心理的なストレスにもなっている．

4.5 社会的支援

転居高齢者の社会的支援のうち，主観的な支援は，高齢者らが社会の中で尊敬されている，周囲から理解され情緒的な支援がある，話し相手がいるなどの主観的な感じであり，客観的な支援は，友人と隣人の数，コミュニティ活動への参加，団体参加である．調査では，社会的支援については転居高齢者の家族，友人または隣人及び移住後参加した団体をたずねた．

表15.8は，社会的支援の平均スコアと生活満足度との相関係数の結果を示したものである．平均スコアは，主観的支援と客観的支援のカテゴリーに最も低い1から最も高い5までの点数を与え，平均値を計算した．主観的支援のうち，情緒的な支援の平均スコアが2.57と最も高く，社会の中で尊敬されるの平均スコアは低い．「情緒的な支援」については，31.7%が全然理解されていると思わないと答え，35.1%があまり理解されていると思わないと答えている．高齢者は，子供を中心として，情緒的な支援を最も望んでおり，生活満足度に大きな影響を与えている．現実には，転居後の高齢者たちは，子供と同居しており，78.1%のものが，子供が主な交流の相手と答えているが，子供たちも移住者であるため，生活のために一生懸命努力しており，転居高齢者を情緒的に支援する余裕がない．また，彼らは地方都市から移住してきており，上海市のような大都市の人びとから尊敬されていると思えず，社会の中で尊敬されていないと

表15.8　社会的支援の平均スコアと生活満足度との相関係数

項　　目		平均スコア	生活満足度との相関係数
主観的支援	社会の中で尊敬される	1.77	0.530**
	情緒的な支援	2.57	0.374**
	話し相手がいる	2.21	0.270**
客観的支援	隣人または友人数	3.98	0.124*
	コミュニティ活動の参加	2.47	0.364**
	団体参加	1.82	0.274**

＊ Correlation is significant at the 0.05 level (2-tailed).
＊＊ Correlation is significant at the 0.01 level (2-tailed).

いう感じが，生活満足度に影響を与えていると思われる。

　客観的な支援の中では，隣人または友人数の平均スコアが3.98と最も高く，コミュニティ活動への参加はある程度みられるが，団体参加は貧弱である。交際相手も同じ転居高齢者が多く，隣人または友人も，転居高齢者が多いと思われる。さらに，移住先での新たな友人や隣人とつき合う能力は，女性のほうが男性より優れており，男性の転居高齢者の孤立が深刻である。

　また，社会的支援と生活満足度との相関係数をみてみると，主観的支援では，「社会の中で尊敬されている」との関係が最も強く，次いで情緒的な支援と満足度との関係が大きい。客観的支援では，コミュニティ活動との関係が最も強く，次いで，団体参加との関連が強い。生活満足度は満足感という意識であるので，社会的支援のうち主観的支援との関連の方が，客観的支援より相対的に強いことは当然である。

　社会的支援の平均スコア及び生活満足度との相関係数の双方をみると，主観的支援では，「社会の中で尊敬される」ことは，平均スコアは小さいが，満足度に与える影響はきわめて大きい。客観的支援では，「隣人や友人数は」スコアが大きいが，生活満足度に対する影響はそれほど大きくない。「情緒的な支援」と「コミュニティ活動の参加」は，相対的に生活満足度に対する影響が大

きいことがわかった。

　移住前は，定年退職者に対して，所属していた職場「単位」が旅行などの活動を用意していたが，移動後はそのような活動に参加することができなくなり，家族以外からの社会的支援が得られておらず，社会的ネットワークから孤立しているといえる。また，転居高齢者は，定年退職後のものが多いため，上海に移住後，新たな団体に参加しているものは極わずかである。しかし，コミュニティ活動への参加については，上海に移住後，社区で開催しているコミュニティ活動に参加する人が多くみられた。

　中国の地域社会は「単位社会」から「社区社会」へと変化してきており[5]，単位社会から社区社会へ転居してきた高齢者の生活満足度を高めるためには，社区のコミュニティ活動の充実が不可欠である。コミュニティ活動への参加は，新たな隣人や友人と知り合うきっかけとなり，コミュニティ活動を通じてつき合いを始めているものが多く，社会的支援の範囲を拡大していることも明らかである。

　したがって，転居高齢者の生活満足度を高めるためには，社会的支援のネットワークを獲得することが必要で，そのためには，まず，コミュニティ活動への参加がきわめて重要であるといえる。

5．まとめ—転居高齢者の生活課題

　上海に転居してきた高齢者は，男性より女性のほうが多く，年齢は69歳以下の前期高齢者が9割を占めていた。転居高齢者の出身地域は，上海の隣にある江蘇省，浙江省が3割を占めているが，それ以外は，全国各地の省に分散している。転居した理由が，「子または孫の面倒をみる」とするものが最も多かったことから，転居後の高齢者のある種の生活像をうかがい知ることができる。海外の転居高齢者は，よりよい生活（介護）環境を求めて移住することが多いのに対して，上海へ転居する高齢者は，「子供」のために移住してきている。しかし，多くの転居高齢者は定住意識が強いにもかかわらず，上海での生活満

足度はそれほど高くない。

　転居高齢者の生活満足度には，移住の理由，文化の差異，経済的条件と生活の質及び社会的支援の4つが大きく影響していることが明らかとなったが，移住する理由が，子供または孫の面倒をみることであるため，上海の生活に馴染んでいこうとする主観的な自主性が欠けている。転居高齢者たちは，ある意味で自分の生活空間と移住先の生活環境とが隔離されており，そのことが生活満足度を低めていると思われる。多様な出身地からの高齢者同士は，上海のみならずそれ以外の地方の言葉などの文化的な差異もあり，転居後の新たな交流を生み出すことを困難にしている。総じて，転居高齢者の上海での生活融合はうまくいっていないといえる。転居高齢者の収入は相対的に低く，さらに，高齢者にとって最も重要な医療保険が，現時点では，全国的に通用できる状況になく，不便を感じていることも，生活満足度に大きく影響している。

　しかしながらに，生活満足度に最も大きな影響を与えているのは社会的支援の状況である。同居家族以外の親戚，近隣または友人のほとんどは移住前の居住地にあり，転居後の高齢者は大都市において社会的に孤立している。社区におけるコミュニティ活動への参加を促進するなどして，転居後の高齢者の生活満足度を高めていくことが，今後増大する大都市への転居高齢者の生活課題として最も重要であろう。

■注
1）戸籍制度は，中国の行政制度の一つで，1950年代後半から実施された。国民を管理するため，すべての国民が戸籍を登録する制度で，都市戸籍と農村戸籍の2種類がある。医療保険，年金などの社会福祉も戸籍地で行い，移住後の地域に，簡単に戸籍を変えることができない。1980年代の改革開放後，人口流動が激しくなり，戸籍制度は多少緩和されている。
2）社区は，中国都市の行政末端組織であり，通常住宅団地ごとに一つの「社区」を設置し，住民の日常生活を管理している。
3）宝山区人民政府 http://www.shbsq.gov.cn/bsgk/bsrk/ （2015年8月15日取得）

4）浦東新区人民政府 http://www.pudong.gov.cn/website/（2015年8月15日取得）
5）中国における単位社会から社区社会への変化と課題については，王上「中国都市における住宅の多様化と社区づくり」を参照のこと。

引用・参考文献

国家衛生計生委員会『中国流動人口発展報告 2014』2014年11月。
国家統計局『第6回人口調査統計データ』2015。
任遠「誰在城市中逐步沉淀了下来」『吉林大学社会科学学報』2008。
李珊「城市化進程中移居老年人的問題研究」『済南大学学報』2010。
孟向京・姜向群・宋健等「北京市流動老年人口特征及成因分析」『人口研究』2004。
劉慶「移住高齢者の都市定住意識及びその影響要素の分析」『天府新論』2013。
――「都市移住高齢者の社会的適応性の実証分析」『南京工程学院学報』2014。
趙延東「社会網絡与城郷居民心身健康」『社会』第5期 2008。
何雪松・黄福強・曾守錘「城郷遷移与精神的健康」『社会学研究』2010第1期 2010。
安藤孝敏「高齢期の転居とその影響」『Finansurance』通巻45号 2005。
陳喆・胡恵琴『高齢者化社会建築設計企画』機械工業出版社 2014。
石川久展・冷水豊・山口麻衣「高年者のソーシャルネットワークの特徴と生活満足度との関連に関する研究」『人間福祉学研究』第2巻第1号 2009。
王上「中国都市における住宅の多様化と社区づくり」『社会分析』31号 2004。

16章 中国の都市住民における主観的幸福感

張　雲武

1．はじめに

1.1　主観的幸福感の課題

　主観的幸福感とは，個人の生活の質，豊かさ，充実・満足に関する主観的評価のことである。今日，中国人の主観的幸福感（以下，幸福感と称する）は，多くの人々が興味をもつ話題となっている。孫立平は，民生，公平・正義，インフレなどの原因で，現代の中国人は不幸であるといっている（趙楊 2011）。また郎咸平は，現時点で，自分の生活が幸福だと思っている中国人は4％以下であると指摘している（郎咸平 2011）。さらに，中国社会科学院と首都経貿大学の調査結果によると，全国における省庁所在地である30の都市（チベット自治区のラサ市を除く）のうち，住民が幸福であると思っている都市は一つもないという（笑笑生 2011）。

　しかし一方，多くの実証的研究は，この見方を支持していない。例えば，羅楚亮は，2002年全国城鎮[1])住民住戸調査のデータを分析して，城鎮住民の幸福感は，「非常に幸福である」「幸福である」「どちらともいえない」「不幸である」「非常に不幸である」という5段階のうち，その平均値は3.484で，やや幸福の段階であると述べ（羅楚亮 2009），頼暁飛は，2006年中国総合社会調査のデータを分析して，城鎮住民の幸福感の平均値は3.47で同じく幸福感はやや幸福の範囲にあると述べている（頼暁飛 2012）。さらに，中国中央電視台（中央テレビ局）の行ったCCTV経済生活大調査（2011-2012）の調査結果によると，2012年において，「非常に幸福である」と思っている住民の比率は13.3％，「や

や幸福である」は31.3％,「どちらともいえない」は42.9％,「やや不幸である」は7.4％,「非常に不幸である」は5.1％だという（蘇向東 2013）。羅楚亮,頼暁飛および中国中央電視台の調査結果によれば，中国における城鎮住民の幸福感は，中レベル以上にあるといえよう。

以上のような幸福か否かの論点は，1978年以降，中国経済の急速な発展過程でのさまざまな社会的変動がかかわっているように思われる。

1.2 中国経済の急速な発展と社会問題

中国では，1978年から2012年までの国内総生産（GDP）は9.8％で成長し，そのうち2001年から2012年までの11年間では，10.2％で成長してきている（国家統計局 2013）。経済の急速な成長は，住民の個人所得を大幅に増加させた。1978年には，一人当たりの年収はわずか343.4元（約0.67万円に当たる[2]）にすぎなかったが，1990年には1,510.2元（約2.95万円に当たる），2000年には6,280.0元（約12.26万円に当たる）に増加し，さらに2012年には，24,564.7元（約47.98万円に当たる）に増加してきた（国家統計局 2013）。また，経済の急速な成長は，いうまでもなく住民の衣食住などの物質的生活水準を高めた。1978年の都市住民のエンゲル係数は，57.5％であったが，1990年には54.2％に下降し，2000年には39.4％に，さらに2012年には36.2％にまで下がった（国家統計局 2013）。国内総生産の成長，住民の個人所得の増加および物質的生活水準の改善は，いうまでもなく幸福感向上の基礎的要因となっているといえる。

しかし一方，経済成長とともに，個人の属性，社会関係が変化し，多くの社会的問題が生じた。例えば年齢構成は，1982年から2013年までの間に，全国総人口のうち，0～14歳の人口の比率が減少してきている。1982年には，33.6％であったものが，2000年には22.9％に減少し，さらに2013年に16.4％にまで減少し，31年間で17.2ポイント減少した（国家統計局 2013）。これに対して，15～64歳と65歳以上の年齢層の人口は，年ごとに増加の傾向を示し，15～64歳年齢層の人口の比率は1982年では61.5％であったものが，2000年には70.1％に増

加し，2013年には，73.9%となった。(国家統計局 2013)。さらに，65歳以上の年齢層の人口の比率は，1982年では4.9%にすぎなかったが，2000年には7.0%，2013年には，9.7%にまで上昇した（国家統計局 2013）。

　すなわち，中国では，経済成長とともに人口の少子化と高齢化がともに進んできた。また職業階層の変化に関しては，1978年までは，企業労働者，農業労働者，また知識人という3つの階層にしか分類されていなかったが，現段階では，「無職・失業・半失業者」「農業労働者」「産業労働者」「商業・サービス業の従業員」「個人経営商工業者」「事務要員」「専門技術者」「私営企業のオーナー」「経理要員」「国家・社会の管理者」という10の階層に分類されるほど，職業の分化が進んできた（陸学芸編 2004）。

　住民の社会関係にも大きな変化がみられ，住民間の社会的つき合いは，皮相的，功利的，選択的になり，パーソナルネットワークは，コミュニティの範囲を超えた広いものとなってきて，即時的，匿名的，環節的な性格のものへと変質してしまった。さらに，社会や地域の問題への関心が薄れ，社会団体への参加は積極的なものではなく，自分の私的領域にのみ自己を埋没させてしまう傾向が強くなってきた。パーソナルネットワークと社会団体への参加は，精神的な充実感や安心感など心の豊かさにとって大きな影響をもつことは，容易に想像できる。また，パーソナルネットワークを多く保有すれば，生活問題が生じた際に，社会的支援を多く得ることができることから，幸福感が高くなることが想定できる。実際，多くの先行研究はそれらを検証してきている（小田 2003；大坊 2006；石川他 2009）。

　経済成長とともに，環境汚染，官僚の汚職，貧富の格差の拡大，集団的衝突の多発，社会の信頼度の低下，社会規範の遵守意識の弱化，食品安全問題などの深刻な社会問題が生じたことも指摘できる。

1.3 社会問題の諸相

環境汚染問題

中国では，経済発展とともに，深刻な環境問題に見舞われた。工場からの汚染された工業排水や化学肥料，農薬によって，河川，湖及び近海に深刻な環境汚染が起きており，また，重金属によって土壌汚染が起き，汚染地域においては癌や奇病の多発，奇形生物の発生もあった。特に近年，中国各地においてPM2.5および黄砂による深刻な大気汚染が断続的に発生し，そのため，喘息や気管支炎および心臓病，肺癌などの発症が多くなった。

官僚の汚職の広がり

中国では，近年，官僚の汚職が大きな社会問題となっている。ここ10年，毎年約4万人以上が立件され，2014年に開催された全国人民代表大会（国会）での検察トップの報告によると，2013年に横領や贈収賄で立件された公務員は，前年比の8.4%増の5万1,306人に上った。そのうち閣僚級が8人，局長級が253人もいた（蔚力 2014）。官僚汚職の広がりが，住民の政府に対する不満や敵視をもたらした。

貧富格差の拡大

北京大学中国社会科学調査センターは「中国民生発展報告2014」を発表し，所得分配の不平等を測る指数としてのジニ係数が，0.73に達したと報告している（北京大学中国社会科学調査センター 2014）。この数字をみても中国は深刻な超格差社会[3]を形成していることがわかる。貧富の格差の拡大によって，富裕層と貧困層との紛争，貧困層の政府に対する不満，および犯罪など社会的問題も生じてきた。

集団的衝突の多発

2012年に中国社会科学院の発表した『2013年中国社会情勢分析と予測』によると，現段階の中国では，集団間の社会的対立が多く，ここ数年来，さまざまな社会的矛盾（土地，家屋の強制収用，環境汚染，労使争議など）による集団的衝突は数万件となり，甚だしい場合には数十万件に達しているという（陸学芸

等 2012)。

■ 社会的信頼度の低下

　中国社会科学院が2013年1月に発表した『中国社会心理研究報告（社会心理青書2012-2013）』によると，近年，公的な事件や事故が多発し，都市住民の政府機関や公安・司法機関に対する信頼度は低く，広告，不動産，食品・薬品の製造，観光・飲食などの業界への信頼度はきわめて低く，中国社会の全体的な信頼度は60点未満[4]に下がっており，社会不信感が拡大し，固定化する傾向を露呈している（饒印莎・周江等 2013）。社会的信頼度の低下は，人々のつき合いや協力を阻害し，ある場合には，人々の紛争のもとになるといえる。

■ 社会規範の遵守意識の弱化

　今日，ところ構わず痰を吐くこと，公共の場所で喫煙すること，違法駐車，ごみの不法投棄，むやみに道路を横断したり，赤信号を無視すること，好き勝手に建物を建てること，車のクラクションをやたらに鳴らすことなどの，規範違反の行為が，社会的秩序を破壊し，住民間の紛争も起こしてきている。

■ 食品安全の問題

　食品添加物・内容物の偽装，偽ミルク，偽薬，偽フカヒレ，偽羊肉など食品偽装問題がたびたび発生し，住民の「食品の安全」に対する信頼度が下がっている。中国の食品安全に対する住民意識調査の一例をみると，都市住民（北京市，上海市，広州市，重慶市，武漢市）の半分以上（62.1％）が中国の食品安全状況に不満をもっている。特に心配な問題として，ブランド品を偽装したコピー品の横行をあげるものが最も多い（呉翔・胡楚青 2007）。食の安全に関しては特に都市部において悲観的である。

　上述した環境汚染，官僚腐敗，貧富の格差の拡大，集団的衝突の多発，社会的信頼度の低下，社会規範の遵守意識の弱化，食品安全問題などの社会的問題は，いずれも住民の生活と密接に関連しており，それらの社会的問題に関する社会意識の強さが，住民の幸福感に影響を及ぼすことが想定できよう。

　本章では，都市住民の属性ごとの幸福感の概要を明らかにし，幸福感と社会

関係および社会意識との関連について分析していきたい。

2. 浙江省杭州市調査

2.1 調査の概要

2013年8月に，中国における浙江省杭州市に居住する18歳から70歳までの住民を対象に，幸福感について質問紙調査を行った。浙江省は中国東部沿海地域に位置し，中国最大都市—上海市に隣接している。調査地域の杭州市は，浙江省の省庁所在地で，浙江省の政治・経済・文化の中心地である。2012年の常住人口は880.2万人で，一人当たりの年収は37,511元（約73.26万円に当たる）であった（杭州市統計局 2013）。2012年の全国における都市住民の一人当たりの平均年収は24,565元であった（国家統計局 2013）。また，杭州市では，総生産における第1次産業，第2次産業，第3次産業の比率はそれぞれ3.3%，46.5%，50.2%であった（杭州市統計局 2012）。すなわち，一人当たりの年収と産業構造によると，調査地域である杭州市は，年収は中国全体の平均より高く，工業化が進んでいる都市である。

調査対象者は，層化多段抽出法によって800人抽出した。調査は，各調査地の住民組織の委員に依頼し，留置き法によって実施した。その結果，747人の有効回答を得た。有効回収率は約93.3%である。

2.2 調査項目

調査内容は，幸福感と個人属性，社会関係と，社会問題に対する意識である。
幸福感の測度は，「全体としてみて，あなたは幸せですか」という質問に対して，「非常に不幸」を1，「非常に幸せ」を10として，離散変数を得るのが一般的であるが，本章では，中国の実情を考慮に入れて，「全体として，あなたは普段どの程度幸せだと感じていますか」という質問で測定した。回答選択肢は「とても幸せである」「やや幸せである」「どちらともいえない」「やや不幸である」「とても不幸である」の5つの段階を用意し，この順に5から1の得

点を与え，加算尺度を構成した。

　個人属性については，性別，年齢，学歴，収入，婚姻状況，職業階層，戸籍所属の7つをたずねた。それぞれの定義は以下のとおりである。

　すなわち，性別は男性と女性の2カテゴリーで，年齢は18～30歳，31～40歳，41～50歳，51～60歳，61～70歳の5カテゴリーで，学歴は「小学校卒およびそれ以下」「中学校卒」「高校卒」「短大・大卒」「大学院卒」の5カテゴリーである。また，収入は住民の月収であり，「無収入」「1～2,000元」「2,001～3,000元」「3,001～4,000元」「4,001～5,000元」「5,001～6,000元」「6,001～7,000元」「7,000元以上」の8カテゴリーで，婚姻状況は未婚者，既婚者（配偶者あり），離婚者（死別）の3カテゴリーで，職業階層は「無職・失業・半失業者」「農業労働者」「産業労働者」「商業・サービス業の従業員」「個人経営商工業者」「事務要員」「専門技術者」「私営企業のオーナー」「経理要員」「国家・社会の管理者」の10カテゴリーで，戸籍所属は都市戸籍所有者，農村戸籍所有者，外来者の3カテゴリーである。

　社会関係のうち，パーソナルネットワークは，「あなたが日ごろから何かと頼りにし，親しくしている家族員以外の人は何人くらいでしょうか」という質問で，団体参加は，「例えば，老人クラブ，同窓会，趣味サークルなど，今あなたが参加している団体はいくつでしょうか」という質問で，それぞれ数をそのままたずねた。

　社会意識に関する7つの項目の質問文と回答選択肢は，以下のとおりである。

(1) 環境汚染：大気，河川などの面で総じていえば，今の環境汚染の程度はどう思いますか。非常に深刻である，やや深刻である，どちらともいえない，あまり深刻でない，まったく深刻でない。

(2) 官僚腐敗：総じていえば，今の社会においては，官僚の汚職はどの程度だと思いますか。非常に深刻である，やや深刻である，どちらともいえない，あまり深刻でない，まったく深刻でない。

(3) 貧富の格差の拡大：あなたの住んでおられる地域では，総じていえば，

貧富の差はどのくらいでしょうか。非常に大きい，やや大きい，どちらともいえない，やや小さい，非常に小さい。
(4) 集団的衝突：あなたが住んでおられる地域では，住民間の紛争，住民と企業との紛争などが多いほうだと思いますか。非常に多い，やや多い，どちらともいえない，やや少ない，非常に少ない。
(5) 社会的信頼度：今の社会では，総じていえば，人と人との間の社会的信頼が弱いという意見にどの程度賛成しますか。非常に賛成である，まあ賛成である，どちらともいえない，あまり賛成しない，全く賛成しない。
(6) 社会規範の遵守意識：あなたが住んでおられる地域では，駐車，ごみ捨て，信号で道を渡るときなど，住民たちはルールを守る意識が強いほうだと思いますか。非常に強い，やや強い，どちらともいえない，やや弱い，非常に弱い。
(7) 食品安全問題：あなたは，今の食品安全問題についてどの程度心配していますか。非常に心配である，やや心配である，どちらともいえない，やや安心である，非常に安心である。

3．都市住民の幸福感

3.1 幸福感の概要

表16.1は，住民全体にみた幸福感の状況を示したものである。全体にみた幸福感の状況に関して，「とても幸せである」26.9％，「やや幸せである」13.5％，「どちらともいえない」30.8％，「やや不幸である」17.4％，「とても不幸である」11.4％に関する回答の比率分布は，それぞれで幸せな人の比率が不幸な人より多い。また，平均値は3.27で，「とても幸せである」，「やや幸せである」，「どちらともいえない」，「やや不幸である」，「とても不幸である」の5つの段階，全体にみた幸福感は中クラスの程度である。

表16.1 幸福感の全体状況

	標本数（N＝747）	比率（％）
とても幸せである	201	26.9
やや幸せである	101	13.5
どちらともいえない	230	30.8
やや不幸である	130	17.4
とても不幸である	85	11.4
平均値	3.27	

3.2 個人属性と幸福感

個人属性別にみる住民の幸福感を，表16.2に示した。

◾ 性別と幸福感

男性よりも女性のほうに幸福感が高いことは，多くの先行研究によって明らかにされている（大竹 2004；山田 2007）が，幸福感の平均値は，女性が3.31，男性が3.23であり，やはり女性のほうの平均値が高い。分散分析におけるF検定の数値は0.742で，統計的に有意な差はみられない。

◾ 年齢と幸福感

加齢に伴って，幸福感の変化はU字状の傾向を示し，幸福感は若いうちは高く，中年期に一度低下した後，高齢期に再び上昇するという（辻 2011）。しかし表16.2に示したように，41～50歳の幸福感の平均値は3.36で，最も大きく，次いで，31～40歳と18～30歳の幸福感の平均値はともに3.29で，51～60歳と61～70歳の幸福感の平均値はそれぞれ3.26と3.18で，相対的に小さい。分散分析におけるF検定の数値は0.383で，統計的に有意な差はみられない。

◾ 学歴と幸福感

学歴は高いほど幸福感を高めるという（大竹 2004；佐野・大竹 2007）が，本調査の結果は小学校卒およびそれ以下の学歴の幸福感の平均値が最も大きく（4.14），次いで短大・大卒（3.33），高校卒（3.25），中学校卒（3.22）の順とな

表16.2 個人属性と幸福感

(平均値)

個 人 属 性		幸福感	F
性　別	男性 女性	3.23 3.31	0.742
年　齢	61〜70歳 51〜60歳 41〜50歳 31〜40歳 18〜30歳	3.18 3.26 3.36 3.29 3.29	0.383
学　歴	小学校卒およびそれ以下 中学校卒 高校卒 短大・大卒 大学院卒	4.14 3.22 3.25 3.33 2.99	5.722***
収　入	7,000元以上 6,001〜7,000元 5,001〜6,000元 4,001〜5,000元 3,001〜4,000元 2,001〜3,000元 1〜2,000元 無収入	4.45 3.70 3.21 3.02 3.15 2.48 2.27 3.18	55.302***
婚姻状況	未婚者 既婚者（配偶者あり） 離婚者（死別）	3.34 3.24 3.53	0.901
職業階層	無職・失業・半失業者 農業労働者 産業労働者 商業・サービス業の従業員 個人経営商工業者 事務要員 専門技術者 私営企業のオーナー 経理要員 国家・社会の管理者	2.68 3.58 2.72 2.92 2.96 3.23 3.49 4.50 4.56 4.25	27.511***
戸籍所属	都市戸籍の所有者 農村戸籍の所有者 外来者	3.57 3.26 3.00	5.939**

※ Fは、分散分析におけるF検定の数値である。**$p<0.01$、***$p<0.001$

り，大学院卒の幸福感の平均値はそれらよりも低い。分散分析における F 検定の数値は5.722で，統計的に有意であった（$p<0.001$）。すなわち，学歴の最も低い小学校卒およびそれ以下の学歴の幸福感が最も高く，学歴の最も高い大学院卒の幸福感は最も低かった。

収入と幸福感

収入の増加は幸福度に正の影響を与えるが，一定以上の所得を超えると，幸福感は上昇しなくなる（大竹・白石・筒井 2010）というが，結果はそれに反し，収入と幸福感とは，ほぼ正の関連を示している。収入別の住民の幸福感の平均値には統計的に有意な差がみられ（$p<0.001$），無収入が3.18，1〜2,000元の収入が2.27，2,001〜3,000元の収入が2.48，3,001〜4,000元の収入が3.15，4,001〜5,000元の収入が3.02，5,001〜6,000元の収入が3.21，6,001〜7,000元の収入が3.70，7,000元以上の収入が4.45で，収入が高い住民のほうの幸福感が高い。

婚姻状況と幸福感

未婚者，離婚者よりも既婚者の方に幸福度が高いということは一般的に知られているが（山田 2007），近年，未婚者，離婚者と既婚者の幸福度の格差に縮小の傾向がみられるという研究もある（白石・白石 2006）。本調査では，婚姻状況と幸福感とは有意な差を示していなかった。幸福感の平均値は，未婚者が3.34，既婚者（配偶者あり）が3.24，離婚者（死別）が3.53で，離婚者（死別），未婚者，既婚者（配偶者あり）の順で小さくなっているが，F 検定の数値は0.901で，統計的に有意な差はみられない。

職業階層と幸福感

曹大寧は，無職者，肉体労働者，一般の事務要員，専門技術者，国有企業の経理要員と国家・社会の管理者などの，職業的地位と幸福度との関係について，職業的地位が高いほど幸福度が高いことを明らかにした（曹大寧 2009）が，本調査結果もほぼ同様で，最も幸福感の高かった職種は経理要員（4.56）であり，次いで，私営企業のオーナーが4.50，国家・社会の管理者が4.25と比較的高い。

他方，無職・失業・半失業者は2.68と最も低く，産業労働者（2.72）や商業・サービス業の従業員（2.92），個人経営商工業者（2.96）も低いほうであった。また，農業労働者，事務要員，専門技術者の平均値は，それぞれ3.58，3.23と3.49であった。F検定の数値は27.511で統計的に有意で（$p<0.001$），総じていえば，職業的地位の高い人の幸福感が高い傾向がみられた。

◤ 戸籍所属と幸福感

中国では，2013年時に農村から都市への移動者は2.45億人であった（国家統計局 2014）。王俊秀の調査においては都市における都市戸籍者，農村戸籍者，外来者のうち，都市戸籍，農村戸籍，外来者の順で幸福感が低くなった（王俊秀 2010）。本調査においてもそれと同様に，都市戸籍者の平均値は，3.57，農村戸籍が3.26，外来者が3.00であり，F検定の数値は5.939で，統計的に有意であった（$p<0.01$）。

4．社会関係と幸福感

社会関係別の住民の幸福感の平均値は，表16.3に示したとおり，パーソナルネットワークの量別の幸福感に関して，平均値の最も高いのは31～40人のパーソナルネットワークをもっている住民で，4.61であった。ついで，41～50人，50人以上の住民で，平均値は，それぞれ4.41と4.29であった。ついで，21～30人と11～20人の平均値はそれぞれ3.88と3.63であった。平均値の最も低いのは10人以下のパーソナルネットワークしかもっていない住民で，平均値は3.02である。すなわち，パーソナルネットワークの量が大きい住民のほうが，幸福感が高い。F検定の数値は37.094で，統計的に有意な差があった（$p<0.001$）。

団体参加が積極的で，ソーシャルネットワークが豊かであるほど幸福度が高いという研究は多くみられるが（小田 2003；岡本ほか 2004；石川ほか 2009），表16.3に示したように，団体加入量3～5の幸福感が最も高く，平均値は3.96であった。次いで，5以上の団体加入の幸福感は3.79であった。団体加入量のなしおよび1～2の幸福感はやや低く，平均値はそれぞれ3.22と3.17であった。

表16.3 社会関係と幸福感

(平均値)

社会関係		幸福感	F
パーソナルネットワークの量	50人以上	4.29	37.094***
	41～50人	4.41	
	31～40人	4.61	
	21～30人	3.88	
	11～20人	3.63	
	10人およびそれ以下	3.02	
団体加入量	5以上	3.79	25.141***
	3～5	3.96	
	1～2	3.17	
	無参加	3.22	

※Fは，分散分析におけるF検定の数値である。***$p<0.001$

F検定の数値は25.141で，統計的に有意な差がみられた（$p<0.001$）。

5．社会意識と幸福感

環境汚染，官僚汚職，貧富の格差，集団的衝突，社会的信頼度，社会規範の遵守意識，食品安全という7つの社会問題に対する住民の社会意識と幸福感との関連を表16.4に示した。

環境汚染の問題に関して，「非常に深刻である」と回答した住民の幸福感の平均値は2.40で，「やや深刻である」と回答した住民の幸福感の平均値は2.85で，また「どちらともいえない」，「あまり深刻でない」，「まったく深刻でない」と回答した住民の幸福感の平均値はそれぞれ3.10, 3.38, 3.82である（F＝16.467で, $p<0.001$）。官僚汚職の問題に関して，「非常に深刻である」と回答した住民の幸福感の平均値は2.49で，「やや深刻である」と回答した住民の幸福感の平均値は2.76で，また「どちらともいえない」，「あまり深刻でない」，「まったく深刻でない」と回答した住民の幸福感の平均値はそれぞれ2.90, 3.61, 4.16である（F＝33.125で, $p<0.001$）。また幸福感の最も高い住民は貧富の格

表16.4 社会問題に関する社会意識と幸福感

(平均値)

社会問題		幸福感	F
環境汚染の深刻さ	まったく深刻でない	3.82	16.467***
	あまり深刻でない	3.38	
	どちらともいえない	3.10	
	やや深刻である	2.85	
	非常に深刻である	2.40	
官僚汚職の深刻さ	まったく深刻でない	4.16	33.125***
	あまり深刻でない	3.61	
	どちらともいえない	2.90	
	やや深刻である	2.76	
	非常に深刻である	2.49	
貧富の格差の大きさ	非常に小さい	4.24	53.518***
	やや小さい	3.43	
	どちらともいえない	3.34	
	やや大きい	2.71	
	非常に大きい	2.45	
集団的衝突の多さ	非常に少ない	3.69	33.499***
	やや少ない	3.38	
	どちらともいえない	3.31	
	やや多い	3.12	
	非常に多い	1.80	
社会的信頼度の高さ	非常に低い	2.70	22.739***
	やや低い	3.31	
	どちらともいえない	3.57	
	やや高い	3.73	
	非常に高い	3.76	
社会的規範の遵守意識	非常に弱い	2.76	10.942***
	やや弱い	3.18	
	どちらともいえない	3.36	
	やや強い	3.58	
	非常に強い	3.75	
食品安全問題の心配さ	非常に安心である	4.11	8.762***
	やや安心である	3.63	
	どちらともいえない	3.31	
	やや心配である	3.19	
	非常に心配である	2.56	

※ Fは，分散分析におけるF検定の数値である。***$p<0.001$

差が非常に小さいと思っており，平均値は4.24である。次いで，貧富の格差がやや小さいと思っている住民の平均値は3.43である。貧富の格差に対して「どちらともいえない」「やや大きい」「非常に大きい」と回答している住民の幸福感の平均値はそれぞれ3.34，2.71，2.45で，F検定の数値は55.518で，統計的に有意な差があった（$p<0.001$）。

また，集団的衝突に関しては，「非常に多い」「やや多い」「どちらともいえない」「やや少ない」「非常に少ない」と回答した住民の幸福感の平均値は，それぞれ1.80，3.12，3.31，3.38，3.69であった（F＝33.499で，$p<0.001$）。

社会的信頼度の高さに関して，「非常に高い」「やや高い」「どちらともいえない」「やや低い」「非常に低い」と回答した住民の幸福感の平均値はそれぞれ3.76，3.73，3.57，3.31，2.70であった（F＝22.739で，$p<0.001$）。社会的規範の遵守意識に対して，「非常に強い」「やや強い」「どちらともいえない」「やや弱い」「非常に弱い」と回答した住民の幸福感の平均値はそれぞれ3.75，3.58，3.36，3.18，2.76であった（F＝10.942で，$p<0.001$）。

食品安全問題と幸福感との関係は，幸福感の最も高い住民は食品安全問題に非常に安心であるという住民で，平均値は4.11であった。やや安心である住民の平均値は3.63であった。食品安全問題について「どちらともいえない」「やや心配である」「非常に心配である」と回答した住民の幸福感の平均値はそれぞれ3.31，3.19，2.56であった（F＝8.762で，$p<0.001$）。

すなわち，社会的問題に対する住民の社会意識は，いずれも幸福感に有意な影響を示し，環境汚染と官僚汚職の問題が深刻であるととらえるほど，貧富の格差が大きいほど，集団的衝突が多いほど，社会的信頼度が低いほど，社会規範の遵守意識が弱いほど，食品安全問題を心配するほど，住民の幸福感が低くなっていることがわかった。

6．中国における都市住民の幸福感の現実と課題

以上みてきたように，中国における都市住民の全体的な幸福感は幸福感の平

均値が3.27で，やや幸せの程度であるが，個人属性別には性，年齢，学歴，婚姻状況と幸福感とは有意な関連がみられないが，職業階層，収入，戸籍所属とは有意な関連がみられた。すなわち，職業階層の高い住民，収入の高い住民の幸福感が高く，都市戸籍所有者の幸福感は農村戸籍所有者と外来者より高かった。

パーソナルネットワークと団体加入に関しては，それぞれ保有量の多いもののほうが幸福感が高く，幸福感は，豊富な社会関係から生じるといえる。

さらに，環境汚染，官僚汚職，食品安全の問題が深刻であると思うもの，貧富の格差が大きく，集団的衝突が多く，社会的信頼度が低い，社会規範の遵守意識が弱いと思うものの幸福感が低くなっていた。すなわち，中国における都市住民の幸福感を高めるうえで，環境の改善，官僚汚職の抑制や根絶，食品安全の強化，貧富の格差の縮小，集団的衝突の減少，社会的信頼度の向上，社会規範の遵守意識の向上が，社会関係の豊かさとともに重要な課題であるといえよう。

注

1）中国の地方行政システムは，省，市，県，鎮に序列化されている。省は行政的に日本の都道府県に相当し，省の管轄地域内に市，県，鎮があり，それぞれ日本の市，町，村に相当する。鎮は，すなわち県がその管轄下に置く農村部の末端行政区画単位である。

2）中国の通貨単位は元である。本章で示した日本円は，すべて中国人民銀行が2013年12月23日に公布した為替レート（100円＝5.12元）で換算したものである。

3）社会における所得分配の不平等さを測る指標は，一般的にジニ係数（Gini coefficient, Gini's coefficient）を使っている。ジニ係数は0から1の範囲の値を取り，0に近いほど平等で1に近いほど不平等，所得格差が顕著であることを示す。一般に，不平等感に関する警戒ラインは，0.4であるとされる。中国では，「ジニ係数」は2014年で0.73となり，社会不安につながる危険ラインとされる0.6を超えている。

4）社会的信頼度は「非常に信頼できる，まあ信頼できる，どちらともいえない，

あまり信頼しない，全く信頼しない」という5段階で測定し，またこの順に100, 75, 50, 25, 0の得点を与えた。

引用・参考文献

蔚力「2014年最高人民検察院工作報告」『人民日報』2014年3月8日。
王俊秀「2010年中国城市居民幸福感調査」2010
　　　http://wenku.baidu.com （2011年2月20日取得）
呉翔・胡楚青「中国百姓看食品安全」『生命時報』2007年1月2日。
杭州市統計局『杭州市国民経済与社会発展統計公報』2012・2013
　　　http://www.hzstats.gov.cn （2013年3月18日取得）
国家統計局『中国統計年鑑』中国統計出版社 2013・2014・2015。
笑笑生『社科院生活質量調査：30个省会城市居民不幸福』2011
　　　http://news.dayoo.com （2011年6月14日取得）
蘇向東『央視調査結果：中国百姓幸福感上升 女性比男性更幸福』2013
　　　http://news.china.com.cn （2013年3月8日取得）
曹大寧「階層分化，社会地位与主観幸福度的実証考慮」『統計与決策』第10期 2009。
北京大学中国社会科学調査センター「中国民生発展報告2014」『光明日報』2014年8月5日。
羅楚亮「絶対収入，相対収入与主観幸福感—来自中国城郷住戸調査数拠的経験分析」『財経研究』第11期 2009。
頼曉飛「影響城郷居民主観幸福感的路径分析—対農村人口流動的分化解釈」『貴州大学学報』（社会科学版）第5期 2012。
陸学芸編『当代中国社会流動』社会科学文献出版社 2004年。
陸学芸等『2013年中国社会情勢分析与予測』社会科学文献出版社 2012。
郎咸平「序言—我们的幸福与無奈」『郎咸平説—我们的生活為什么这么無奈』東方出版社 2011。
趙楊「対話社会学専家孫立平—"中国需要一場社会進歩運動"」『南方日報』2011年4月18日。
饒印莎・周江等「都市住民社会信任状況調査報告」王俊秀・楊宜音編『中国社会心態研究報告（2012-2013）』社会科学文献出版社 2013。
岡本秀明・岡田進一・白澤政和「在宅高齢者の社会参加活動意向の充足状況と生活満足度の関連」『生活科学研究誌』Vol.3 2004。
佐野晋平・大竹文雄「労働と幸福度特集・仕事の中の幸福」『日本労働研究雑誌』

No.558 2007。
山田憂子「『勝ち組・負け組』論の真実—JGSS-2002データにおける幸福感規定要因分析からの考察」『日本版 General Social Surveys 研究論文集』(6) 2007。
小田利勝「都市高齢者の近隣交際量の分析」『人間科学研究』10巻2号 2003。
森川正之「雇用保障とワーク・ライフ・バランス—補償賃金格差の視点から」『経済産業研究所 Discussion Paper Series』10-J-042 2010。
石川久展・冷水豊・山口麻衣「高年者のソーシャルネットワークの特徴と生活満足度との関連に関する研究」『人間福祉学研究』第2巻第1号 2009。
大竹文雄「失業と幸福度」『日本労働研究雑誌』No. 528 2004。
大竹文雄・白石小百合・筒井義郎編著『日本の幸福度』日本評論社 2010。
大坊郁夫「幸福感および生きがいと人間関係」島井哲志編『ポジティブ心理学—21世紀の心理学の可能性』ナカニシヤ出版 2006。
辻隆司「個人所得と幸福感の地域分析—所得と幸福感の関係に地域差はあるのか」『日本経済政策学会第68回全国大会』2011。
白石賢・白石小百合「幸福度研究の現状と課題—少子化との関連において」『内閣府経済社会総合研究所 Discussion Paper Series』No.165 2006。

[付記]

　本章は，2013年度中国浙江省哲学社会科学規划立項課題（課題批准号13NDJC121YB）「城市化与人們幸福感的社会学研究」（研究代表者　張雲武）の成果の一部である。

あ と が き

　戦後の1950年代後半から70年代前半にかけて，日本社会は，高度経済成長にともなう社会の近代化，都市化の波に見舞われ，われわれの日常生活も地域社会も大きく変貌していった。その後，80年代から90年代前半にかけて，ゆたかな社会の社会変動が喧伝されたが，90年代後半以降現在へと至るおよそ20年の間に，日本社会は，それ以前の「戦後体制」が大きくゆらぎ解体するような，ドラスティックな変動を経験している。

　人口減と少子高齢化に示されるように，経済・人口の成長時代が終焉するとともに，グローバル化と高度情報化の進展によって，われわれの生活様式も社会構造も，流動化と再編を繰り返している。未婚率，単身世帯率の上昇や，町内会加入率の劇的ともいえる低下，相対的貧困率や自殺率の上昇といった社会指標の変化は，「市場競争主義」(R. P. ドーア) の浸透と人びとの消費主体化，都市的生活様式のいっそうの深化とともに進む，社会の断片化や「液状化」(Z. バウマン) を意味しているのだろうか。それとも，NPO・市民活動の隆盛や，インターネット，SNSなどを媒介にした「コミュニティ」の生成にみられるように，グローバルな市民的社会秩序が創生しつつあるのだろうか。むろん，こうした問いの立て方自体は，かつて大衆社会論と市民社会論との間で交わされた論争の焼き直しに過ぎないのかもしれない。

　本書は，このような問いに対して，真正面から一気に答えようとするものではないが，日本のみならず中国も含めて，激動の渦中で生じている地域社会の現代的諸問題と変動を，社会学の視点から分析するとともに，現実的な地域の実態からその再生について展望しようとした書物である。論者によってアプローチの力点に相違はあるが，地域の共同性とともに「限りなく拡大するネットワークを介しての共同性」(本書の「はじめに」iv頁) や，地域再生にかかわる主体の力や主体どうしの連携 (同vii頁) を視野に収めつつ，各章が執筆され

ている。

　ここで本書のなりたちについて，簡単に触れておきたい。本書の筆頭編者，三浦典子山口大学名誉教授が，2010年3月に同大学を定年退職するにあたり，われわれ同僚だった者や，三浦教授の指導を受けて研究の道に進んだ者，三浦教授と共同研究に携わった者などの間から，退職をお祝いし学恩に報いるために，いっしょに本を作ってはどうかという声が上がり，編者を中心に企画を練り始めた。三浦教授は，都市社会学者として活躍し，「流動型社会」や企業の社会貢献活動，東アジアのボランタリズムなどに関する研究業績をあげてきたことから，都市や地域社会の現代的課題をテーマにすること，これらの領域に関心をもつ大学生・大学院生にとっても有益な書物にすることなどを，編集方針として決めた。折しも，冒頭に述べたマクロ社会変動の下で，地域間格差や地方の「消滅」，「創生」などが大きな話題となり始めた時期でもあり，社会学の視点から地域社会の「再生」を展望する書物にするという企画にして，個別テーマごとに，執筆陣に依頼を行った。

　紆余曲折もあって，刊行するまでにいささかの時間を要してしまったが，4部16章構成の『地域再生の社会学』がこうしてできあがった。

　最後になるが，本書の企画から刊行に至るまで我慢強くサポートして下さった，学文社の田中千津子社長と編集部の皆様に，御礼を申し上げたい。

2017年2月

編者を代表して
横田　尚俊

索引

あ行

アートイベント 54
アート作品 46, 52
アートふる山口 93
アサヒ・アート・フェスティバル 17
アサヒグループ芸術文化財団 17
アサヒビール 17
アスレイナー 63
アベグレン 25, 30
生きがい感 158, 163
育児支援 256
育児の社会化 242, 262
石橋幹一郎 33
石橋正二郎 32
石橋美術館 34, 38
石橋文化センター 33
石橋文化ホール 34
移住の理由 275
一の坂川 84, 94
一の坂川風致保存協議会 89
一般化された互酬性 60
一般的信頼 68
意図的コミュニティ 186
稲盛和夫 31
依頼会員 231
医療保険 284
インナーシティ 144
インフォーマルな関係 203
ウエストエンド 172
上野眞也 62
内橋克人 24
宇部アピール 10
宇部共同義会 4, 22
宇部興産 13
宇部興産学術振興財団 8
宇部興産株式会社 2, 6
宇部市 2
宇部式匿名組合 5

宇部式匿名組合沖ノ山炭鉱 6
宇部市常盤公園 13
宇部達聰会 5, 22
UBEビエンナーレ 3, 13
宇部方式 2, 10, 16
宇部を彫刻で飾る運動 12
雲仙普賢岳災害 138, 147
江戸 82
NPM 101, 113
NPO 109, 147
NPO法 vi
NPO法人五ヶ瀬自然学校 244, 250
NPO法人抱樸 220
M&A 27
エンゼルプラン 226
大分県日田市 200
大島紬 174
大殿ホタルを守る会 93
大野晃 153
男木島 44, 47
奥田知志 207
小樽運河 94
小樽運河保存運動 83

か行

階層構造 209
下位文化 170
香川せとうちアート観光圏 43
かかわりの感覚 82
学童保育事業 253
鹿児島市 173
家族経営 25, 35
過疎集落の高齢者 164
花壇コンクール 12
学校区 197
叶堂隆三 243
ガバナンス 58
株式会社いろどり iv - v
株式会社フラウ vi

索　引　311

鴨池地区　174, 175
環境汚染　293
環境対策　9
関係基盤　65
関係基盤の多様性　70
ガンズ　171
官民協働　ii, v
寛容　69
寛容性　66
官僚の汚職　293
企業市民　36
企業の社会貢献活動　vii
企業メセナ　16
企業メセナ協議会　20
規範　60
客観的な支援　285
教育事業　5
行財政改革　iii
行政改革　117, 118
行政評価　102
共存同栄　5, 21
郷土愛　33
協働　103, 141, 145-147, 149
協働3原則　119
協働の二重性　103
協働のまちづくり　117, 124
協働のルール　121
業務委託型　130
居住状況　284
緊急保育対策等5か年事業　226
空間　80, 84
鞍岡地域づくり協議会　257
久留米市　32
グローバル500賞　3, 9, 22
経営理念　32, 35
景観法　78
経済効果　48
経済的条件　283
経済的条件と生活の質　275
結束型社会関係資本　59
圏域設定　193
限界集落　i, 152, 153

限界集落高齢者　153
現象学的地理学　79, 80
現代アート　41
現代日本彫刻展　3
行為主体　208
降下ばいじん　2
公共経営　118
公共財　60, 73
公共事業　40
公共性　106
合計特殊出生率　225
幸福感　295, 298
交流　49
高齢化　i
五ヶ瀬風の子自然学校　255
五ヶ瀬町　244
五ヶ瀬山学校推進協議会　258
五ヶ瀬山暮らしサポートセンター　258
国連環境計画　3, 22
互酬関係　195
互酬性　60, 73
戸籍申請制度　281
戸籍制度　269, 288
子育て　225
子育てサークル　vi, 232
子育てサロン　232
子育て支援　226
子づれDE CHA・CHA・CHA！　vi
古都保存法　78
子ども・子育て応援プラン　228
子ども・子育て支援法　229
コミュニティ　146
コミュニティ・モラール　67
コミュニティの回復力　141, 144
小山弘美　62
孤立無援型　214

さ行

災害復旧　133, 141
災害復興　133, 135, 148, 149
参加包摂型コミュニティ　207
参加包摂型生活様式　217

山村　155, 166
山村限界集落　166
支援する者―支援される者　235
私化―公共化　210, 223
事業売却　27
次世代育成支援対策推進法　228
自然学校　249
事前復興　137
持続可能な社会　11
自治会　142, 146
市町村合併　ⅲ, 198
ジニ係数　305
老舗　26
GBFund　20
志まやたび店　32
市民活動　99, 100, 108
市民活動支援センター　114
市民活動団体　ⅵ
市民活動の自立性　112
市民参加　99
市民参画　105
市民的公共性　140
市民的コミュニティ　66
社会関係資本　59-61, 66
社会規範の遵守意識　294
社会貢献活動　6, 21
社会参加　211, 214
社会的支援　206, 272, 275, 285
社会的就労事業所「笑い家」　220
社会的自立　206
社会的信頼度　294
社会的排除　206
社会ネットワーク　60
社会福祉協議会　101
社会福祉法　191
社会問題　293, 303
社区　287, 288
社区社会　287
社団法人企業メセナ協議会　16
上海市　269, 273
宗教コミュニティ　186
集団構造　209

集団参与の総体　209
集団的衝突　293
周南市　110
住民運動　100
住民参加型在宅福祉サービス　196
住民参加型在宅福祉活動　101
主観的幸福感　290
主観的な支援　285
熟議的民主主義　107
主体性　211
小規模河川改修事業　86
少子化　225
少子化社会対策基本法　228
上層―下層　210
職業階層　300
食品安全　294
所得格差　272
自立型生活構造　214, 221
新エンゼルプラン　228
人口移動　268
信仰コミュニティ　186
振興山村　155
申請主義　213
親族関係　181
信頼　60, 64, 106
杉田英治　244
鈴木広　33, 65, 67, 210
ステークホルダー　ⅶ, 54
ストール　64
生活圏　192
生活構造　208
生活構造論　207, 223
生活困窮者　206
生活再建　134, 137, 138, 140
生活満足度　275
生活様式　207, 211
精神的自立　206
浙江省杭州市　295
瀬戸内国際芸術祭　41, 42
総合的ケースカンファレンス　217
相互理解の原則　120
ソーシャルビジネス　ⅵ

た行

大企業　31
大規模災害　135, 148
対等性　120
ダイバーシティ経営　i
ダスト・イズ・マネー　11
田中重好　109
単位社会　287
団体加入　301
地域貢献意識　190
地域貢献活動　28, 36
地域子育て支援拠点事業　233
地域子ども教室推進事業　251
地域再生　vii, 112, 113
地域社会参加　70
地域社会信頼　67, 72
地域社会信頼スコア　68
地域住民組織　147, 148
地域組織　189, 203
地域づくり計画　123
地域づくりの担い手　125
地域的公共性　109
地域の社会構造　209
地域の範囲　199-202
地域福祉　191
地域福祉活動　189
地域福祉活動の担い手と受け手　194
地域福祉計画　103
地域包括ケア　189
地域力　58
地位・役割セット　212
地縁関係　181
地方分権化　98
中間支援組織　111
中国経済　291
中国の地方行政システム　305
中小企業　25
中小企業の承継　26
彫刻ウォーキングマップ　14
つなぐ　213
提供会員　232

定住意識　277
豊島　44
転居高齢者　272
転居の理由　280
伝統行事　29
トゥアン　81
同業関係　175
同調―非同調　210, 223
道徳的信頼　65
徳島県勝浦郡上勝町　v
特定非営利活動促進法　99
徳野貞雄　154
都市計画決定　136
都市戸籍　296
土地区画整理事業　136, 137, 143, 144, 146, 148
土着―流動　210
鳥取県西部地震　139
徒弟制度の廃止　33
トポフィリア　81

な行

直島　44, 48
中津江村　200
中安閑一　8
新潟中越地震　147
ニーズ多様化　117
日常生活自立　206
仁平典宏　109
日本型自営業　24
日本的経営　31
ネットワーク　v
農業試験場　89
農村戸籍　296
農村ツーリズム　41

は行

パーソナルネットワーク　301
バウマン　171
場所　79, 80, 84
場所のアイデンティティ　93, 94
橋渡し型　59

314 索引

ハットウ・オンパク 20
パットナム 60, 61, 63
葉っぱビジネス v
花いっぱい運動 12
パブリック・インボルブメント 99
バリアフリー vi
阪神・淡路大震災 133-135, 137, 138, 144, 148, 149
伴走型支援 207, 213, 214, 217
PI（Public Involvement） 102
東日本大震災 134, 137
被災者生活再建支援法 139, 149
一人っ子政策 281
広島県庄原市 162
広島市佐伯区湯来町 156
貧富格差 293
ファミリー・サポート・センター 231
ファミリー・サポート・センター事業 230
フィッシャー 170
福岡絆プロジェクト 217
福岡県西方沖地震 141, 147
福祉制度の「縦割り」 215
福武財団 42
福原越後元僩 4
復旧・復興期 133, 134
復興まちづくり 133-137, 140, 141, 144-146, 148
ブリヂストン 32
古き都山口を守る会 87
ふれあい農園クラブ 130
文化体系 210, 223
文化の差異 275
ペグ・コミュニティ 171, 185
別府市中心市街地活性化協議会 19
BEPPU PROJECT 18
放課後子ども教室推進事業 251
放課後子ども教室推進表彰教室 254
方言 282
法光坊集落 180, 183
保存的開発 83
ホタル護岸 86
ボランタリー・アソシエーション 63, 64

ボランタリズム 146
ボランティア 141, 144-148
ボランティア意識 237, 240
ボランティア（こえび隊） 44, 51
堀川三郎 79, 83

ま行

マートン 212
まちじゅうアートフェスタ 15
まちづくり協議会 136, 145, 146, 148
まち・ひと・しごと創生法 ⅱ, 229
松島静雄 26
祭り ⅳ, 29
三浦典子 32, 208
水辺 79
緑と花と彫刻のまち 3
緑の都市賞 9
宮崎県田野村鷺瀬原 179
民族関係と宗教関係の重複 172
村野藤吾 7
女木島 44
メセナ活動 17
目的共有の原則 119
森岡清志 207, 210

や行

山岸俊男 61
山口市 234
山口市・一の坂川 79
山口時報 88
有限の石炭から無限の工業を 6
有償型ボランティア 231
有償ボランティア 196
有償・有料型 196
横浜市 110
世の人々の楽しみと幸福の為に 33, 35
呼び寄せ老人 270

ら行

リゾート開発 41
離島 42, 44
流動人口 ⅳ, 268

類縁関係　171, 172, 181, 185
レルフ　82, 94
老人線　167

和座一清　6
渡辺翁記念会館　7, 8
渡辺祐策　6

わ行

ワーク・ライフ・バランス　228

執　筆　者

坂口桂子（2章）
最終学歴　九州大学大学院文学研究科博士後期課程中退　博士（学術）
所　　属　大分県立芸術文化短期大学
主　　著　『新版　ライフヒストリーを学ぶ人のために』共著（世界思想社，2008年）

室井研二（3章）
最終学歴　九州大学大学院文学研究科博士課程単位取得退学　修士（文学）
所　　属　名古屋大学大学院環境学研究科
主　　著　『都市化と災害』（大学教育出版，2011年）

三隅一人（4章）
最終学歴　九州大学大学院文学研究科博士後期課程単位取得退学　博士（社会学）
所　　属　九州大学大学院比較社会文化研究院
主　　著　『社会関係資本―理論統合の挑戦』（ミネルヴァ書房，2013年）
　　　　　『A Formal Theory of Roles』（Hana-syoin，2007年）

瀬崎吉廣（5章）
最終学歴　山口大学大学院東アジア研究科博士課程修了　博士（学術）
所　　属　学校法人山口コア学園山口コ・メディカル学院非常勤講師
主　　著　「まちなかの自然と『場所』―山口市一の坂川を事例として」『やまぐち地域社会研究』(10)，2012年

坂本俊彦（7章）
最終学歴　九州大学大学院文学研究科博士後期課程単位取得退学
所　　属　山口県立大学社会福祉学部
主　　著　「地域包括ケアシステム構築における住民参加の可能性」『厚生の指標』Vol. 63 No. 7（厚生労働統計協会，2016年）

山本　努（9章）
最終学歴　九州大学大学院文学研究科博士後期課程中途退学　博士（文学）
所　　属　熊本大学文学部
主　　著　『現代過疎問題の研究』（恒星社厚生閣，1996年）
　　　　　『人口還流（Uターン）と過疎農山村の社会学（増補版）』（学文社，2017年）

叶堂隆三（10章）
最終学歴　早稲田大学大学院文学研究科博士課程後期退学　博士（学術）
所　　属　下関市立大学経済学部
主　　著　「産炭地における宗教コミュニティの形成―長崎県北松地区への移住と平戸口小教区の形成」『やまぐち地域社会研究』13号，2015年

高野和良（たかの かずよし）（11章）
最終学歴　九州大学大学院文学研究科修士課程修了
所　属　九州大学大学院人間環境学研究院
主　著　『協働性の福祉社会学』共著（東京大学出版会，2013年）

稲月 正（いなづき ただし）（12章）
最終学歴　九州大学大学院文学研究科博士後期課程中退
所　属　北九州市立大学基盤教育センター
主　著　『生活困窮者への伴走型支援』共著（明石書店，2014年）

林 寛子（はやし ひろこ）（13章）
最終学歴　山口大学大学院東アジア研究科博士課程修了　博士（学術）
所　属　山口大学大学教育機構アドミッションセンター
主　著　『日本と台湾におけるボランタリズムとボランティア活動』編著（渓水社，2016年）

山下亜紀子（やましたあきこ）（14章）
最終学歴　岩手大学大学院連合農学研究科博士課程修了　博士（農学）
所　属　九州大学大学院人間環境学研究院
主　著　「発達障害児の母親が抱える生活困難と社会参与についての研究」『社会分析』42号，2015年

王 上（おう じょう）（15章）
最終学歴　山口大学大学院東アジア研究科　博士（学術）
所　属　上海海洋大学人文学部
主　著　「中国都市における移住者の居住状況と精神的健康」『やまぐち地域社会研究』12号，2014年

張 雲武（ちょう うんむ）（16章）
最終学歴　山口大学大学院東アジア研究科　博士（学術）
所　属　浙江工商大学公共管理学院
主　著　「中国における主観的幸福度の規定要因—浙江省杭州市と中余郷住民調査データを手がかりに」『やまぐち地域社会研究』12号，2014年

編 著 者

三浦典子(みうらのりこ)(1章)
生 ま れ　山口県防府市
最終学歴　九州大学大学院文学研究科博士課程単位取得退学　博士（文学）
所　　属　山口大学名誉教授
専　　門　都市社会学　東アジア社会論
主　　著　『流動型社会の研究』（恒星社厚生閣，1991年）
　　　　　『企業の社会貢献とコミュニティ』（ミネルヴァ書房，2004年）
　　　　　『企業の社会貢献と現代アートのまちづくり』（溪水社，2010年）
　　　　　『日本と台湾におけるボランタリズムとボランティア活動』編著（溪水社，2016年）

横田尚俊(よこたなおとし)(8章)
生 ま れ　山口県周南市
最終学歴　早稲田大学大学院文学研究科博士後期課程退学
所　　属　山口大学人文学部
専　　門　地域社会学　災害社会学
主　　著　「地域資源と災害・防災」『都市社会研究』2号，2010年
　　　　　「急傾斜市街地における居住環境と住民生活」『やまぐち地域社会研究』7号，2010年
　　　　　「戦後日本における災害・防災政策の展開：東日本大震災以前の都市災害への対応を中心に」『山口大学文学会志』64巻，2014年

速水聖子(はやみせいこ)(6章)
生 ま れ　鹿児島県鹿児島市
最終学歴　関東学院大学大学院文学研究科博士課程修了　博士（社会学）
所　　属　山口大学人文学部
専　　門　地域社会学　福祉社会学
主　　著　『縁の社会学』共著（ハーベスト社，2013年）
　　　　　「学童保育における制度化と協働のゆくえ—担い手の多様化をめぐって—」『西日本社会学会年報』21号，2016年
　　　　　「被災地・福島をめぐる社会的分断と共生についての考察—現地での支援／遠くからの支援」『山口大学文学会志』67巻，2017年

地域再生の社会学

2017年3月10日　第一版第一刷発行

編著者　三浦　典子
　　　　横田　尚俊
　　　　速水　聖子

発行所　株式会社　学文社
発行者　田中　千津子

〒153-0064　東京都目黒区下目黒3-6-1
電話(03)3715-1501　振替 00130-9-98842
http://www.gakubunsha.com

落丁，乱丁本は，本社にてお取替え致します。
定価は売上カード，カバーに表示してあります。

印刷／東光整版印刷㈱
〈検印省略〉

ISBN 978-4-7620-2713-0

©2017 MIURA Noriko, YOKOTA Naotoshi and HAYAMI Seiko
Printed in Japan